汽车专项维修技术精华丛书

U0367812

汽车自动变速器
液控与电控系统解析
彩色图解

主　编　丁　垚　王爱兵

副主编　顾小冬

参　编　张　全　李中人

主　审　吴荣辉

机械工业出版社

本书以当前主流车型的自动变速器为例，深入解析它们的液压控制系统和电控系统的结构和工作原理。首先，把机械传动机构简化成透视型的示意图，用以显示各个传动比时的动力传动路径。然后，分别解析液压油路中各部件的结构和工作原理、人工设置的初始状态、各档位时液压控制系统的工作。

本书利用液压系统油路图和以电子控制单元（计算机）为核心的电路图，简明扼要地解析了液压控制、电子控制的流程、编码电路、人机对话、紧急工作状态（自动变速器应对常见故障的自救功能）。

本书可作为汽车维修人员以及变速器专修人员技术提高用书，也可作为变速器维修培训教材。

图书在版编目（CIP）数据

汽车自动变速器液控与电控系统解析彩色图解 / 丁垚，王爱兵主编．—北京：机械工业出版社，2022.11
（汽车专项维修技术精华丛书）
ISBN 978-7-111-71853-6

Ⅰ．①汽… Ⅱ．①丁…②王… Ⅲ．①汽车 – 自动变速装置 – 液压控制 – 图解②汽车 – 自动变速装置 – 电气控制 – 图解
Ⅳ．① U472.41-64

中国版本图书馆 CIP 数据核字（2022）第 196007 号

机械工业出版社（北京市百万庄大街 22 号 邮政编码 100037）
策划编辑：齐福江 责任编辑：齐福江 刘 煊
责任校对：郑 婕 李 婷 封面设计：鞠 杨
责任印制：刘 媛
涿州市般润文化传播有限公司印刷
2023 年 3 月第 1 版第 1 次印刷
210mm×285mm · 14 印张 · 298 千字
标准书号：ISBN 978-7-111-71853-6
定价：168.00 元

电话服务 网络服务
客服电话：010-88361066 机 工 官 网：www.cmpbook.com
010-88379833 机 工 官 博：weibo.com/cmp1952
010-68326294 金 书 网：www.golden-book.com
封底无防伪标均为盗版 机工教育服务网：www.cmpedu.com

前　言

自动变速器是由机械传动机构、液压油路、电子电路三大部分构成的，即机、液、电三位一体的半智能化设备，后两部分是学习自动变速器的难点。

当前市场主流的轿车，所使用的自动变速器都是五档、六档，甚至七档、八档的，液压油路的阀体和电子电路集成为一体，而多数学校用的教材和市场上的常见资料仍以四档自动变速器为例，相差甚远。

本书就是为适应时代、突破难点而编写的。首先，把机械传动机构简化成透视型的示意图，用以显示各个传动比时的动力传动路径；再把阀体上的功能阀用剖视图显示，按它们功能之间的联系，连接成一个可控的油路网，易学易记。读者学习后，遇到其他类似的自动变速器阀体和油路，就易于读懂。

在编写本书过程中，编者的不少时间是在河北交通职业技术学院汽车系实训教室观察相关自动变速器部件，与王爱兵老师探讨问题中度过的。感谢北京智扬北方国际教育科技有限公司专家张全、郑州汇升奔驰服务有限公司技师李中人参与编写并提供技术资料。全书由吴荣辉老师主审。

本书内容是编者在教学中积累、探索而成的，由于个人能力所限，不足之处，望同行和各位读者多加指正。

编　者

目　录

▼ 第一章

解析大众 01V（ZF 5HP 19 FL）自动变速器液压油路

第一节　01V 自动变速器动力传递

一、01V 自动变速器动力传动机构

（一）01V 自动变速器剖视图

01V 自动变速器剖视图如图 1-1-1 所示。

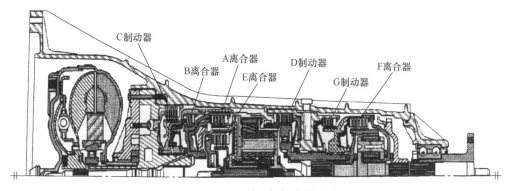

图 1-1-1　01V 自动变速器剖视图

（二）01V 自动变速器动力传动机构示意图

01V 自动变速器动力传动机构示意图如图 1-1-2 所示。

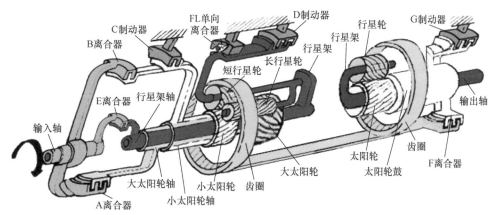

图 1-1-2　01V 自动变速器动力传动机构示意图

1

A 离合器：1 档 /2 档 /3 档 /4 档离合器。A 离合器接合，可以使输入轴的动力传给大太阳轮。

B 离合器：倒档离合器。B 离合器接合，可以使输入轴的动力传给小太阳轮。

E 离合器：4/5 档离合器。E 离合器接合，可以使输入轴的动力传给行星架。

F 离合器：F 离合器接合，可以使齿圈的动力传给单一行星齿轮组件的太阳轮。

D 制动器：1 位（手动 1 档）、倒档制动器。D 制动器制动，可以将行星架固定。

C 制动器：2 档 /3 档 /5 档制动器。C 制动器制动，可以将小太阳轮固定。

G 制动器：G 制动器制动，可以使单一行星齿轮组件的太阳轮制动。

FL 单向离合器：1 档单向离合器。FL 锁止可以阻止行星架逆时针转动。

01V 自动变速器换档执行元件的工作状况见表 1-1-1。

表 1-1-1　换档执行元件工作状况

变速杆位置	档位	离合器				制动器			单向离合器
		A	B	E	F	C	D	G	FL
D 位	1 档	●						●	●
	2 档	●				●		●	
	3 档	●			●	●			
	4 档	●		●	●				
	5 档			●	●	●			
4 位	1 档	●						●	●
	2 档	●				●		●	
	3 档	●			●				
	4 档	●		●	●				
3 位	1 档	●						●	●
	2 档	●				●		●	
	3 档	●			●				
2 位	1 档	●						●	●
	2 档	●				●			
	L1 档	●					●	●	●
R 位	倒档		●				●	●	
P/N 位								●	

注：●表示换档执行元件处于接合状态。

二、01V 自动变速器动力传递路径

（一）变速杆在 P/N 位时动力传递路径

P/N 位时动力传递路径如图 1-1-3 所示。

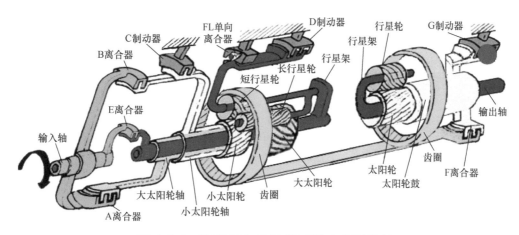

图 1-1-3　变速杆在 P/N 位时动力传递路径

P/N 位时，输入轴连接的 3 个离合器都未接合，动力传递不下去，输入轴空转。G 制动器制动，后部行星齿轮组件的大太阳轮被固定，当车轮受力时，输出轴与动力传动机构接合成一体，增加了阻力矩。

（二）变速杆在 D 位时动力传递路径

1）D 位 1 档时动力传递路径如图 1-1-4 所示。

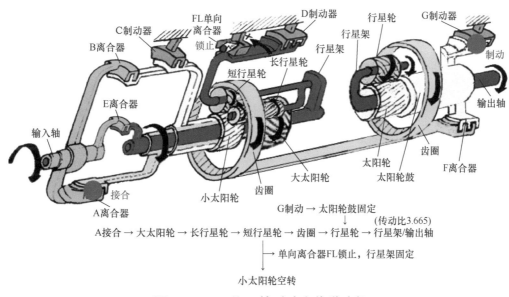

图 1-1-4　D 位 1 档时动力传递路径

2）D 位 2 档时动力传递路径如图 1-1-5 所示。

3）D 位 3 档时动力传递路径如图 1-1-6 所示。

3

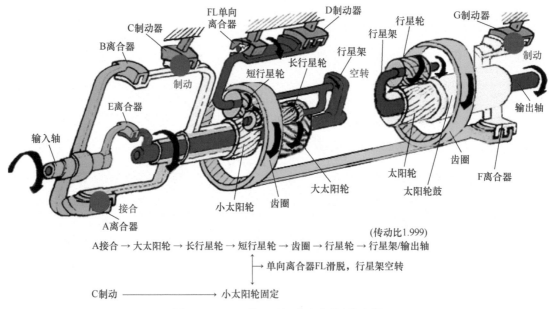

A接合 → 大太阳轮 → 长行星轮 → 短行星轮 → 齿圈 → 行星轮 → 行星架/输出轴

（传动比1.999）

单向离合器FL滑脱，行星架空转

C制动 ——————————→ 小太阳轮固定

图 1-1-5　D 位 2 档时动力传递路径

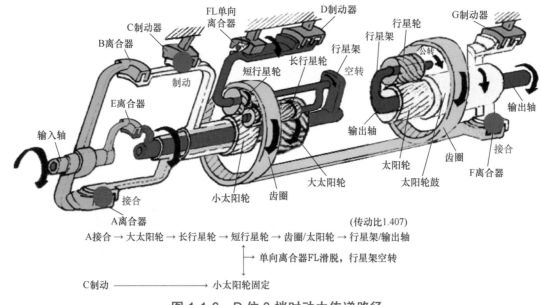

A接合 → 大太阳轮 → 长行星轮 → 短行星轮 → 齿圈/太阳轮 → 行星架/输出轴

（传动比1.407）

单向离合器FL滑脱，行星架空转

C制动 ——————————→ 小太阳轮固定

图 1-1-6　D 位 3 档时动力传递路径

4）D 位 4 档时动力传递路径如图 1-1-7 所示。

5）D 位 5 档时动力传递路径如图 1-1-8 所示。

（三）变速杆在 4 位时动力传递路径

4 位 1 档与 D 位 1 档相同、4 位 2 档与 D 位 2 档相同、4 位 3 档与 D 位 3 档相同、4 位 4 档与 D 位 4 档相同。

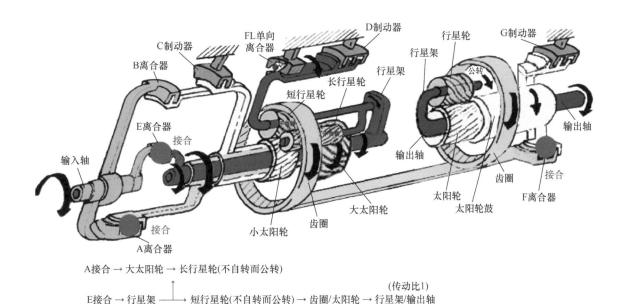

A接合 → 大太阳轮 → 长行星轮(不自转而公转)

E接合 → 行星架 ——→ 短行星轮(不自转而公转) → 齿圈/太阳轮 → 行星架/输出轴　　(传动比1)

图 1-1-7　D 位 4 档时动力传递路径

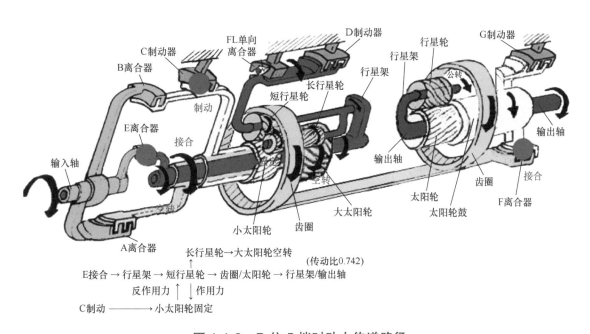

长行星轮→大太阳轮空转　　(传动比0.742)

E接合 → 行星架 → 短行星轮 → 齿圈/太阳轮 → 行星架/输出轴

反作用力 ↑ 作用力

C制动 ——→ 小太阳轮固定

图 1-1-8　D 位 5 档时动力传递路径

（四）变速杆在 3 位时动力传递路径

3 位 1 档与 D 位 1 档相同、3 位 2 档与 D 位 2 档相同、3 位 3 档与 D 位 3 档相同。

（五）变速杆在 2 位时动力传递路径

1）2 位 1 档与 D 位 1 档相同、2 位 2 档与 D 位 2 档相同。

2）变速器在 L1 档时动力传递路径如图 1-1-9 所示。

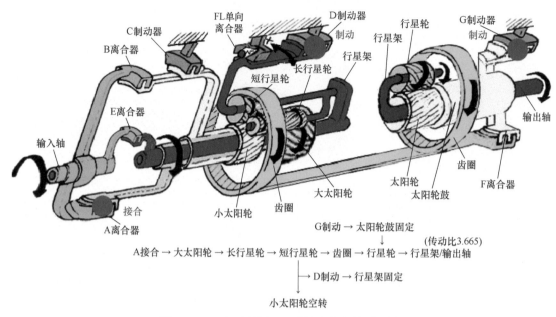

G制动 → 太阳轮鼓固定

（传动比3.665）

A接合 → 大太阳轮 → 长行星轮 → 短行星轮 → 齿圈 → 行星轮 → 行星架/输出轴

└→ D制动 → 行星架固定

小太阳轮空转

图 1-1-9　变速器在 L1 档时动力传递路径

（六）变速杆在 R 位时的动力传递路径

变速杆在 R 位时的动力传递路径如图 1-1-10 所示。

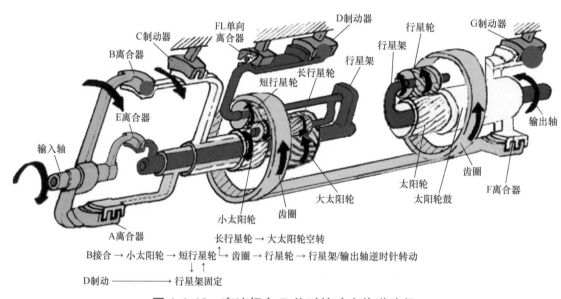

长行星轮 → 大太阳轮空转

B接合 → 小太阳轮 → 短行星轮 └→ 齿圈 → 行星轮 → 行星架 → 行星架/输出轴逆时针转动

D制动 ──────→ 行星架固定

图 1-1-10　变速杆在 R 位时的动力传递路径

第二节　01V 自动变速器液压油路

　　01V 自动变速器液压油路原理图（以下简称 01V 液压油路图）如图 1-2-1 所示，它表述了液压系统的基本结构和工作原理。

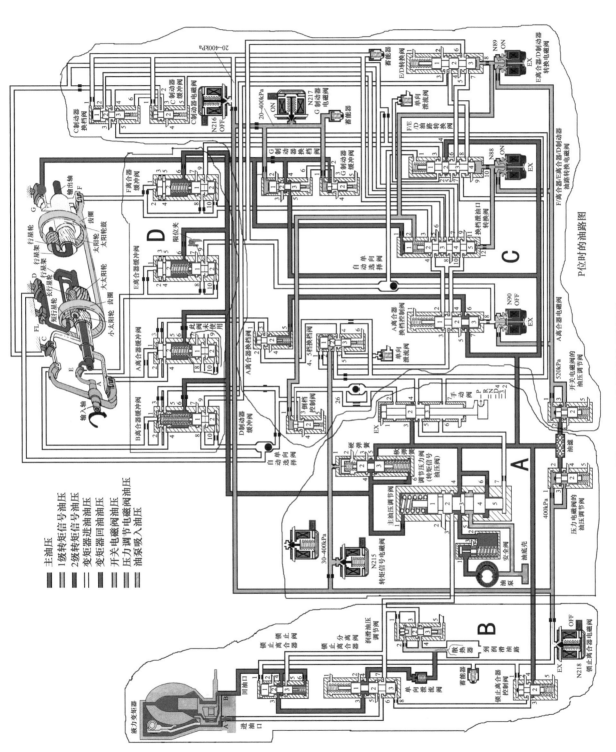

图 1-2-1　液压油路原理图

一、液压油路中各部件的结构和工作原理

A 区为液压源部分，B 区为液力变矩器油路部分，C 区为换档控制部分，D 区为平顺换档部分。

（一）液压源的部件

液压源局部油路如图 1-2-2 所示。

1. 油泵

油泵为内啮合式齿轮泵，其结构和工作原理本文从略。

2. 主油压调节阀

齿轮泵每转一圈的排油量是固定的，因而每分钟的泵油量与其转速成正比，用这样的油泵向一个不完全密封的油路供油，如果不设置油压调节阀，油路的油压将随着转速的变化而变化。所以必须设置主油压调节阀，它的作用是使主油压在油泵的额定转速范围内保持基本稳定。与齿轮泵配套工作的是泄流式主油压调节阀。

在额定转速范围内，主油压调节阀使主油压保持基本稳定，此油压称为基准油压。发动机怠速时的主油压就是设定的基准油压。人为可以改变基准油压的数值，变速杆置于 R 位时的基准油压最高，它比置于 D 位（4 位、3 位、2 位）时的基准油压高出一定的数值。

还可以人为改变主油压。踩下加速踏板时，主油压调节阀使主油压随着转矩的增加而增加。节气门开度减小时主油压随之减小。不同的负荷（节气门开度）对应着相应的主油压。

（1）主油压调节阀的结构

主油压调节阀的结构如图 1-2-2 中的 A 部分所示。柱塞上的活塞（简称阀塞）4、弹簧和阀的进油口（简称阀口）6 构成自动调节阀。阀口 7 在将变速杆置于 R（P/N）位时不引入主油压，置于 D 位时引入主油压，使 D 位时的基准油压数值低于 R 位。阀口 1 引入转矩信号油压，当改变节气门踏板位置时，就可以控制主油压的大小。油路连接状况如图 1-2-2 的 C 部分所示。

（2）主油压调节阀的工作原理

1）主油压的建立及其自动调节：发动机不转动时，柱塞在弹簧弹力的作用下停于底部（参阅图 1-2-2 的 A 部分）。

变速杆在 P/N 位，起动发动机。随着油泵转速的上升，供油量（又称泵油量）和主油路油压（以下简称主油压）随之增加，主油压经阀口 6 作用于阀塞 4 的下侧环形面积上，给柱塞一个向上的力，压缩弹簧，克服弹簧弹力，使柱塞随之上移。阀口 3 打开，油液经阀口 3 流向润滑油路和液力变矩器后回油底壳；当柱塞上移到阀塞 3 与阀口 5 错开时，阀口 5 泄油，被油泵吸走。当油泵转速达到某一转速时，整个系统的供油量等于泄油量，主油压则稳定在某一数值，此数值称为主油压的额定值（又称基准油压）。通常将达到额定油压的转速

称为油泵的额定转速，从额定转速到最大转速，称为油泵工作的转速范围。在达到额定转速之前，泄油口（阀口 5）未打开，油压随转速上升而迅速上升，上升速率大。当达到额定油压后，调节阀自动调节泄油口的泄油量，油泵转速变化时，主油压变化很小。油泵的额定转速略小于怠速，即怠速时泄油口已经打开，主油压已达到额定值，如图 1-2-3a 的虚线部分。

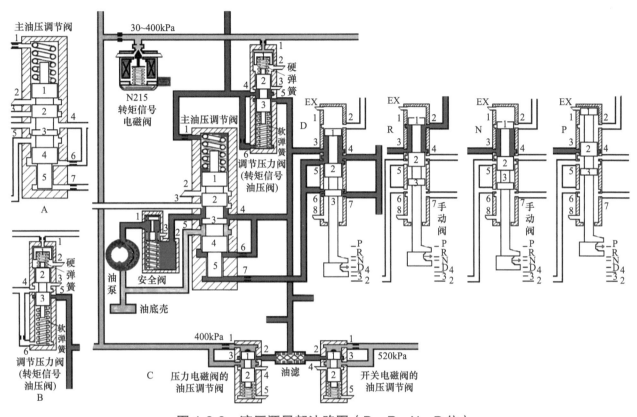

图 1-2-2　液压源局部油路图（D、R、N、P 位）

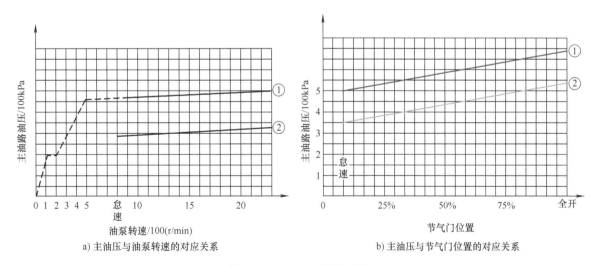

a) 主油压与油泵转速的对应关系　　　　b) 主油压与节气门位置的对应关系

图 1-2-3　主油压的变化

主油压的自动调节：由于主油压经阀口 6 作用于阀塞 4 下侧环形面积上，给柱塞一个向上的作用力，此处是调节过程的采样点。在油泵达到额定转速之后，转速上升，油泵供油量增加，而调节器的泄油口开度则稍有加大，泄油量也增加，主油压只能微量上升。转速下降，油泵供油量减少，而调节器的泄油口开度则稍有减小，泄油量也减少，主油压只能微量下降。在正常转速范围内，转速变化，主油压微量变化，如图1-2-3a的实线部分。这种形式的调节过程叫作有差调节。曲线①为P/N位时主油压与油泵转速的对应关系，因P/N位时，发动机无负荷，稍稍踩一下加速踏板，发动机转速（即油泵转速）即可达到最大转速。曲线②为变速杆置于D、4、3、2位时，主油压与油泵转速的对应关系（不考虑转矩信号油压，参照P/N位时的情况推理画出此曲线）。R位时主油压与油泵转速的对应关系与P/N位时相同。

油泵稳定于某一转速，此时油泵的供油量不变，如果由于某种因素产生少量的泄油，则会引起主油压下降，使柱塞向上（采样点）的力减小，经自动调节，泄油口开度减小，减小泄油量，主油压就又恢复到原来数值，保持主油压不变。

2）手动控制主油压的工作原理：自动调节阀装配完好后，其基准油压则保持为设定数值，人为地改变柱塞两端的受力状况，经自动调节，主油压的数值就会发生改变。

① 手动将变速杆放在D、4、3、2位（前进档），手动阀则随之在D位4、3、2位。参阅图1-2-4，手动阀的柱塞都是将其阀口3与阀口5连通，手动阀阀口5有油压输出，主油压调节阀的阀口7就有油压（也是主油压），此油压作用于柱塞的力，与阀口6（采样点）主油压作用于柱塞的力方向相同，这就相当于主油压作用于柱塞上的面积是两者面积相加。与P/N位相比，D位时，采样点的油压在较低数值就可以使泄油口打开，经自动调节后额定油压数值就变小，如图1-2-3a中的曲线②。

② 手动将变速杆放在R位，手动阀则随之在R位。参阅图1-2-2，手动阀在R位与手动阀在P/N时相比，它们的柱塞都是将其阀口3与阀口5阻隔开，手动阀阀口5无油压输出，主油压调节阀的阀口7就无油压，从而使自动调节阀将主油压的额定值调节成较高的数值，如图1-2-3a中的曲线①。这相当于人工控制使自动调节阀调节出高、低两种额定值。

③ 参阅图1-2-2，在主油压调节阀的阀口1引入转矩信号油压，此油压作用于柱塞的顶部，其方向是使柱塞向下，与主油压作用力的方向相反，转矩信号油压增加，打破了柱塞两端的受力平衡，经自动调节，使主油压上升相应数值后，其作用力与之相平衡。主油压将随着转矩信号油压的增加而增加。

例如：变速杆置于D位，怠速时，节气门开度为0，转矩信号油压为0，主油压调节阀调节出来的额定值较低（340~380kPa），如图1-2-3a中的曲线②。节气门开度增加，转矩信号油压增加，其作用力打破了柱塞上力的平衡，使柱塞下移，阀塞3与阀口5形成的泄油口变小，泄油量减少，主油压上升，经自动调节后，主油压升高一定数值。主油压与节气门位置的对应关系如图1-2-3b中的曲线②。即节气门开度增加，代表着变速器传动机构传递的转矩增加，主油压必须在额定数值的基础上随之增加，以确保参与换档的离合器和制动器不会打滑。

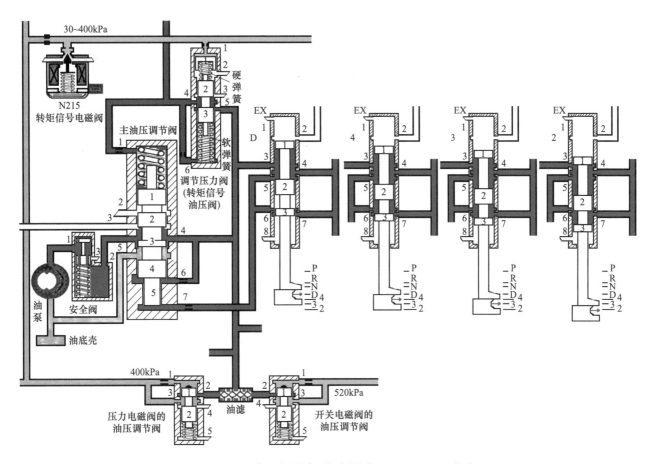

图 1-2-4　液压源局部油路图（D、4、3、2 位）

变速杆置于 R 位，怠速时，节气门开度为 0，转矩信号油压为 0，主油压调节阀调节出来的额定值较高（500~600kPa），如图 1-2-3a 中的曲线①。参阅图 1-2-2，节气门开度增加，转矩信号油压增加，其作用力打破了柱塞上力的平衡，使柱塞下移，阀塞 3 与阀口 5 形成的泄油口变小，泄油量减少，主油压上升，经自动调节后，主油压升高一定数值。主油压与节气门位置的对应关系如图 1-2-3b 中的曲线①。在实施倒车时，与前进档相比，相同的节气门开度，主油压的数值要大一些，以满足倒车时变速器控制机构的需要。

（3）转矩信号油压（节气门位置信号油压）的产生

参阅图 1-2-2，01V 自动变速器是将节气门位置先变换成电信号，再将电信号变换成小数值的油压信号，然后以此油压信号去控制转矩信号油压阀（又叫增压阀），产生一个数值较大的转矩油压信号，引入主油压调节阀的阀口 1。转矩信号油压阀实质上是一个油压信号放大器。

1）产生转矩电信号的电路：产生转矩电信号的电路如图 1-2-5 所示。

节气门位置传感器连接在发动机 ECU 上（图 1-2-5a），它把节气门的机械位置转换成一一对应的电压信号，图 1-2-5b 所示为电压与节气门位置对应关系曲线。模/数（A/D）转换器将模拟量的电压信号变换为数字量，送往中央处理器（CPU）。CPU 通过控制器局域网

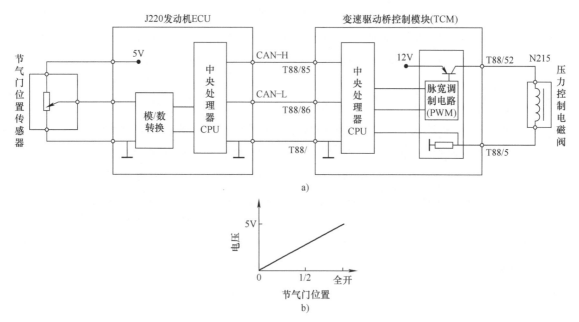

图 1-2-5 产生转矩电信号的电路

（Controller Area Network，CAN）的数据传输线 CAN-H、CAN-L，实时地将节气门位置信号传递到变速驱动桥控制模块（Transaxle Control Module，TCM）。TCM 的 CPU 实时采集节气门位置信号，并和相关程序中的数据进行综合运算，再将结果送至脉冲宽度调制电路（Pulse Width Modulated，PWM），控制脉冲的宽度，使脉冲宽度随节气门位置而变化，经末级放大晶体管，电磁阀的电流则与节气门位置产生对应关系，如图 1-2-6 所示。

节气门开度为 0 时，占空比最大，线圈的平均电流最大（脉冲宽度与脉冲周期之比叫作占空比，占空比大，电流的平均值就大）。节气门开度增加，占空比减小，线圈的平均电流减小。节气门全开时，占空比接近为 0，线圈的电流接近为 0。这条曲线就是转矩的电信号。

注意：PWM 的末级输出管采用 PNP 型晶体管，起到倒相作用，使输出的电流与节气门位置的关系为下降趋势。

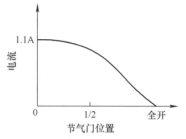

图 1-2-6 电磁阀的电流与节气门位置的对应关系

2）产生转矩油压信号的油路：产生转矩油压信号的油路如图 1-2-7 所示，由压力电磁阀的油压调节阀、转矩信号电磁阀、转矩信号油压阀组成。

① 压力电磁阀的油压调节阀的结构和工作原理：将节气门位置的电信号（转矩电信号）变换成转矩油压信号时，设定空间必须由一个稳定的油压和特定的限流孔向其供油，因而设置了一个专供压力电磁阀使用的油压调节阀（简称压力电磁阀的油压调节阀，沿袭 01V 资料中的名称），其结构如图 1-2-7a 所示。柱塞上有阀塞 1 和阀塞 2，两个阀塞的直径相同，不工作时，柱塞停于顶部，见图 1-2-7a。发动机转动后，主油路油压使油液由阀口 2 入，阀口 3 出，并反馈到阀口 1，因阀口 3 之后的油路是密闭的，油压逐渐上升，此油压作用于阀

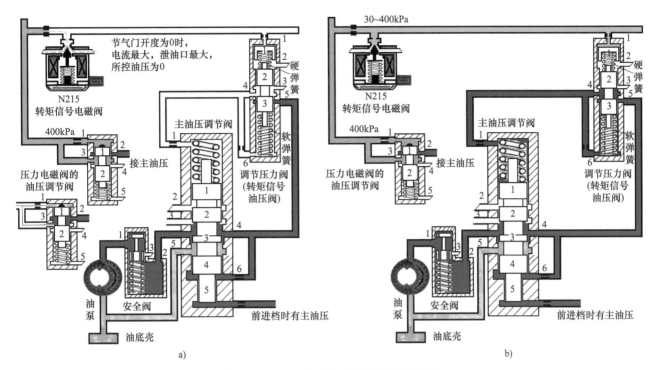

图 1-2-7　产生转矩油压信号的油路

塞 1 顶部，使柱塞压缩弹簧而下移，当阀塞 1 将阀口 2 堵塞时，截断主油路的油压。同时，阀塞 2 的上沿打开阀口 4 而泄油，使阀口 3 后的油压下降，柱塞上移，阀塞 2 关闭阀口 4，阀塞 1 打开阀口 2，主油压向阀口 2 内供油，阀口 3 的油压又上升。这样，柱塞不停地上下移动，让阀口 3 后的油路保持在设定的油压。

② 转矩信号电磁阀的结构和功用：转矩信号电磁阀 N215 属于常闭渐开型，电流由 0 渐增，泄油口随之渐开，其结构示意图如图 1-2-8 所示（实物结构见附注）。将电磁阀安装在一个设定空间上，就可以实现转矩的电信号转换成转矩的油压信号。

电磁阀的磁路是特殊设计的，从而实现活动铁心（即油阀的活动阀芯）的位移量与线圈的电流呈线性关系。节气门开度为 0 时，线圈平均电流最大，如图 1-2-8a，电磁力吸引活动铁心下移量最大，泄油口全部打开，设定空间的油压为 0。节气门开度最大时，线圈的平均电流为 0，如图 1-2-8b，弹簧使活动阀芯将泄油口关闭，设定空间的油压为最大。设定空间的油压与电流的对应关系如图 1-2-8c 所示。

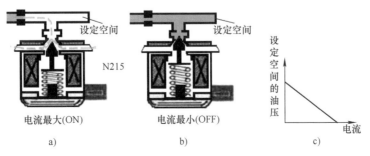

图 1-2-8　压力控制阀示意图

③ 转矩信号油压阀的结构和工作原理：转矩信号油压阀的结构如图 1-2-9 所示，阀口 1 与转矩信号电磁阀相接，形成的空间就是前面讲的设定空间，阀口 2、阀口 3 是泄油口，阀口 4 是调制后的油压，此油压一路到主油压调节阀的阀口 1，另一路到阀口 6 作用到阀塞 3 的下部，阀口 5 与主油压油路相接，是供油口。

在怠速时，节气门开度为 0，设定空间的油压为 0，此时，转矩信号油压阀的硬弹簧使孤立的阀塞 1 上移到顶部，使柱塞下移与软弹簧平衡后，阀塞 3 阻塞阀口 5，阀口 4 与阀口 3 相通，使主油压调节阀的阀口 1 与泄油口相通，阀口 1 内无油压。

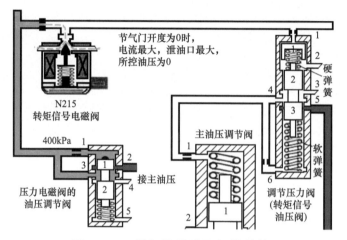

图 1-2-9　转矩信号油压阀的结构

怠速之后，节气门开度增加到某一开度，转矩信号电磁阀的电流减小到相应数值，设定空间的油压增加为相应数值，如图 1-2-8c。此油压经转矩信号油压阀的阀口 1 作用于阀塞 1，参阅图 1-2-10，经硬弹簧推动柱塞下移，阀塞 3 与阀口 5 形成缝隙，主油压向阀口内注油，阀口 4 之后的油压上升，经阀口 6 作用于阀塞 3，使柱塞上移，阀塞 3 又关闭阀口 5，截断主油压。此时，阀口 4 的油压代表了此时的转矩，称为转矩信号油压。

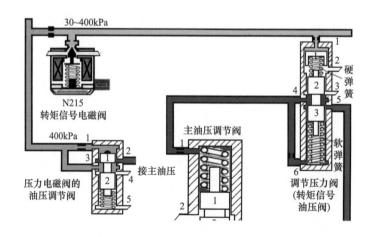

图 1-2-10　转矩信号油压阀的工作原理图

设定空间油压增加，柱塞首先下降，阀口 5 打开，阀口 4、阀口 6 油压上升，柱塞又上升，关闭阀口 5。转矩信号油压与设定空间油压的对应关系如图 1-2-11 所示。

阀口 4 的转矩信号油压送给主油压调节阀的阀口 1，主油压调节阀的油压则在额定数值的基础上随之增加。主油压与转矩信号油压的对应关系如图 1-2-12 所示。

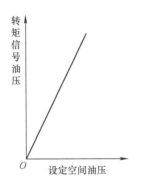
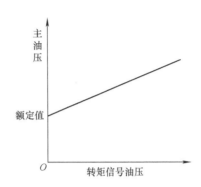

图 1-2-11　转矩信号油压与设定空间油压的对应关系　　图 1-2-12　主油压与转矩信号油压的对应关系

小结：参见图 1-2-13。

怠速时，节气门位置为 0（a 点），转矩信号电磁阀的电流为 1.1A（a 点），设定空间油压为 0（a 点），转矩信号油压为 0（a 点），主油压为基准油压（a 点，绿色点、线）。

节气门位置为 3/4（A 点），开度较大，转矩信号电磁阀的电流数值较小（A 点），设定空间油压较大（A 点），转矩信号油压阀的输出转矩信号油压较大，主油压较高（A 点）（红色点线）。

注意：这样的设计，在电磁阀电路发生故障时，电磁阀无电流，电磁阀泄流口关闭，设定空间油压最大，使转矩信号油压阀输出的油压最高，主油压调节阀调节出来的主油压最高，可以保证变速器仍能传递大转矩，起到安全保障作用。

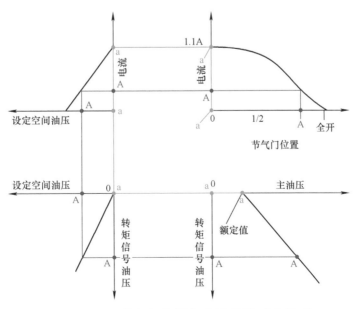

图 1-2-13　节气门位置与主油压的对应关系

15

延伸阅读　N215 电磁阀的结构原理

1. N215 电磁阀的结构

N215 电磁阀的结构如图 1-2-14，图 1-2-14a 为外形图，图 1-2-14b 为剖视图，图 1-2-14c 为分解后零件陈列图，虚线框内为相应零件的不同角度展示。

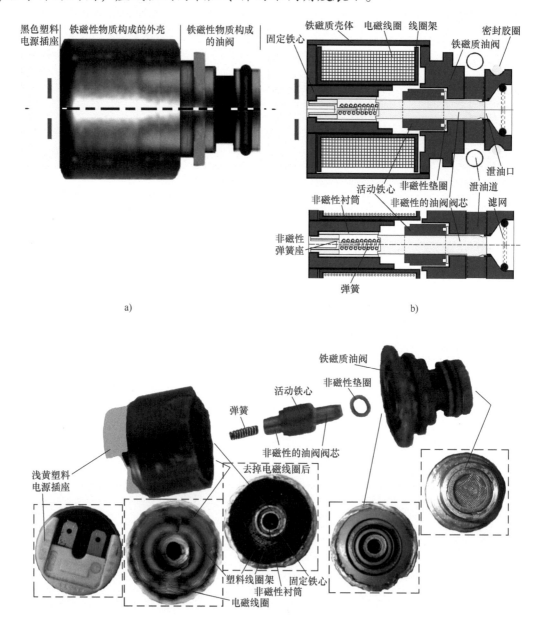

图 1-2-14　N215（EDS1）的结构

这三个分图中，图 1-2-14b 是核心，从图 1-2-14b 中可以看出，活动铁心被非磁性的油阀和弹簧支撑在中心轴线上，活动铁心的左、右两端都是一段非磁性材料。这样构成的磁路使活动铁心与固定铁心之间，在任何状态下一定会有空气间隙，简称空气隙，参见图 1-2-15和图 1-2-16。这样的磁路就可以实现活动铁心受到的力与线圈的电流呈线性关系。

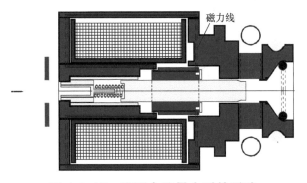

图 1-2-15　线圈电流最大时的磁路

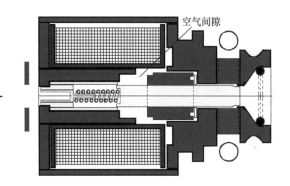

图 1-2-16　线圈电流为 0 时的磁路

2. N215 电磁阀的工作原理

N215 电磁阀安装在阀体上之后，油阀中的油腔与相应油道和所要控制的转矩信号油压阀相连接，这三部分的空间之和，为了讲述方便，称它们为设定空间，如图 1-2-17 所示。在此设定空间中有一个进油口和一个泄油口，进油口外侧的稳定油压是由电磁阀油压调节阀自动调节而保持不变的，泄油口则是由电磁阀的阀芯控制的。

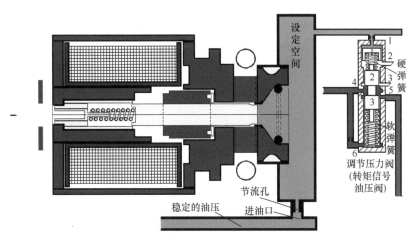

图 1-2-17　电流为 0 时电磁阀的工作状态

当节气门开度为最大时，电磁阀的电流为 0，如图 1-2-17 所示，电磁阀活动铁心无电磁力，而左侧有弹簧弹力，使活动铁心推动阀芯右移，将泄油口完全关闭，设定空间的油压作用于阀芯的右侧，两者大小相等、方向相反，其数值则为电磁阀油压调节阀的额定油压值。此时，相当于特性曲线的 A 点，如图 1-2-18 所示。

此后，如果电磁阀开始有电流并逐渐增加，活动铁心左侧的电磁力则随之增加。由于上述磁路的特殊设计，使活动铁心产生的作用力与电流呈线性关系，设定空间的油压则随电流的增加而减小。

例如：电流由 0A 增为 0.1A。电流增加，电磁力抵消弹簧弹力，阀芯左侧的力减小，右侧的力（设定空间的油压）就使阀芯左移，开启泄油口，设定空间的油压随之减小，右侧的力也就减小；电流增到 0.1A 时，设定空间的油压降到相应数值，其作用于阀芯的力与左侧的力相等时，阀芯停于相应位置，此时设定空间的油压就是电流为 0.1A 时所控制的油压。

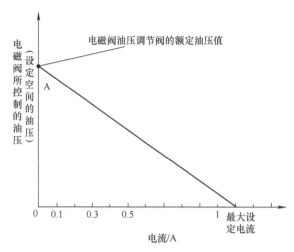

图 1-2-18　电磁阀特性曲线

随着电流的增大，阀芯随之左移，所控制的油压随之减小，每个电流值都对应着一个相应的油压值。当电流为设定的最大值时，电磁力最大，如图 1-2-19 所示，泄油口全开，设定空间内的油压为 0。由于特殊设计的节流孔的孔径较小，孔道较长，进油口外侧仍然是由电磁阀油压调节阀自动调节的稳定油压而保持不变，但此时则有油液经节流孔不停泄出。

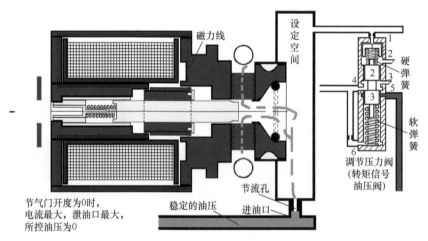

图 1-2-19　电流最大时电磁阀的工作状态

因此，电磁阀所控制的油压随电流的增大而减小。

3. N215 电磁阀的电流

N215 电磁阀的电流是由电脑中的脉宽调制电路所控制的，脉宽调制电路的频率是根据电磁阀的结构和所控油压的控制精度来选择的，其频率通常在 200~1000Hz 之间，所选频率要确保电磁阀的阀芯能连续而平稳地移动。在使用中，由于脉宽调制电路的频率固定，只要改变脉冲宽度，就改变了波形的占空比，电流的大小（平均值）随之改变。

3. 安全阀

安全阀的结构如图 1-2-20 所示，它安装在油泵与主油路之间（在油泵壳体上）。阀口 1 接油泵，阀口 2 接阀体的进油口，阀口 3 是泄油口，弹簧是一个强弹簧。图 1-2-20a 中的安全阀处于不工作状态，监测点的油压为 0；图 1-2-20b 是处于主油压正常工作范围内的，监测点的油压使柱塞下移，但不会使泄油口打开。当主油路出现阻塞故障，监测点的油压达到设定的安全油压数值时，阀口 3 泄油，柱塞则不停地上下移动，使油路油压不会超出安全数值，以确保油泵和油路安全（图 1-2-20c）。

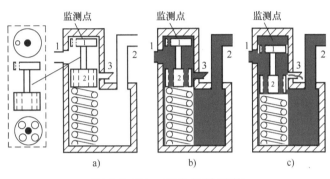

图 1-2-20　安全阀的结构

（二）变矩器油路部件

变矩器部分的局部油路如图 1-2-21 所示，图 1-2-21a 为变矩器离合器（Torque Converter Clutch，TCC）脱开状态下的油路，图 1-2-21b 为 TCC 锁止状态下的油路。变矩器油路是未封闭的油路，油液不停地流动。

1. 润滑油压调节阀结构

润滑油压调节阀的结构如图 1-2-21a 所示，不工作时，因无油压，柱塞被弹簧推到顶部，阀塞 3 将阀口 4 堵塞（如图 1-2-21c）。工作时，从主油压阀来的油压经阀口 1 作用于阀塞 1，使柱塞下移，阀塞 3 移开阀口 4，油液经阀口 3、4 流入散热器再到润滑油路。阀口 4 之后的油压上升，此油压经阀口 2 作用于阀塞 2，由于限制片的阻挡，阀塞 1 不能再下移，作用于阀塞 1 的主油压就不能传递到阀塞 2，作用于阀塞 2 的力只有阀口 4 后的力。当阀塞 2 下移到堵塞阀口 3 时，阻断了主油压，由于阀口 4 之后的油路是未封闭的，油液流动，其压力立即下降，柱塞上移，阀口 3 打开，油压又上升。这样，柱塞就不停地往复移动，使阀口 4 的油压保持在设定值，润滑油路的油液则稳定地流动，此数值只由其结构确定，而不会随主油压变化。

润滑油压调节阀是并接在变矩器进油口和出（回）油口上的，如图 1-2-21c，出油口相当于阀口 4，变矩器进油口和出（回）油口之间的油压差值则随主油压而变化，即随负荷而变化。负荷大时，变矩器热损耗大，进油口和出油口之间的油压差增大，油液流速增大，散热量增大，使变矩器油温变化不大。

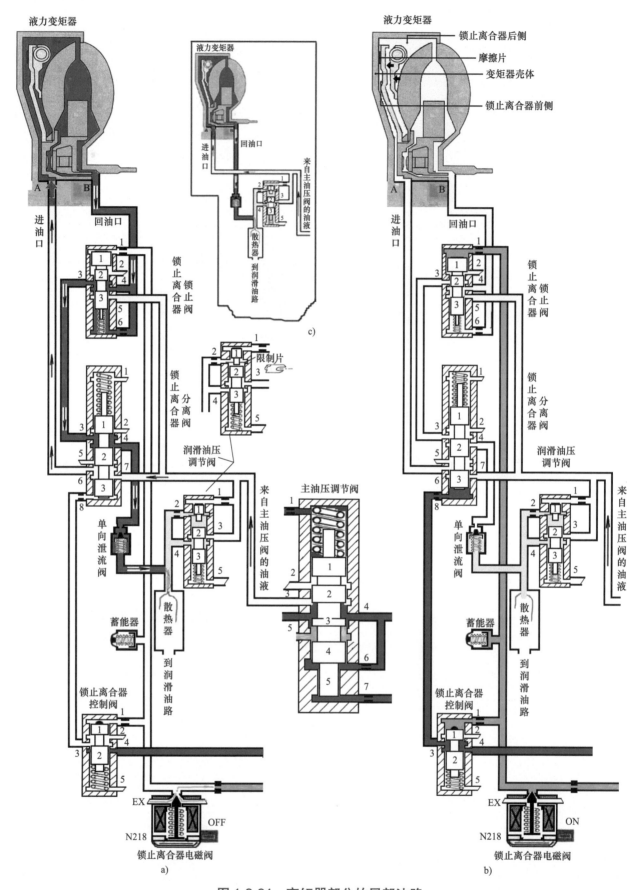

图 1-2-21　变矩器部分的局部油路

2. 锁止离合器电磁阀

锁止离合器电磁阀 N218 属于常开渐闭型，电流由 0 渐增，泄油口随之渐闭，其结构示意图如图 1-2-22 所示。将电磁阀安装在一个设定空间上，线圈的平均电流为 0 时，设定空间的油压为 0，如图 1-2-22a。线圈平均电流逐渐增加，如图 1-2-22b，由于电磁阀的磁路是特殊设计的，从而实现活动铁心（即油阀的活动阀芯）的位移量与线圈的电流呈线性关系，就可以实现设定空间的油压随电流的变化而变化。N218 的特性曲线如图 1-2-22c 所示。

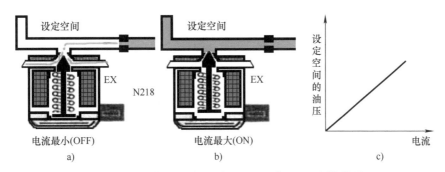

图 1-2-22　锁止离合器电磁阀示意图和特性曲线

3. 锁止离合器控制阀

锁止离合器控制阀的结构如图 1-2-21 所示，图 1-2-21a 中为不工作状态，当 N218 电磁阀的电流为 0 时，它所控制油路的油压为 0，锁止离合器控制阀阀口 1 无油压，柱塞停于顶部，阀口 4、3 被阻断，阀口 3、2 相通，阀口 3 无油压，锁止离合器分离阀的阀口 8 无油压，柱塞停于下部。图 1-2-21b 中为工作状态，当 N218 电磁阀的电流由 0 逐渐增加时，它所控制油路的油压逐渐增加，锁止离合器控制阀的柱塞随之下移，阀口 3 的油压随之上升，锁止离合器分离阀的柱塞逐渐上移，阀口 7 关闭，阀口 6、5 相通，锁止离合器前侧经此泄压。

4. 锁止离合器分离阀

锁止离合器分离阀的结构如图 1-2-21a 所示，在常态下，阀口 8 无油压，柱塞受弹簧弹力而停于下部，阀口 7 与阀口 6 相通、阀口 4 与阀口 3 相通。来自主油压阀的油液经阀口 7、6→液力变矩器进油口→变矩器→回油口→锁止离合器锁止阀的阀口 4、3→锁止离合器分离阀的阀口 3、4→单向泄流阀→散热器→润滑油路。变矩器内的锁止离合器前侧受力，锁止离合器处于分离状态。

5. 锁止离合器锁止阀

锁止离合器锁止阀的结构如图 1-2-21a 所示，在常态下，阀口 1 无油压，柱塞受弹簧弹力而停于上部，阀口 4 与阀口 3 相通，阀口 5 被阻断，阀口 6 引入油液，确保柱塞停于上部。

当锁止离合器电磁阀通电时，如图 1-2-21b 所示，它所控制的一段油路（设定空间）的油压逐渐上升，作用于锁止离合器锁止阀阀口 1 的油压使柱塞逐渐下移，阀口 5、4 相通，来自主油压阀的油液经阀口 5、4→变矩器回油口→变矩器，变矩器内的油压随之上升。变矩器内的锁止离合器后侧受力，锁止离合器逐渐接合，变矩器的涡轮与泵轮同步转动。

延伸阅读 N218（N216、N217）电磁阀的结构原理

1. N218（N216、N217）电磁阀的结构

图 1-2-23a 为外形图，图 1-2-23b 为剖视图，图 1-2-23c 为分解后零件图，虚线框内为相应零件的不同角度展示。

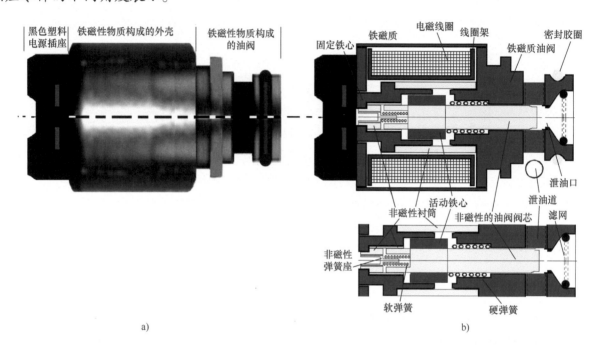

a)

b)

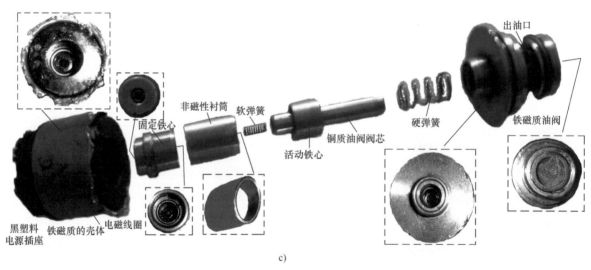

c)

图 1-2-23 N218（N216、N217）的结构

这三个图中图 1-2-23b 是核心，从图 1-2-23b 中可以看出铁磁质的活动铁心，固定在非磁性的油阀阀芯上，阀芯由软弹簧支撑在中心轴线上，固定铁心与铁磁质油阀之间有一个非磁性衬筒。这样构成的磁路使活动铁心与固定铁心之间在任何状态下总有空气间隙，简称空气隙，如图 1-2-24 和图 1-2-25 所示。这样的磁路就可以实现活动铁心受到的力与线圈的电流呈线性关系。

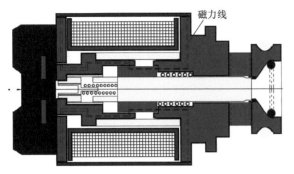

图 1-2-24　线圈电流为最大时的磁路

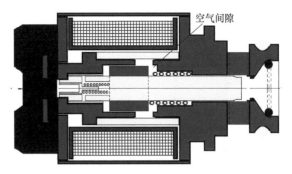

图 1-2-25　线圈电流为 0 时的磁路

2. N218（N216、N217）电磁阀的工作原理

电磁阀安装在阀体上之后，油阀中的油腔与相应油道和所要控制的锁止离合器控制阀相连接。为了讲述方便，这三部分的空间之和称为设定空间，如图 1-2-26 所示。在此设定空间中，有一个进油口和一个泄油口，进油口外侧的稳定油压是由电磁阀油压调节阀自动调节而保持不变的，泄油口由电磁阀的阀芯控制。

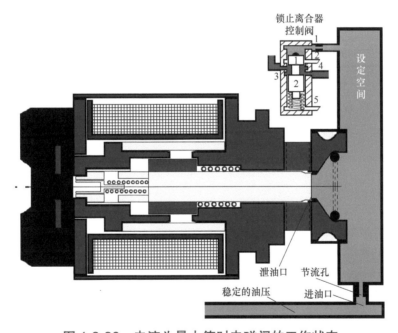

图 1-2-26　电流为最大值时电磁阀的工作状态

当电磁阀的电流为最大设定电流时，如图 1-2-26 所示，电磁阀活动铁心受到的电磁力作用于阀芯左侧，泄油口完全关闭，设定空间的油压作用于阀芯的右侧，两者大小相等、方向相反，其数值则为电磁阀油压调节阀的额定油压值。此时，相当于特性曲线的 A 点，如图 1-2-27 所示。如果电磁阀的电流大于最大设定电流，其作用只是使阀芯压得更紧一些，而设定空间的油压则仍为电磁阀油压调节阀的额定油压值。

当电磁阀的电流由最大设定电流逐渐减小时，由于上述磁路的特殊设计，使活动铁心产生的作用力与电流呈线性关系，设定空间的油压则随电流的减小而减小。例如：电流由

1.1A减为1A。电流减小，阀芯左侧的力减小，右侧的力（设定空间的油压）就使阀芯左移，开启泄油口，设定空间的油压随之减小，作用于右侧的力也就减小；电流减到1A时，设定空间的油压降到相应数值，其作用于阀芯的力与左侧的力相等时，阀芯停于相应位置，此时设定空间的油压就是电流为1A时所控制的油压。

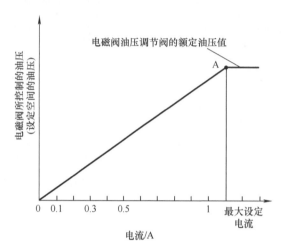

图 1-2-27　电磁阀特性曲线

随着电流的减小，阀芯随之左移，所控制的油压随之减小，使每个电流值都对应着一个相应的油压值。当电流为0时，电磁力消失，如图1-2-28所示，泄油口全开，设定空间内的油压为0。由于特殊设计的节流孔，节流孔的孔径较小，孔道较长，进油口外侧仍然是由电磁阀油压调节阀自动调节的稳定油压，一直保持不变，但此时仍有油液经节流孔不停地泄出。

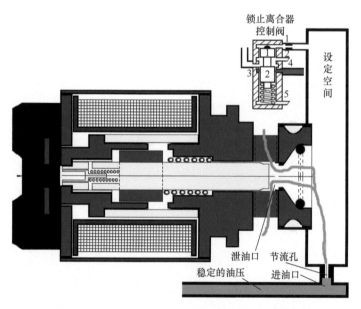

图 1-2-28　电流为 0 时电磁阀的工作状态

如果用电磁阀的电流由 0 逐渐增大的方式来描述，那就是电磁阀所控制的油压随电流的增大而增大。

3. 电磁阀的电流

电磁阀的电流是由电脑中的脉宽调制器所控制的，脉宽调制器的频率是根据电磁阀的结构和所控油压的控制精度来选择的，其频率通常是在 200Hz 到 1000Hz 之间，所选频率要确保电磁阀的阀芯能连续而平稳地移动。在使用中，由于脉宽调制器的频率固定，只要改变脉冲宽度，就改变了波形的占空比，电流的数值（平均值）随之改变。

（三）换档控制部件

P 位换档控制部分的局部油路如图 1-2-29 所示。

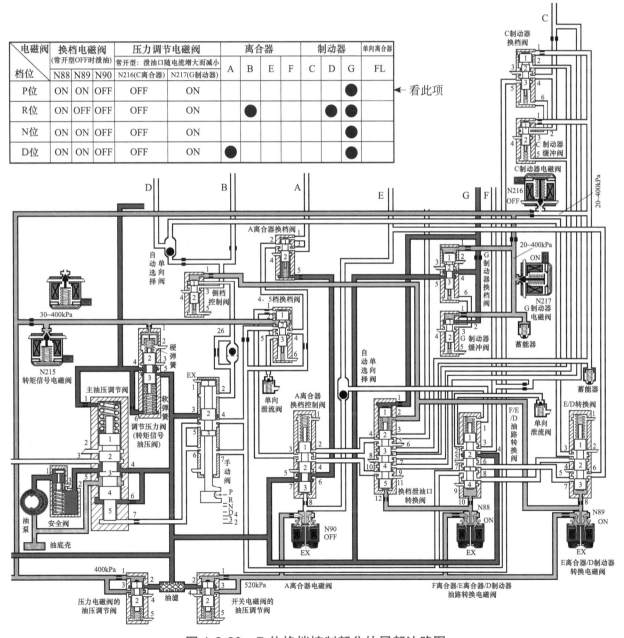

电磁阀	换档电磁阀（常开型OFF时泄油）			压力调节电磁阀（常开型：泄油口随电流增大而减小）		离合器				制动器			单向离合器
档位	N88	N89	N90	N216(C离合器)	N217(G制动器)	A	B	E	F	C	D	G	FL
P位	ON	ON	OFF	OFF	ON							●	
R位	ON	OFF	OFF	OFF	ON		●				●	●	
N位	ON	ON	OFF	OFF	ON							●	
D位	ON	ON	OFF	OFF	ON	●						●	

← 看此项

图 1-2-29　P 位换档控制部分的局部油路图

换档控制部件由手动阀、A 离合器电磁阀 N90、A 离合器换档控制阀、A 离合器换档阀、4 档 /5 档换档阀、F 离合器 /E 离合器 /D 制动器电磁阀 N88、F 离合器 /E 离合器 /D 制动器油路转换阀、E 离合器 /D 制动器转换电磁阀 N89、E 离合器 /D 制动器转换阀、C 制动器电磁阀 N216、C 制动器换档阀、G 制动器电磁阀 N217、G 制动器换档阀、倒档控制阀等组成。

1. 手动阀

手动阀的结构如图 1-2-30 所示,其柱塞由变速杆带动,柱塞的位置对应着变速杆的位置,不同的位置改变了主油路的去向。

阀口 1、8 为泄油口,阀口 3 为主油压引入口。手动阀在 P 位或 N 位时,所有出油口都没有主油压引出。在 R 位时,阀口 2 有主油压引出。在 D 位时,阀口 4 有主油压引出。在 4 位、3 位、2 位时,阀口 4、5 有主油压引出。

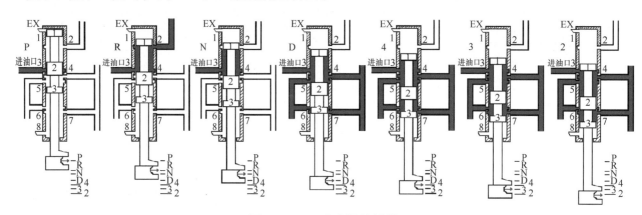

图 1-2-30　手动阀的结构

2. 换档电磁阀

A 离合器电磁阀 N90、F 离合器 /E 离合器 /D 制动器电磁阀 N88、E 离合器 /D 制动器转换电磁阀 N89 这三个换档电磁阀为开关型,其结构示意图如图 1-2-31 所示。

线圈不通电(OFF)时,弹簧弹力使衔铁带着钢球上移,钢球将传压口堵塞,油压经进油口从泄油口泄掉,

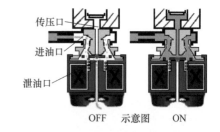

图 1-2-31　换档电磁阀的结构示意图

传压口无油压。线圈通电(ON)时,衔铁受电磁吸力而下移,紧紧堵塞泄油口,传压口的油压上升到设定值。电流为突变形式,即断或通。

常开型开关电磁阀分解图和剖视图见图 1-2-32。

3. 其他换档阀

C 制动器电磁阀 N216、G 制动器电磁阀 N217 两个电磁阀的结构和工作原理与 N218 电磁阀完全相同,参阅 N218 电磁阀,在此不再赘述。

(四)平顺换档部件

平顺换档局部油路如图 1-2-33a,这些缓冲阀有的是串接在相应的离合器(制动器)的

供油油路，有的是并接在相应的离合器（制动器）的供油油路。它们只在换档过程中转换工作状态，换档结束后则保持在新的状态。

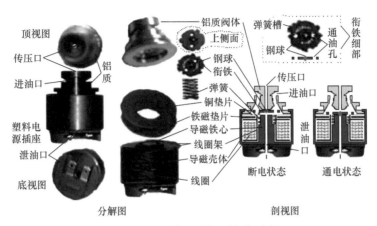

图 1-2-32　常开型开关电磁阀

1. A 离合器缓冲阀和 B 离合器缓冲阀

这两个缓冲阀的结构相同，如图 1-2-33a 所示，只是 B 离合器缓冲阀内多一个小弹簧。以 A 离合器缓冲阀为例，在未加压之前，弹簧弹力将柱塞推到顶部，如图 1-2-33b 中下部的图所示。从换档过程开始，主油压从阀口 5 进，阀口 4 出，到 A 离合器活塞室，同时反馈到阀口 1 给柱塞顶部加压，顶部的作用力大于下部弹簧弹力和转矩油压的作用力时，柱塞下移，A 离合器活塞室的压力上升速率减缓，离合器片则按从快到慢的规律平稳地接合。阀口 6 引入转矩油压做背压，以确保不同转矩条件下都能平稳地接合。

2. D 制动器缓冲阀

在倒档时，D 制动器、B 离合器接合，是由人工控制手动阀来实现的，如图 1-2-33b 中的左图，给 D 制动器供油的油路不经 D 制动器缓冲器，而是经自动选择单向阀直接到 D 制动器。由于倒档是在车辆静止状态下开始实施的，所以不需要设置缓冲阀。

在 L1 位时，D 制动器接合，如图 1-2-33b 中的右上图。在 D 制动器未接合之前，阀口 9 无油压，阀口 9、8 畅通，开始换档时，油液迅速进入活塞室，油压迅速上升，此油压反馈到阀口 10，使柱塞上移，阀口 9、8 通道减小，活塞室油压上升速率变缓，使制动器片平稳接合。阀内设置一个限位夹，使阀塞 2 不会将阀口 9 完全堵塞。

3. E 离合器缓冲阀和 F 离合器缓冲阀

这两个缓冲阀的结构相同，如图 1-2-33a 所示。以 F 离合器缓冲阀为例，参阅图 1-2-33c。在未加压之前，弹簧弹力将柱塞推到顶部，从换档过程开始，主油压从阀口 9 进，阀口 8 出，到 F 离合器活塞室，同时反馈到阀口 10 给下部柱塞底部加压、反馈到阀口 1 给上部柱塞顶部加压。下部柱塞和 D 制动器缓冲阀相同，串接在 F 离合器供油油路中；上部柱塞是一个蓄能式缓冲器，并接在在 F 离合器供油油路中，顶部的作用力大于下部弹簧弹力和转矩油压的作用力时，柱塞下移，F 离合器活塞室的压力上升速率减缓，离合器片则按由快到慢的规律平稳地接合。阀口 6 引入转矩油压做背压，以确保不同转矩条件下都能平稳地接合。

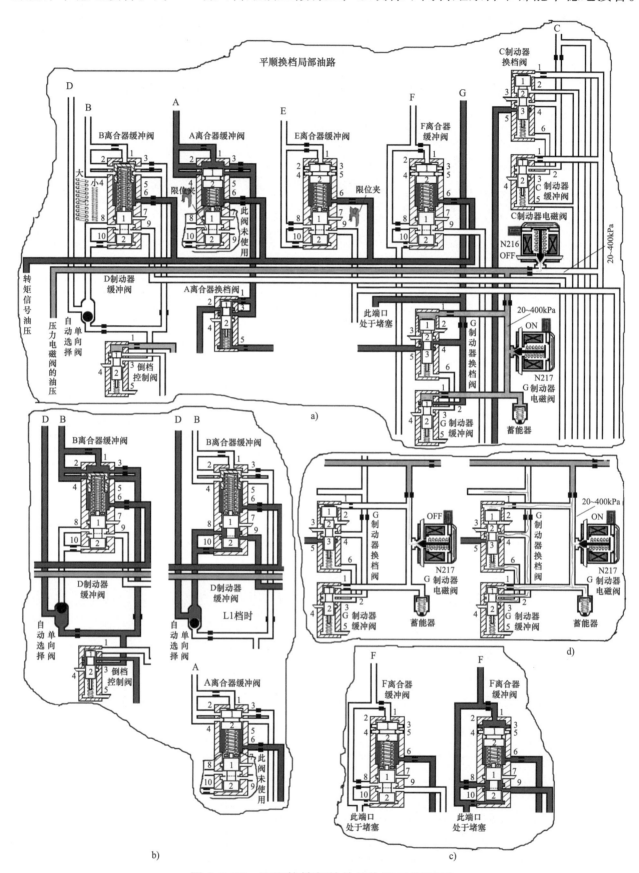

图 1-2-33　平顺换档部件的结构和工作原理

4. C 制动器缓冲阀和 G 制动器缓冲阀

这两个缓冲阀的结构相同，如图 1-2-33a 所示。现以 G 制动器缓冲阀为例，它与 G 制动器换档阀、G 制动器电磁阀协同工作。

G 制动器电磁阀 N217 未通电时，如图 1-2-33d 中的左图。当 N217 的电流由小逐渐增加，如图 1-2-33d 中的右图，它所控空间的油压随之增加，此油压加在 G 制动器换档阀和 G 制动器缓冲阀的阀口 1，柱塞逐渐下移。当换档阀阀口 5 刚刚开启，主油压使油液经阀口 4 送往 G 制动器的活塞室，同时经 G 制动器缓冲阀的阀口 2、3 再到换档阀的阀口 6。阀口 6 的油压作用于柱塞的底部，其作用使柱塞下移速度变缓。在此过程的同时，G 制动器缓冲阀的柱塞受电磁阀所控油压的作用而逐渐下移，使其阀口 2 随之关小。这样的相互关联，使 G 制动器活塞室的油压开始时迅速上升，很快就达到使摩擦片开始移动，之后，则缓缓上升，摩擦片平稳接合。换档过程结束时，参阅图 1-2-33a：电磁阀的电流保持最大，所控管路的油压最大；换档阀的阀口 4、5 全开；缓冲阀阀口 2 阻塞，阀口 3、4 畅通。

其他换档阀的结构和工作原理结合工作状态来讲述。

二、人工设置的初始状态

"自动变速器"这个名称所表述的核心是车辆在行驶中能自动变换传动比，即通称的自动换档，而它的初始状态都是人工设置的。人工将变速杆置于 P、R、N、D、4、3、2 位置，带动手动阀，使液压油路处于相应的工作状态；带动多功能开关，经编码电路（编码电路的工作原理见本章第三节）给中央处理器（CPU）发出相应的指令，CPU 则按设定的程序和数据实施控制，使变速器油路处于相应的设定状态。

（一）P 位的初始设置

变速杆置于 P 位，带动手动阀停于 P 位，如图 1-2-34 中所示，它的阀口 3（进油口）被阀塞 2 阻断，所有出油口无油压，离合器 A、B、E、F 及制动器 C、D 无油压。

变速杆置于 P 位，带动多功能开关，使编码电路产生一个 1000 代码给中央处理器（CPU），CPU 则使接在电子控制单元 ECU 输出电路上的电磁阀处于以下状态：

- A 离合器电磁阀 N90 断电（OFF）
- F 离合器 /E 离合器 /D 制动器油路转换电磁阀 N88 通电（ON）
- E 离合器 /D 制动器转换电磁阀 N89 通电（ON）
- G 制动器电磁阀 N217 的电流由小到大，达到最大，相当于通电（ON）
- C 制动器电磁阀 N216 断电（OFF）

由于 C 制动器电磁阀 N216 断电（OFF，参阅图 1-2-34 上部的表格），电磁阀泄口打开，所控油路无油压，C 制动器换档阀、C 制动器缓冲阀不工作。从 C 制动器活塞室→C 制动器换档阀 4、3 阀口泄压。

电磁阀	换档电磁阀 (常开型OFF时泄油)			压力调节电磁阀 常开型：泄油口随电流增大而减小		离合器				制动器			单向离合器
档位	N88	N89	N90	N216(C离合器)	N217(G制动器)	A	B	E	F	C	D	G	FL
P位	ON	ON	OFF	OFF	ON							●	
R位	ON	OFF	OFF	OFF	ON		●				●	●	
N位	ON	ON	OFF	OFF	ON							●	
D位	ON	ON	OFF	OFF	ON	●						●	

←看此项

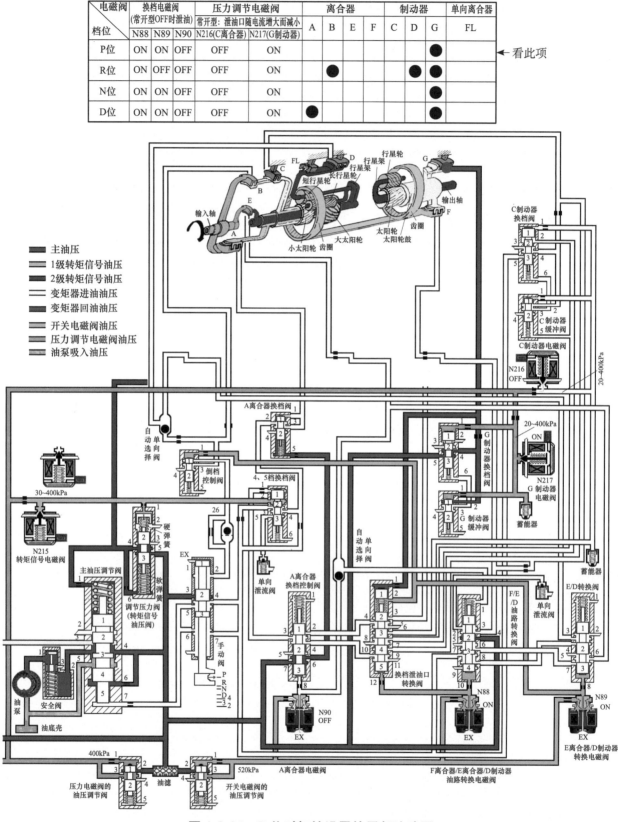

图 1-2-34　P 位时初始设置的局部油路图

由于 G 制动器电磁阀 N217 的电流由小到大，达到最大，相当于通电（ON），电磁阀泄油口逐渐关闭，所控油路油压逐渐上升，G 制动器换档阀工作，使主油压（红色）给 G 制动器施压，G 制动器接合。

由于 A 离合器电磁阀 N90 断电（OFF），泄油口全开，所控油路油压为 0，A 离合器换挡控制阀的柱塞停于底部，主油压经阀口 7、6 给 A 离合器换档阀阀口 5 施压，确保其阀口 2、3 畅通。从 A 离合器活塞室→A 离合器换档阀 3、2 阀口→4、5 档换档阀的 4、3 阀口→手动阀的阀口 7、8 泄压。

由于 F 离合器/E 离合器/D 制动器油路转换电磁阀 N88 通电（ON），泄油口关闭，所控油路的油压（开关电磁阀的油路）为设定值，使 F/E/D 油路转换阀的柱塞上移到顶。另外，所控油路的油压也供换档泄油口转换阀备用。

由于 E 离合器/D 制动器转换电磁阀 N89 通电（ON），泄油口关闭，所控油路的油压（开关电磁阀的油路）为设定值，使 E/D 转换阀的柱塞上移到顶，阀口 3、2 连通，阀口 6、5 连通，为 E 离合器活塞室提供泄压口，从 E 离合器活塞室→E/D 转换阀 6、5 阀口泄压。另外，所控油路的油压还作用于倒档控制阀，使其柱塞下移，3、4 阀口泄压，从 B 离合器活塞室→倒档控制阀 3、4 阀口泄压。

这样，不施加压力的离合器/制动器的活塞室都与一个泄压口相通，处于有油液而无油压状态。

如果不是这样，这个油路图就有错误，这可以作为核对油路图的准则。

（二）N 位的初始设置

变速杆置于 N 位，带动手动阀停于 N 位，如图 1-2-35 中所示，它的阀口 3 已进油，但被阀塞 1 和阀塞 2 隔断，所有出油口无油压，离合器 A、B、E、F 及制动器 C、D 无油压。

变速杆置于 N 位，带动多功能开关，使编码电路产生一个 1 1 1 0 代码给中央处理器（CPU），CPU 则使接在电子控制单元 ECU 输出电路上的电磁阀处于以下状态：

- A 离合器电磁阀 N90 断电（OFF）
- F 离合器/E 离合器/D 制动器油路转换电磁阀 N88 通电（ON）
- E 离合器/D 制动器转换电磁阀 N89 通电（ON）
- G 制动器电磁阀 N217 的电流由小到大，达到最大，相当于通电（ON）
- C 制动器电磁阀 N216 断电（OFF）

以上的电磁阀状态与 P 位相同，油路部分与 P 位相同，在此不再赘述。

（三）R 位的初始设置

变速杆置于 R 位，带动手动阀停于 R 位，如图 1-2-36 中所示，由它的阀口 3 进油，阀口 2 出油向上→单向阀的旁路→倒档控制阀后分两路，一路经自动选择单向阀→D 制动器接合。另一路经 B 离合器缓冲阀→B 离合器平顺接合。

电磁阀 档位	换挡电磁阀 (常开型OFF时泄油)			压力调节电磁阀 常开型：泄油口随电流增大而减小		离合器				制动器			单向离合器
	N88	N89	N90	N216(C离合器)	N217(G制动器)	A	B	E	F	C	D	G	FL
P位	ON	ON	OFF	OFF	ON							●	
R位	ON	OFF	OFF	OFF	ON		●				●	●	
N位	ON	ON	OFF	OFF	ON							●	
D位	ON	ON	OFF	OFF	ON	●						●	

← 看此项

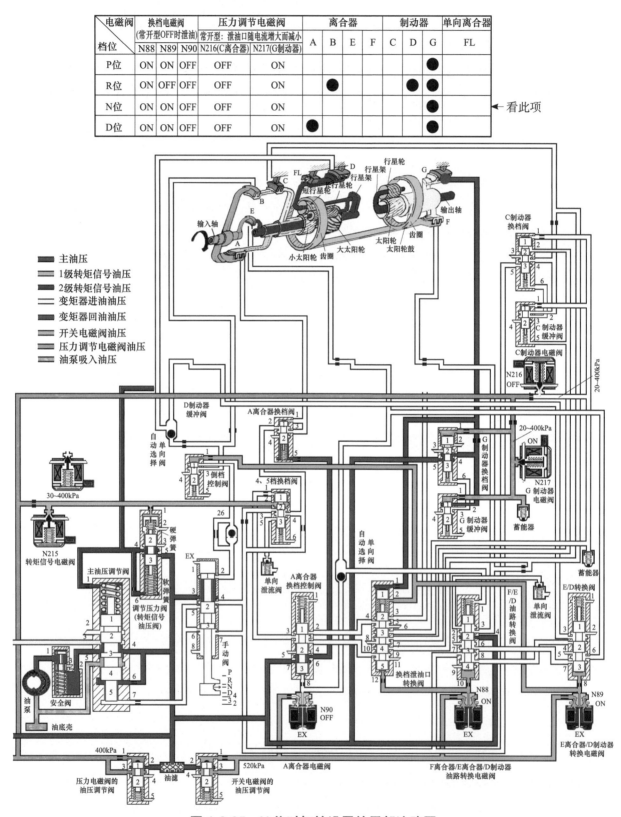

图 1-2-35 N 位时初始设置的局部油路图

电磁阀	换档电磁阀			压力调节电磁阀		离合器				制动器			单向离合器
	(常开型OFF时泄油)			常开型：泄油口随电流增大而减小		A	B	E	F	C	D	G	FL
档位	N88	N89	N90	N216(C离合器)	N217(G制动器)								
P位	ON	ON	OFF	OFF	ON							●	
R位	ON	OFF	OFF	OFF	ON		●					●	●
N位	ON	ON	OFF	OFF	ON							●	
D位	ON	ON	OFF	OFF	ON	●						●	

← 看此项

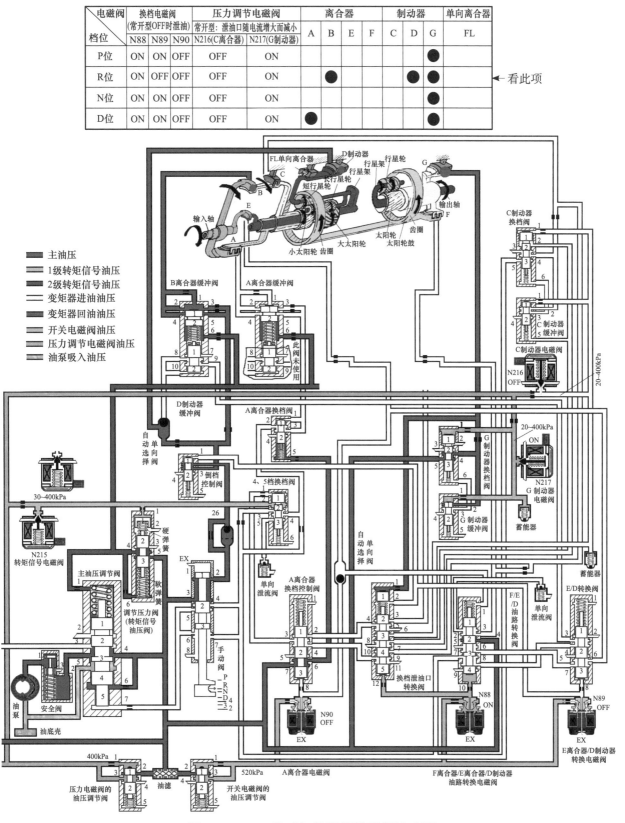

图 1-2-36　R 位时初始设置的局部油路图

B 离合器缓冲阀在未加压之前，它的状态如它右侧的 A 离合器缓冲阀，加压过程，柱塞逐渐下移到图中的稳定状态，实现了平顺换档。平顺换档的工作过程另述。

阀口 4 无油压，离合器 A、E、F 及制动器 C 无油压。

变速杆置于 R 位，带动多功能开关，使编码电路产生一个 0 1 0 0 代码给中央处理器（CPU），CPU 则使接在电子控制单元 ECU 输出电路上的电磁阀处于以下状态：

- A 离合器电磁阀 N90 断电（OFF，与 P/N 位相同）
- F 离合器 /E 离合器 /D 制动器油路转换电磁阀 N88 通电（ON，与 P/N 位相同）
- G 制动器电磁阀 N217 的电流由小到大，达到最大，相当于通电（ON，与 P/N 位相同）
- C 离合器电磁阀 N216 断电（OFF，与 P/N 位相同）
- E 离合器 /D 制动器转换电磁阀 N89 由通电变为断电（OFF）

上述前 4 个电磁阀的状态与 P/N 位相同，其所控制的油路也与 P/N 位相同，读者可以比对，本文不再赘述。

由于 E 离合器 /D 制动器转换电磁阀 N89 断电（OFF），泄油口全开，所控油路的油压为 0。一是通往倒档控制阀的阀口 1 无油压，倒档控制阀的柱塞上移到顶，2、3 阀口连通，使主油压通往 B 离合器和 D 制动器。二是 E /D 转换阀的柱塞下移到底，阀口 6、7 相通，为 E 离合器活塞缸提供泄压口，从 E 离合器活塞室→E /D 转换阀 6、5 阀口→F/E/D 油路转换阀的 6、5 阀口泄压；阀口 3、4 相通，为自动选择单向阀提供泄压口，从自动选择单向阀→D 制动器缓冲阀 8、9 阀口→E/D 转换阀的阀口 3、4→F/E/D 油路转换阀的 8、7 阀口→手动阀的阀口 7、8 泄压。

（四）D 位的初始设置

变速杆置于 D 位，带动手动阀停于 D 位，如图 1-2-37 中所示，由它的阀口 3 进油，阀口 4 向上经 4、5 档换档阀→A 离合器换档阀→A 离合器缓冲阀→A 离合器，使 A 离合器平顺接合（平顺换档的工作过程下面另外讨论）。由阀口 4 向下的供油油路为后续升档做准备。

变速杆置于 D 位，带动多功能开关，使编码电路产生一个 1 0 1 1 代码给中央处理器（CPU），CPU 则使接在电子控制单元 ECU 输出电路上的电磁阀处于以下状态（与 P/N 位相同）：

- A 离合器电磁阀 N90 断电（OFF）
- F 离合器 /E 离合器 /D 制动器油路转换电磁阀 N88 通电（ON）
- E 离合器 /D 制动器转换电磁阀 N89 通电（ON）
- G 制动器电磁阀 N217 的电流由小到大，达到最大，相当于通电（ON）
- C 离合器电磁阀 N216 断电（OFF）

电磁阀	换档电磁阀 (常开型OFF时泄油)			压力调节电磁阀 常开型：泄油口随电流增大而减小		离合器				制动器			单向离合器
档位	N88	N89	N90	N216(C离合器)	N217(G制动器)	A	B	E	F	C	D	G	FL
P位	ON	ON	OFF	OFF	ON							●	
R位	ON	OFF	OFF	OFF	ON		●				●	●	
N位	ON	ON	OFF	OFF	ON							●	
D位	ON	ON	OFF	OFF	ON	●						●	

←看此项

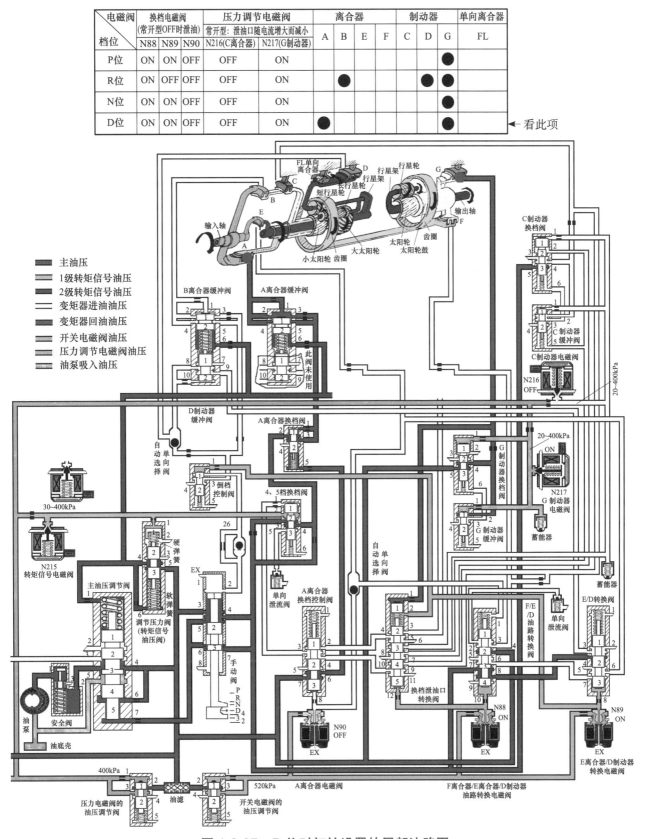

图 1-2-37　D 位时初始设置的局部油路图

由于 C 制动器电磁阀 N216 断电（OFF，参阅图 1-2-37 上部的表格），电磁阀泄口打开，所控油路无油压，C制动器换档阀、C制动器缓冲阀不工作。从C制动器活塞室→C制动器换档阀4、3阀口泄压。

由于G制动器电磁阀N217的电流由小到大，达到最大，相当于通电（ON），电磁阀泄油口逐渐关闭，所控油路油压逐渐上升，C制动器换档阀工作，使主油压（红色）给G制动器施压，G制动器接合。

由于A离合器电磁阀N90断电（OFF），泄油口全开，所控油路油压为0，A离合器换挡控制阀的柱塞停于底部，主油压经阀口7、6给A离合器换档阀阀口5施压，确保其阀口2、3畅通。从手动阀的阀口4向上经4、5档换档阀→A离合器换档阀→A离合器缓冲阀→A离合器，使A离合器平顺接合。

由于F离合器/E离合器/D制动器油路转换电磁阀N88通电（ON），泄油口关闭，所控油路的油压（开关电磁阀的油路）为设定值，使F/E/D油路转换阀的柱塞上移到顶。另外，所控油路的油压也供换档泄油口转换阀备用。

由于E离合器/D制动器转换电磁阀N89通电（ON），泄油口关闭，所控油路的油压（开关电磁阀的油路）为设定值，使E/D转换阀的柱塞上移到顶，阀口3、2连通，阀口6、5连通，为E离合器活塞缸提供泄压口，从E离合器活塞室→E/D转换阀6、5阀口泄压。另外，所控油路的油压还作用于倒档控制阀，使其柱塞下移，3、4阀口泄压，从B离合器活塞室→倒档控制阀3、4阀口泄压。

这样，不施压的离合器/制动器的活塞室都与一个泄压口相通，处于有油液而无油压状态。

在1011代码给中央处理器（CPU）的条件下，车辆起步行驶后，CPU接收到相应的车速信号和节气门位置信号，结合车辆的实时运行状态，经综合运算后，启用升档或降档的换档程序，实施升档或降档。在此换档程序中有1档至2、3、4、5档之间自动变换的功能。

三、01V自动变速器各档位时液压控制系统的工作状态

（一）P位时液压控制系统的工作状态

P位时的液压油路如图1-2-38所示。

变速杆放在P位，经传动杆使驻车锁钩与驻车棘齿结合，变速器的输出轴与车体结合成一体。

（二）R位时液压控制系统的工作状态

R位时的液压油路如图1-2-39所示。

（三）N位时液压控制系统的工作状态

N位时的液压油路如图1-2-40所示。

电磁阀	换挡电磁阀 (常开型OFF时溢油)			压力调节电磁阀(由脉宽调制器PWM控制其电流)				离合器				制动器			单向离合器	
				常开型：泄油口随电流增大而减小			常闭型：泄油口随电流减小而减小									
档位	N88	N89	N90	N216(C离合器)	N217(G制动器)	N218(TTC锁止离合器)	N215 转矩信号	A	B	E	F	C	D	G	FL	
P位	ON	ON	OFF	OFF	OFF	OFF	节气门开度为0时电流最大。随节气门开度增加，电流逐渐减小，泄油口逐渐减小，设定空间的油压阀随之增加。作用于转矩信号油压阀的油压随之增加，转矩信号油压阀的输出油压增加，主油压增加							●		← 看此项
R位	ON	OFF	OFF	OFF	ON	OFF		●					●	●		
N位	ON	ON	OFF	OFF	ON	OFF								●		

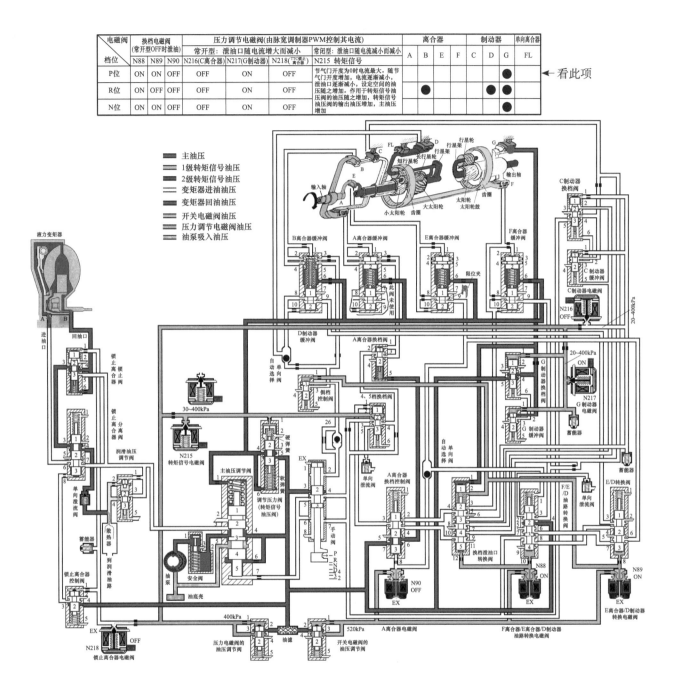

图 1-2-38　P 位时的液压油路图

电磁阀	换档电磁阀 (常开型OFF时泄油)			压力调节电磁阀(由脉宽调制器PWM控制其电流)				离合器				制动器			单向离合器
				常开型：泄油口随电流增大而减小			常闭型：泄油口随电流减小而减小								
档位	N88	N89	N90	N216(C离合器)	N217(G制动器)	N218(TC离合器)	N215 转矩信号	A	B	E	F	C	D	G	FL
P位	ON	ON	OFF	OFF	ON	OFF	节气门开度为0时电流最大。随节气门开度增加，电流逐渐减小，泄油口逐渐减小，设定空间的油压随之增加。作用于转矩信号油压阀的油压随之增加，转矩信号油压阀的输出油压增加，主油压增加							●	
R位	ON	OFF	OFF	OFF	ON	OFF		●	●				●	●	
N位	ON	ON	OFF	OFF	ON	OFF								●	

← 看此项

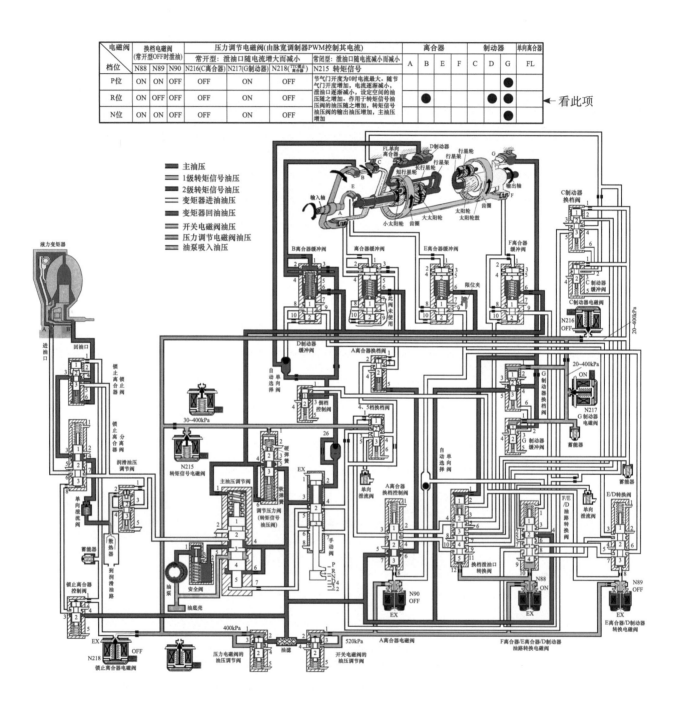

图 1-2-39　R 位时的液压油路图

电磁阀	换档电磁阀 (常开型OFF时泄油)			压力调节电磁阀(由脉宽调制器PWM控制其电流)				离合器				制动器			单向离合器
				常开型: 泄油口随电流增大而减小		常闭型: 泄油口随电流减小而减小		A	B	E	F	C	D	G	FL
档位	N88	N89	N90	N216(C离合器)	N217(G制动器)	N218(TTC锁止离合器)	N215 转矩信号								
P位	ON	ON	OFF	OFF	ON	OFF	节气门开度为0时电流最大。随节气门开度增加，电流逐渐减小，泄油口逐渐减小，设定空间的油压随之增加。作用于转矩信号油压阀的油压随之增加，转矩信号油压阀的输出油压增加，主油压增加							●	
R位	ON	OFF	OFF	OFF	ON	OFF		●				●		●	
N位	ON	ON	OFF	OFF	ON	OFF								●	

← 看此项

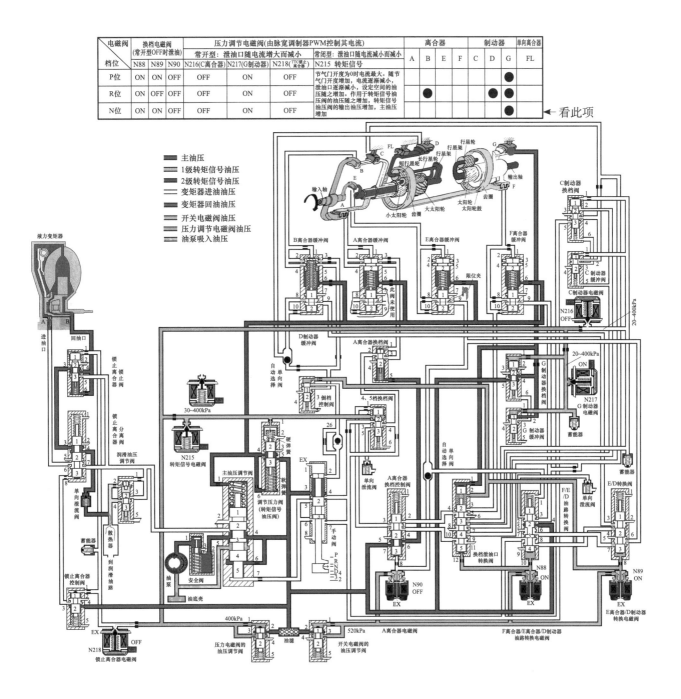

图 1-2-40 N 位时的液压油路图

（四）D位1档时液压控制系统的工作状态

D位1档时的液压油路如图1-2-41所示。

电磁阀	换档电磁阀 (常开型OFF时泄油)			压力调节电磁阀(由脉宽调制器PWM控制其电流)				离合器				制动器			单向离合器
				常开型：泄油口随电流增大而减小		常闭型：泄油口随电流减小而减小									
档位	N88	N89	N90	N216(C离合器)	N217(G制动器)	N218(TC锁止离合器)	N215 转矩信号	A	B	E	F	C	D	G	FL
D位 1	ON	ON	OFF	OFF	ON	OFF	节气门开度为0时电流最大。随节气门开度增加，电流逐渐减小，泄油口逐渐减小，设定空间的油压逐渐增大。作用于转矩信号油压阀的油压随之增加，转矩信号阀的输出油压增加，主油压增加	●						●	●
D位 2	ON	ON	OFF	ON	ON	OFF		●					●	●	
D位 3	OFF	ON	OFF	ON	OFF	ON		●			●	●			
D位 4	OFF	OFF	OFF	OFF	OFF	ON		●		●	●				
D位 5	ON	OFF	ON	ON	OFF	ON				●	●				

← 看此项

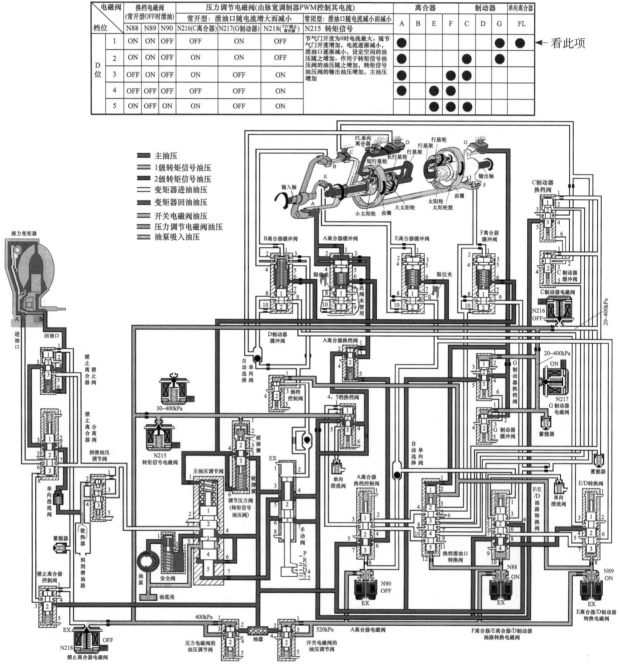

图1-2-41　D位1档时的液压油路图

（五）D 位 2 档时液压控制系统的工作状态

D 位 2 档时液压油路如图 1-2-42 所示。

电磁阀	换档电磁阀 (常开型型OFF时泄油)			压力调节电磁阀(由脉宽调制器PWM控制其电流)				离合器				制动器			单向离合器
				常开型：泄油口随电流增大而减小			常闭型：泄油口随电流减小而减小								
档位	N88	N89	N90	N216(C离合器)	N217(G制动器)	N218(TTC锁止离合器)	N215 转矩信号	A	B	E	F	C	D	G	FL
D 位	1	ON	ON	OFF	OFF	ON	OFF	节气门开度为0时电流最大。随节气门开度增加，电流逐渐减小，泄油口逐渐减小，设定空间的油压随之增加。作用于转矩信号油压阀的油压随之增加，转矩信号油压阀的输出油压增加，主油压也增加	●		●				●	●
	2	ON	ON	OFF	ON	ON	OFF		●					●		●
	3	OFF	ON	OFF	ON	OFF	ON		●		●	●				
	4	OFF	OFF	OFF	OFF	OFF	ON				●	●	●			
	5	ON	OFF	ON	ON	OFF	ON			●	●	●			

← 看此项

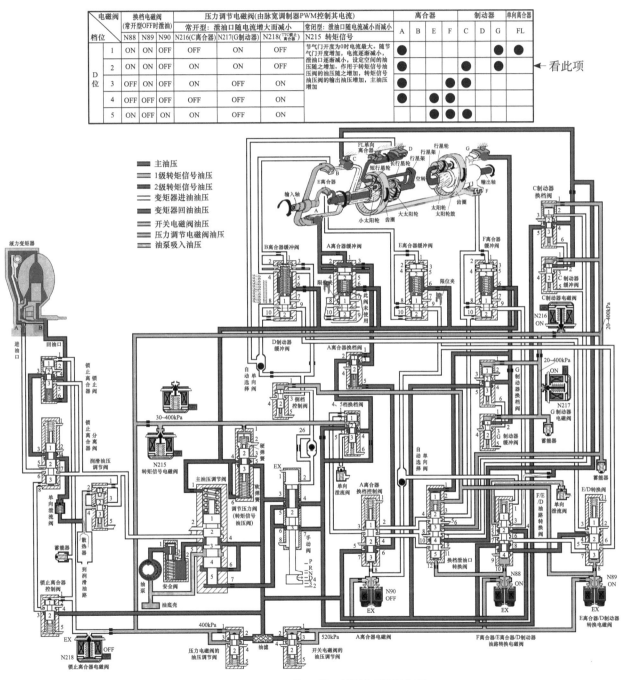

图 1-2-42　D 位 2 档时的液压油路图

（六）D位3档时液压控制系统的工作状态

D位3档时的液压油路如图1-2-43所示。

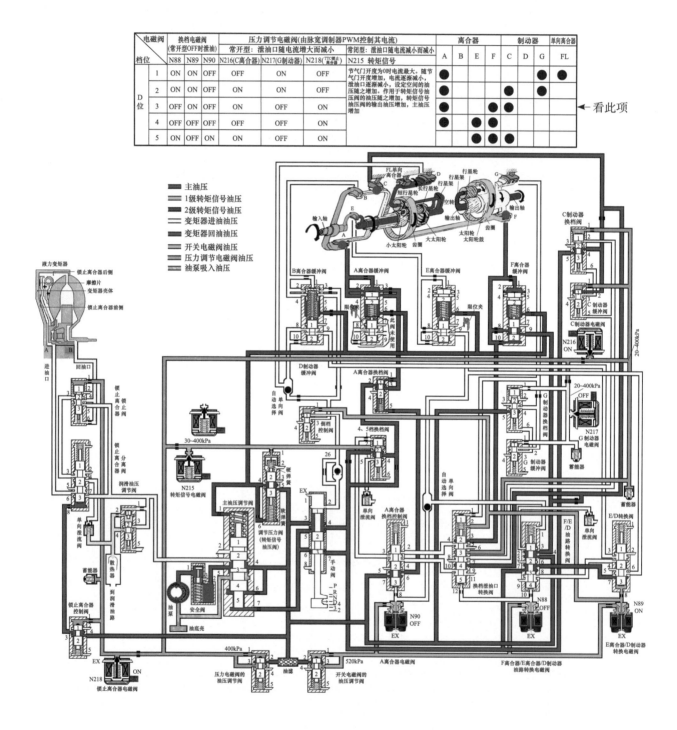

电磁阀	换档电磁阀（常开型OFF时泄油）			压力调节电磁阀（由脉宽调制器PWM控制其电流）					离合器				制动器			单向离合器
				常开型：泄油口随电流增大而减小			常闭型：泄油口随电流减小而减小									
档位	N88	N89	N90	N216(C离合器)	N217(G制动器)	N218(TC锁止离合器)	N215 转矩信号		A	B	E	F	C	D	G	FL
D位	1	ON	ON	OFF	OFF		OFF	节气门开度为0时电流最大。随节气门开度增加，电流逐渐减小，泄油口逐渐减小，设定空间的油压随之增加。作用于转矩信号油压阀的油压随之增加，转矩信号油压阀的输出油压增加，主油压增加	●					●		●
	2	ON	ON	OFF	ON		ON	OFF		●				●	●	
	3	OFF	ON	OFF	ON		ON	OFF		●		●		●	●	
	4	OFF	OFF	OFF	OFF		OFF	OFF		●		●	●			
	5	ON	OFF	ON	ON		OFF	ON				●	●	●		

← 看此项

图例：
- 主油压
- 1级转矩信号油压
- 2级转矩信号油压
- 变矩器进油油压
- 变矩器回油油压
- 开关电磁阀油压
- 压力调节电磁阀油压
- 油泵吸入油压

图 1-2-43　D位3档时的液压油路图

（七）D 位 4 档时液压控制系统的工作状态

D 位 4 档时的液压油路如图 1-2-44 所示。

电磁阀	换档电磁阀 (常开型OFF时泄油)			压力调节电磁阀(由脉宽调制器PWM控制其电流)				离合器				制动器			单向离合器
				常开型：泄油口随电流增大而减小			常闭型：泄油口随电流减小而减小								
档位	N88	N89	N90	N216(C离合器)	N217(G制动器)	N218(TTC锁止离合器)	N215 转矩信号	A	B	E	F	C	D	G	FL
D 位 1	ON	ON	OFF	OFF	ON	OFF	节气门开度为0时电流最大。随节气门开度增加，电流逐渐减小，泄油口渐渐减小，设定空间的油压随之增加。作用于转矩信号油压阀的油压随之增加，转矩信号油压阀的输出油压增加，主油压增加	●						●	●
2	ON	ON	OFF	ON	ON	OFF		●				●		●	
3	OFF	ON	OFF	ON	OFF	ON		●				●	●		
4	OFF	OFF	OFF	OFF	OFF	ON		●		●	●		●		
5	ON	OFF	ON	ON	OFF	ON				●	●	●			

←看此项

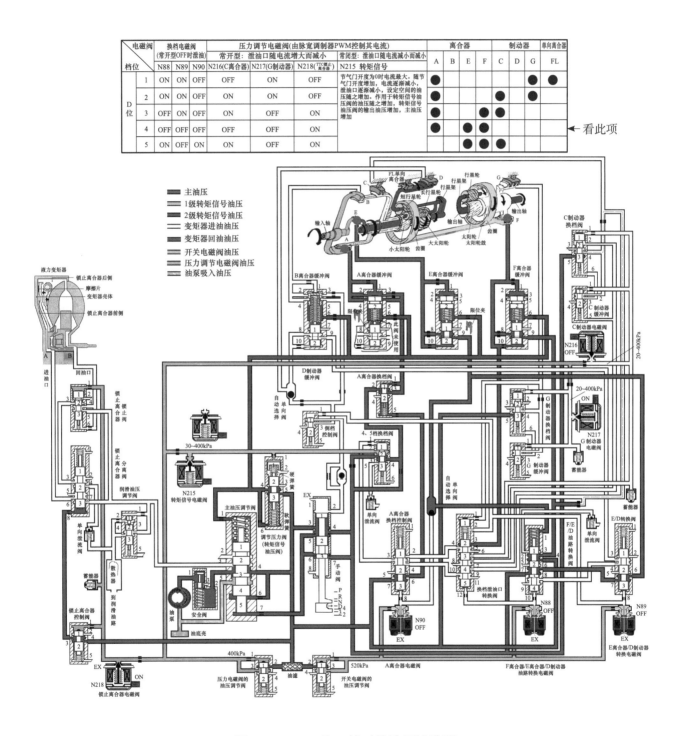

图 1-2-44　D 位 4 档时的液压油路图

（八）D位5档时液压控制系统的工作状态

D位5档时的液压油路如图1-2-45所示。

电磁阀	换档电磁阀			压力调节电磁阀(由脉宽调制器PWM控制其电流)					离合器				制动器			单向离合器
	(常开型OFF时泄油)			常开型：泄油口随电流增大而减小			常闭型：泄油口随电流减小而减小									
档位	N88	N89	N90	N216(C离合器)	N217(G制动器)	N218(TC锁止离合器)	N215 转矩信号		A	B	E	F	C	D	G	FL
D位 1	ON	ON	OFF	OFF	ON	OFF	节气门开度为0时电流最大。随节气门开度增加，电流逐渐减小，泄油口逐渐减小，设定空间的油压随之增加。作用于转矩信号油阀的油压随之增加，转矩信号油阀的输出油压增加，主油压增加		●						●	●
2	ON	ON	OFF	ON	ON	OFF			●					●		●
3	OFF	ON	OFF	ON	OFF	ON			●				●	●		
4	OFF	OFF	OFF	OFF	OFF	ON			●		●	●				
5	ON	OFF	ON	ON	OFF	ON					●	●	●			

← 看此项

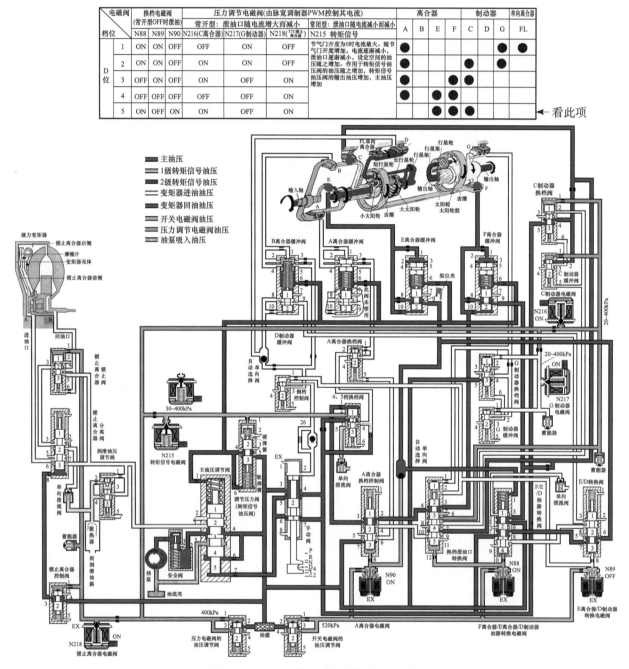

图 1-2-45　D位5档时的液压油路图

（九）2位时液压控制系统的工作状态

01V变速器的变速杆位置没有L位，当车辆在山区陡坡上行驶时，应将变速杆置于2位。

变速杆置于 2 位，带动手动阀停于 2 位；带动多功能开关，使编码电路产生一个相应的代码给中央处理器（CPU），CPU 则使接在电子控制单元 ECU 输出电路上的电磁阀状态与 D 位相同，2 位 1 档油路图则如图 1-2-46 所示。它与 D 位 1 档不同点只是手动阀的位置不同，参阅图 1-2-46 上方的表格，油路的其他部分是相同的。但在此换档程序中只有 1 档升 2 档的功能，即再快的车速也不能升到 3 档。这样车速就不会太快。此时，如果连续踩 2 次刹车，ECU 输出电路上的电磁阀状态则变化为 L1 档时的状态。

1）2 位 1 档时的液压油路如图 1-2-46 所示。

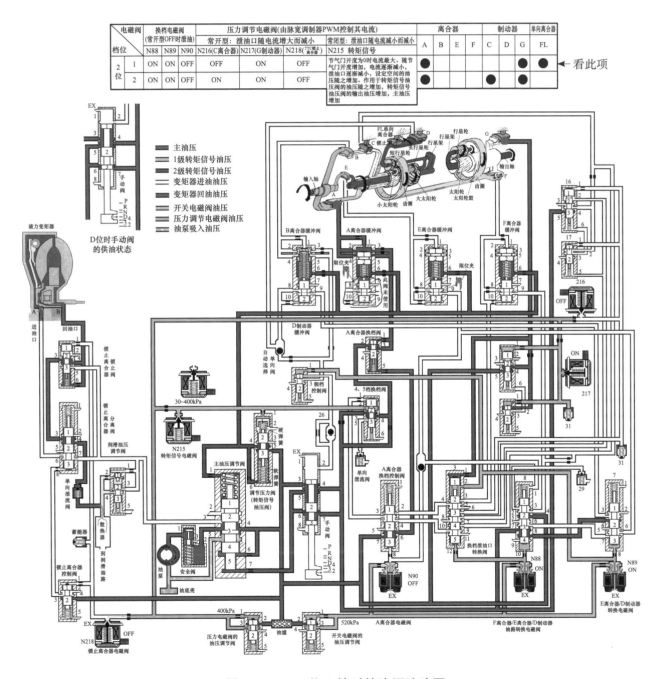

图 1-2-46　2 位 1 档时的液压油路图

汽车自动变速器液控与电控系统解析彩色图解

2）2 位 2 档时的液压油路如图 1-2-47 所示。

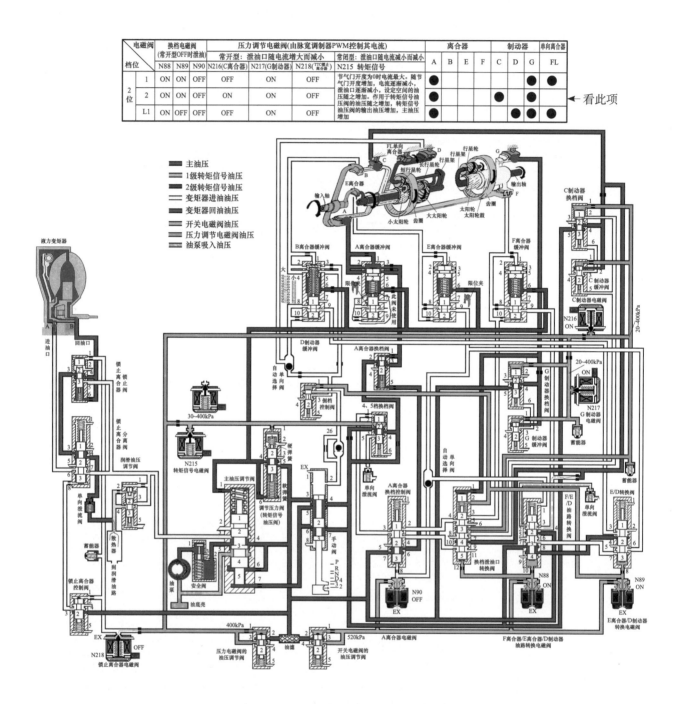

电磁阀		换档电磁阀 (常开型OFF时泄油)			压力调节电磁阀(由脉宽调制器PWM控制其电流)				离合器				制动器			单向离合器
					常开型：泄油口随电流增大而减小			常闭型：泄油口随电流小而减小								
档位		N88	N89	N90	N216(C离合器)	N217(G制动器)	N218(TTC模式离合器)	N215 转矩信号	A	B	E	F	C	D	G	FL
2 位	1	ON	ON	OFF	OFF	ON	OFF	节气门开度为0时电流最大。随节气门开度增加，电流逐渐减小，泄油口逐渐增大，设定空间的油压随之增加。作用于转矩信号油压阀的油压随之增加，转矩信号油压阀的输出油压增加，主油压增加	●						●	●
	2	ON	ON	OFF	ON	ON	OFF		●			●			●	
	L1	ON	OFF	OFF	OFF	ON	OFF		●				●	●	●	●

←看此项

图 1-2-47　2 位 2 档时的液压油路图

3）L1 位时的液压油路如图 1-2-48 所示。

46

电磁阀	换挡电磁阀 (常开型OFF时泄油)			压力调节电磁阀(由脉宽调制器PWM控制其电流)				离合器				制动器			单向离合器
				常开型：泄油口随电流增大而减小		常闭型：泄油口随电流减小而减小									
档位	N88	N89	N90	N216(C离合器)	N217(G制动器)	N218(TTC模式)	N215 转矩信号	A	B	E	F	C	D	G	FL
2位 1	ON	ON	OFF	OFF	ON	OFF	节气门开度为0时电流最大。随节气门开度增加，电流逐渐减小，泄油口逐渐减小，设定空间的油压随之增加。作用于转矩信号油压的油压随之增加，转矩信号油压的输出油压增加，主油压增加	●						●	●
2位 2	ON	ON	OFF	ON	ON	OFF		●					●	●	●
2位 L1	ON	OFF	OFF	OFF	ON	OFF		●				●	●	●	●

← 与此对比

← 看此项

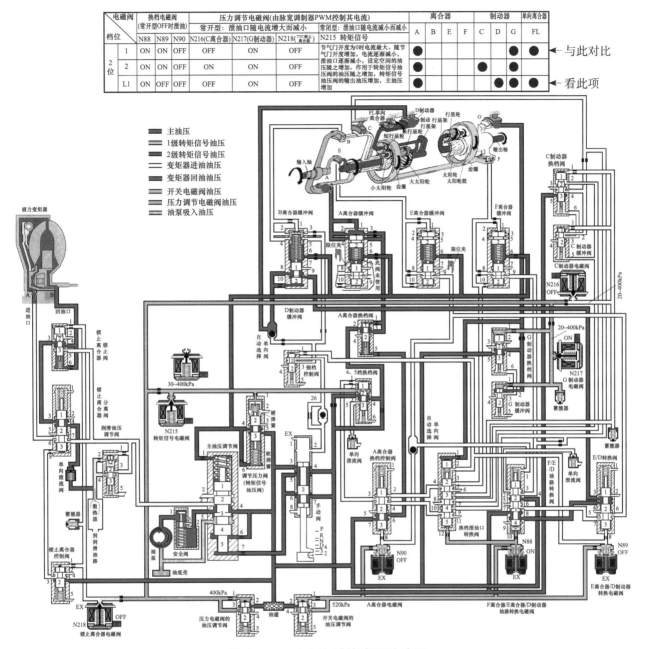

图 1-2-48　L1 位时的液压油路图

第三节　01V 自动变速器电子控制系统原理电路和工作原理

01V 电子控制系统以电子控制单元 ECU（俗称电脑）为核心，再加上各种传感器的输入信号电路和几个执行器的输出电路而构成。

一、电子控制系统原理电路

电子控制系统的原理电路如图 1-3-1 所示。

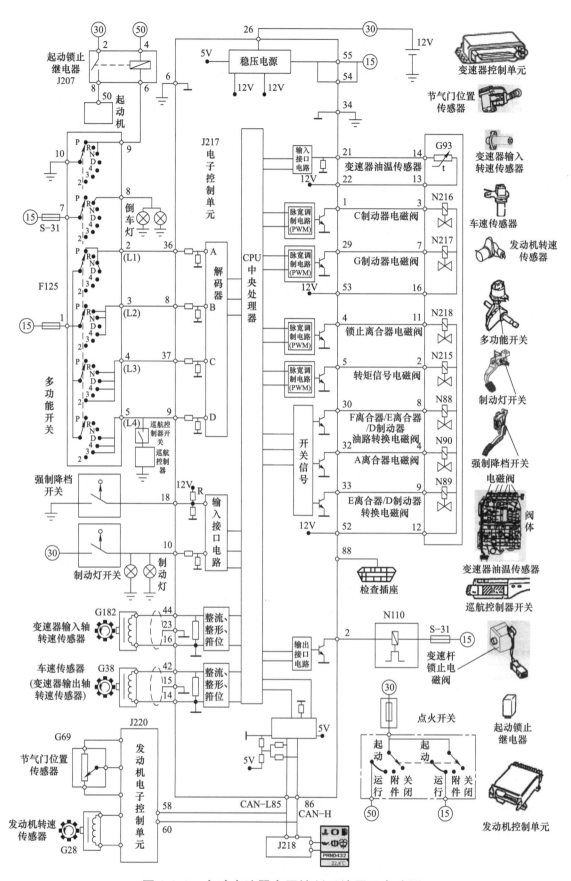

图 1-3-1 自动变速器电子控制系统原理电路图

电子控制单元 ECU 简介

电子控制单元 ECU 俗称电脑，它的中央处理器（CPU）和各种存储器中存储着相关的程序和数据，输入接口电路把输入信号变换成相应的数码，送往中央处理器；输出接口电路把 CPU 运算的结果输入给执行器实施控制。

电子控制单元 ECU 用一个 88 针的电路连接器与外电路相连接，由于车型不同，出厂年代不同，使用的端子略有不同。图 1-3-1 是参考奥迪 A6（2004 款）的电路连接图绘成的。

稳压电源内有稳压滤波电路，它将输入的 12~14V 直流电压稳定在 12V，供输入接口电路和输出电路使用，并将 12V 变换成稳定的 5V 电压，给各种集成电路供电。为了确保 ECU 的操作系统总是处于待命状态，设置了一条常供电电路，直接接在蓄电池的正负极上，如图 1-3-1 中 26 号端子，其他的供电电路由点火开关控制。点火开关的原理电路显示于图 1-3-1 的右下角。

（一）输入信号电路

1. 节气门位置 TP 信号电路

节气门位置（开度）反映了发动机的负荷（输出转矩）。节气门位置传感器 G_{69} 是一个线性电位器，接在发动机电子控制单元 J220 上，两端电压为 5V，活动电刷由节气门轴带动，其输出电压则随节气门的开度而变化，此电压代表了节气门位置，称为节气门位置信号电压。踩下加速踏板的速度，影响着输出电压的变化率，因而输出电压的变化率代表了发动机负荷的变化率。此信号电压既供发动机电子控制单元使用，又经 CAN 数据总线送到变速器电子控制单元。ECU 利用此信号：

1）参与换档时刻的运算，确定换档点。

2）控制变速器的主油压。

3）换档过程中发动机 ECU 使点火提前角推迟，帮助实现平顺换档。

此传感器损坏时，变速器则不能工作。

2. 发动机转速信号电路

发动机转速传感器 G28 是电磁感应式传感器，其定子安装在发动机的壳体上，转子是安装在发动机输出轴上的铁磁质齿圈。发动机转动时，传感器定子线圈中的磁通不停变化，线圈两端就产生交流电压信号，其频率可转换成代表发动机转速的数字信号。此数字信号既供发动机电子控制单元使用，又经 CAN 总线送到变速器电子控制单元，与变速器输入轴转速信号做比较，可以实时提供变矩器的传动比，还可以提供变矩器离合器的打滑量。

此传感器损坏时，发动机不能起动。

3. 车速信号电路

车速传感器 G38 也是电磁感应式传感器，其定子安装在变速器的壳体上，转子是安装在变速器输出轴上的铁磁质齿圈，变速器输出轴转动时，铁磁质齿圈使传感器定子线圈中的磁通不停变化，线圈两端产生交流电压信号，此交流电压送到变速器电子控制单元的 42、

14 号端子，15 号端子为屏蔽线的接地线，经输入接口电路整流、整形、嵌位后，其频率转换成代表车速的数字信号。ECU 利用此信号参与换档时刻的运算。

此传感器又称输出轴转速传感器，其输出信号的频率可以转换成代表变速器输出轴转速的数字信号。

此传感器损坏时，变矩器中的离合器永远不会锁止，但变速器不进入紧急运行状态。

4. 输入轴转速信号电路

输入轴转速传感器 G182 也是电磁感应式传感器，其转子齿圈与驱动齿轮同轴，定子线圈安装在转子齿圈旁边，转子齿圈转动时，定子线圈产生交流信号电压，此交流信号电压的频率与变速器输入轴的转速成正比。此交流电压送到变速器电子控制单元的 44、16 号端子，23 号端子为屏蔽线的接地线，经输入接口电路整流、整形、嵌位后，其频率转换成代表输入轴转速的数字信号。

变速器 ECU 利用此信号与输出轴转速信号做比较，可以实时提供齿轮传动机构的传动比，判断该机构的工作状态。与发动机转速信号做比较，可以实时提供变矩器的传动比，还可以提供变矩器离合器的打滑量。

此传感器损坏时，变速器进入紧急运行状态。

5. 变速器油温度信号电路

变速器油温度传感器 G93 是一个负温度系数的热敏电阻，安装在阀板上，测量变速器油的温度，与 ECU 的 22、21 端子相接，21 号端子的电压随传感器的电阻值变化，此电压经输入接口电路将模拟量转换成数字量，供 CPU 选用。此信号参与换档，可以影响换档过程的时间长短。变速器油温度小于 150℃属于正常，温度低，换档过程所需时间长；温度高，换档过程所需时间短。温度大于 150℃时，ECU 使变矩器中的离合器锁止以降低油温，如果油温仍不降低，ECU 则使变速器降档，促使油温下降。

此传感器损坏时，变速器不进入紧急运行状态。

6. 多功能开关

多功能开关是一个 6 刀 7 掷的多路开关，其原理电路如图 1-3-1 的左侧中部所示，6 个活动电刷（6 刀）由变速杆带动，做同步转动，在 7 个位置放置。参阅图 1-3-2（1）显示的外形图，可以判断其内部结构是由 6 个单刀 7 掷多路开关同轴联动，当变速杆移动时，经传动轴带动扇形阶梯凸轮转动，使开关上的顶杆上下移动，带动 6 个电刷转动。

（1）空档起动开关和倒车灯开关

图 1-3-2 中的（2）的第一个开关可实现空档起动，相当于早期自动变速器的空档起动开关。活动电刷的一端接 10 号端子，外接电源负极（搭铁），P、N 固定触点相连接后接 9 号端子，9 号端子接到起动锁止继电器 J207 的 6 号端子。变速杆置于 P/N 位置，点火开关置于起动位置，㊿号端子供电，继电器吸合，㉚端子为蓄电池正极，起动机带动发动机起动。变速杆不在 P/N 位置，发动机就不可能起动。

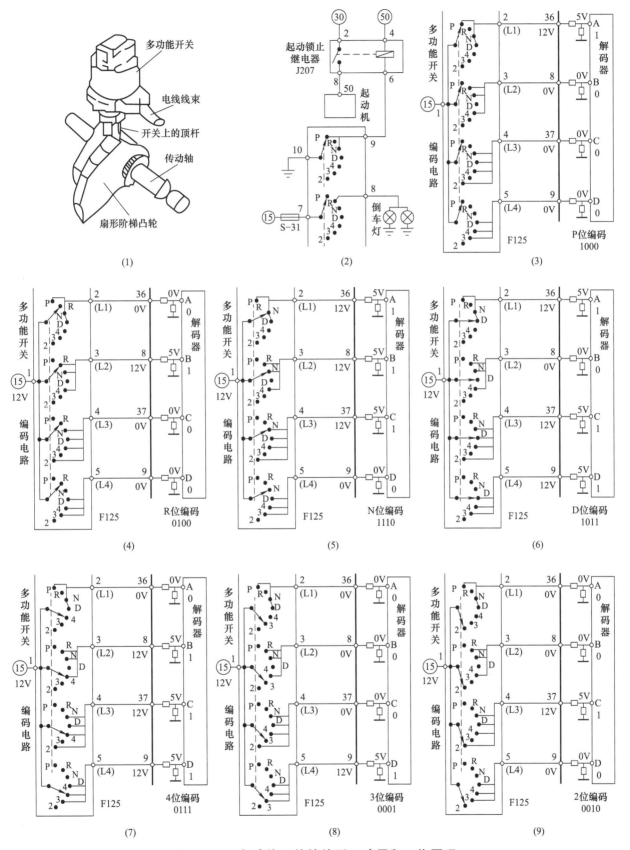

图 1-3-2　多功能开关的外形、功用和工作原理

图 1-3-2 中的（2）的第二个开关是倒车灯开关。活动电刷的一端接 7 号端子，外侧经

S-31 熔丝接点火开关的⑮号端子，此端子当点火开关置于"起动""运转"位置时供电。R 固定触点接 8 号端子，8 号端子接到车尾部的倒车灯。变速杆置于 R 位，发动机处于运转状态，车尾部的倒车灯就点亮。

（2）编码电路

第三、四、五、六这 4 个开关与电脑中的解码器相连接，就构成了编码电路，如图 1-3-2 中的（3）所示。2、3、4、5 号端子旁的（L1）、（L2）、（L3）、（L4）标示则为编码的 1 位数、2 位数、3 位数、4 位数。

1）当变速杆在 P 位置，如图 1-3-2 中的（3）。因为 2 号端子与 12V 相通，ECU 的 36 号端子为 12V，A 位电压为 5V，其二进制数码为 1。因为 3 号端子内部为断路，ECU 的 8 号端子为 0V，B 位电压为 0V，其二进制数码为 0。因为 4 号端子内部为断路，ECU 的 37 号端子为 0V，C 位电压为 0V，其二进制数码为 0。因为 5 号端子内部为断路，ECU 的 9 号端子为 0V，D 位电压为 0V，其二进制数码为 0。P 位的编码为 1 0 0 0。

2）当变速杆在 R 位置，如图 1-3-2 中的（4）。同理，可以得出 R 位的编码为 0 1 0 0。

3）当变速杆在 N 位置，如图 1-3-2 中的（5）。同理，可以得出 N 位的编码为 1 1 1 0。

4）当变速杆在 D 位置，如图 1-3-2 中的（6）。同理，可以得出 D 位的编码为 1 0 1 1。

5）当变速杆在 4 位置，如图 1-3-2 中的（7）。同理，可以得出 4 位的编码为 0 1 1 1。

6）当变速杆在 3 位置，如图 1-3-2 中的（8）。同理，可以得出 3 位的编码为 0 0 0 1。

7）当变速杆在 2 位置，如图 1-3-2 中的（9）。同理，可以得出 2 位的编码为 0 0 1 0。

编码数值列表见表 1-3-1。

表 1-3-1　编码数值列表

变速杆位置	编码			
	A 位	B 位	C 位	D 位
P	1	0	0	0
R	0	1	0	0
N	1	1	1	0
D	1	0	1	1
4	0	1	1	1
3	0	0	0	1
2	0	0	1	0
非上述组合均为无效				

每个编码经解码器解码后，就是给中央处理器 CPU 的指令：

1）变速杆在 P 位时，指令为 1 0 0 0，CPU 则使接在电子控制单元 ECU 输出电路上的电磁阀处于以下状态：

A 离合器电磁阀 N90 断电（OFF）

F 离合器 /E 离合器 /D 制动器油路转换电磁阀 N88 通电（ON）

E 离合器 /D 制动器转换电磁阀 N89 通电（ON）

G 制动器电磁阀 N217 的电流由小到大，达到最大，相当于通电（ON）

C 制动器电磁阀 N216 的电流由大到小而断电（OFF）

此时档位指示灯的 P 字亮。

2）变速杆在 R 位时，指令为 0 1 0 0，CPU 则使 ECU 输出电路上的电磁阀处于以下状态：

A 离合器电磁阀 N90 断电（OFF，与 P 位相同）

F 离合器 /E 离合器 /D 制动器油路转换电磁阀 N88 通电（ON，与 P 位相同）

E 离合器 /D 制动器转换电磁阀 N89 由通电变为断电（OFF）

G 制动器电磁阀 N217 的电流由小到大，达到最大，相当于通电（ON，与 P 位相同）

C 制动器电磁阀 N216 断电（OFF，与 P 位相同）

此时档位指示灯的 R 字亮。

3）变速杆在 N 位时，指令为 1 1 1 0，CPU 则使 ECU 输出电路上电磁阀的状态与变速杆在 P 位时相同，不同的则是档位指示灯 N 字亮。

4）变速杆在 D 位时，指令为 1 0 1 1，CPU 则使 ECU 输出电路上电磁阀的状态与变速杆在 P 位时相同，不同的则是档位指示灯 D 字亮。

在上述条件下，CPU 根据车辆的实时运行状态，结合车速信号和节气门位置信号，经综合运算后，启用换档程序，实施升档或降档。在此换档程序中可以实现 1 档至 5 档之间自动变换。

变速杆在 D 位时，换档电磁阀可以出现 5 种组合的工作状态：

① N90（OFF）、N88（ON）、N89（ON）、N217 的电流由小到大，达到最大（ON）、N216 断电（OFF）。变速器处于 1 档。

② N90（OFF）、N88（ON）、N89（ON）、N217 的电流保持最大（ON）、N216 的电流由小到大，达到最大（ON）。变速器处于 2 档。

③ N90（OFF）、N88（OFF）、N89（ON）、N217 的电流由大到小，达到最小（OFF）、N216 的电流保持最大（ON）。变速器处于 3 档。

④ N90（OFF）、N88（OFF）、N89（OFF）、N217 的电流保持最小（OFF）、N216 的电流由大到小，达到最小（OFF）。变速器处于 4 档。

⑤ N90（ON）、N88（ON）、N89（OFF）、N217 的电流保持最小（OFF）、N216 的电流由小到大，达到最大（ON）。变速器处于 5 档。

注释：P、N、D 位时电磁阀的状态都相同，但由于手动阀控制着油路的去向，P、N 位油路被阻断，D 位时才供油，P/N 位电磁阀的状态是为 D 位提前准备。

5）变速杆在4位时，指令为0 1 1 1，CPU则使ECU输出电路上电磁阀的状态与变速杆在D位时相同，但档位指示灯则是4字亮。

在上述条件下，CPU根据车辆的实时运行状态，结合车速信号和节气门位置信号，经综合运算后，启用换档程序，实施升档或降档。在此换档程序中只可以实现1档至4档之间自动变换。即变速杆在4位时，换档电磁阀只可以出现4种组合的工作状态：

① N90（OFF）、N88（ON）、N89（ON）、N217的电流由小到大，达到最大（ON）、N216断电（OFF）。变速器处于1档。

② N90（OFF）、N88（ON）、N89（ON）、N217的电流保持最大（ON）、N216的电流由小到大，达到最大（ON）。变速器处于2档。

③ N90（OFF）、N88（OFF）、N89（ON）、N217的电流由大到小，达到最小（OFF），N216的电流保持最大（ON）。变速器处于3档。

④ N90（OFF）、N88（OFF）、N89（OFF）、N217的电流保持最小（OFF）、N216的电流由大到小，达到最小（OFF）。变速器处于4档。

6）变速杆在3位时，指令为0 0 0 1，CPU则使ECU输出电路上的电磁阀的状态与变速杆在D位时相同，但档位指示灯则是3字亮。

在上述条件下，CPU根据车辆的实时运行状态，结合车速信号和节气门位置信号，经综合运算后，启用换档程序，实施升档或降档。在此换档程序中只可以实现1档至3档之间自动变换。即变速杆在3位时，换档电磁阀只可以出现3种组合的工作状态：

① N90（OFF）、N88（ON）、N89（ON）、N217的电流由小到大，达到最大（ON），N216断电（OFF）。变速器处于1档。

② N90（OFF）、N88（ON）、N89（ON）、N217的电流保持最大（ON）、N216的电流由小到大，达到最大（ON）。变速器处于2档。

③ N90（OFF）、N88（OFF）、N89（ON）、N217的电流由大到小，达到最小（OFF），N216的电流保持最大（ON）。变速器处于3档。

7）变速杆在2位时，指令为0 0 1 0，CPU则使ECU输出电路上的电磁阀的状态与变速杆在D位时相同，但档位指示灯则是2字亮。

在上述条件下，CPU根据车辆的实时运行状态，结合车速信号和节气门位置信号，经综合运算后，启用换档程序，实施升档或降档。在此换档程序中只可以实现1档至2档之间自动变换。即变速杆在2位时，换档电磁阀只可以出现2种组合的工作状态：

① N90（OFF）、N88（ON）、N89（ON）、N217的电流由小到大，达到最大（ON），N216断电（OFF）。变速器处于1档。

② N90（OFF）、N88（ON）、N89（ON）、N217的电流保持最大（ON），N216的电流由小到大，达到最大（ON）。变速器处于2档。

8）如果连续踩制动踏板两次，CPU则使ECU输出电路上的电磁阀处于以下状态：

N90（OFF）、N88（ON）、N89（OFF）、N217 的电流保持最大（ON）、N216 断电（OFF）。此时变速器进入 L1 档，可以实现发动机制动的功能。

7. 强制降档开关信号电路

它是由加速踏板控制的一个常开型电路开关（图 1-3-1），连接在 ECU 的 18 号端子，将加速踏板踩到底时开关接通，18 号端子变为低电平，当车速在 50~60km/h 时，ECU 立即改变三个换档电磁阀的工作状态，使变速比降一档，以增加输出转矩。如果车速大于 100~120km/h 时，ECU 不实施降档。

此传感器损坏时，变速器不进入紧急运行状态。

8. 液力变矩器离合器解锁信号电路

电控系统借用制动灯控制电路中的开关产生一个已实施制动的输入信号。在车辆行驶中，踩下制动踏板时，使处于锁止（接合）状态下的变矩器离合器立即解锁，因为在变矩器离合器处于锁止状态下实施制动，阻力矩增大，会引起发动机熄火。制动灯电路连接在 ECU 的 10 号端子（图 1-3-1），不实施制动时，10 号端子为低电平，实施制动时，变为高电平，ECU 立即使 TCC（Torque Converter Clutch）电磁阀 N218 断电，变矩器离合器解锁（脱开）。

9. 变速杆解锁信号电路

驻车时，变速杆置于 P 位，为了防止在发动机起动后变速杆由 P 位移到 D 位时车辆发生移动，发动机起动后，在变速杆换位时，必须踩下制动踏板以防止车辆移动。此时，利用已实施制动的信号，ECU 使变速杆锁止电磁阀 N110（图 1-3-1）通电（N110 连接在 ECU 的 2 号端子），使变速杆解锁，变速杆才可以移动。

此传感（制动灯开关）损坏时，变速器进入紧急运行状态，变速杆被锁止。

10. ECU 采用了动态换档程序 DSP

DSP（Dynamic Shift Programmic）实质上就是在数据库中存储了大量的相应程序和换档数据，利用数据提高了 ECU 的控制性能，可以随机而实时地提取相应的换档点，保证变速器平顺换档。

（二）输出控制电路

输出控制电路包括 ECU 内部的输出接口电路和外部的受控设备。这里只讲外部的受控设备。

1. 换档电磁阀

请参阅本章第二节的相关内容。

2. 压力控制电磁阀

请参阅本章第二节的相关内容。

3. 变速杆锁止电磁阀

变速杆锁止电磁阀的外形如图 1-3-3 所示。它是由一个电磁铁在通电时吸引衔铁（锁栓）缩回；断电时，弹簧再将衔铁推出。

二、电子控制系统工作原理

变速杆在 P/N 位时，手动阀不向各换档阀供油，但为了给换入 D 位做准备，所以 P/N 位时电磁阀的工作状态与 D 位相同。在 R 位时，倒车过程中不需要换档，由人工设定后即可。

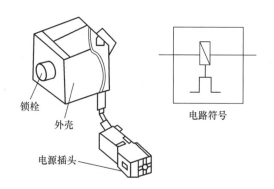

图 1-3-3　变速杆锁止电磁阀

（一）变速杆置于 D 位

1）变速杆置于 D 位时，指令为 1 0 1 1，CPU 则使 ECU 输出电路上的电磁阀处于以下状态：

N90（OFF）、N88（ON）、N89（ON）、N217 的电流由小到大，达到最大，相当于（ON）、N216 的电流由大到小而断电（OFF）。档位指示灯的 D 字亮。液压控制系统使 A 离合器接合，G 制动器制动，自动变速器处于 1 档，车辆向前行驶。

2）在 1 档的状态下，车速不断增加，当车速信号与节气门位置信号达到相应数值时，CPU 将传感器输入的信号与相关程序和数据进行综合运算后，符合 1 档升入 2 档条件时，则使输出变为：

N90（OFF）、N88（ON）、N89（ON）、N217 的电流保持最大（ON），N216 的电流由小到大，达到最大（ON）。液压控制系统使 A 离合器接合，G 制动器制动，C 制动器制动，自动变速器升入 2 档，车辆快速行驶。

3）在 2 档的状态下，车速增加，当车速信号与节气门位置信号达到相应数值时，CPU 将传感器输入的信号与相关程序和数据进行综合运算后，符合 2 档升入 3 档条件时，则使输出变为：

N90（OFF）、N88（OFF）、N89（ON）、N217 的电流由大到小，达到最小（OFF），N216 的电流保持最大（ON）。液压控制系统使 A 离合器接合，F 离合器接合，C 制动器制动，自动变速器升入 3 档，车辆快速行驶。

4）在 3 档的状态下，车速再增加，当车速信号与节气门位置信号达到相应数值时，CPU 将传感器输入的信号与相关程序和数据进行综合运算后，符合 3 档升入 4 档条件时，便使输出变为：

N90（OFF）、N88（OFF）、N89（OFF）、N217 的电流保持最小（OFF），N216 的电流由大到小，达到最小（OFF）。液压控制系统使 A 离合器接合，E 离合器接合，F 离合器接合，自动变速器升入 4 档，车辆快速行驶。

5）在 4 档的状态下，车速再增加，当车速信号与节气门位置信号达到相应数值时，CPU 将传感器输入的信号与相关程序和数据进行综合运算后，符合 4 档升入 5 档条件时，便使输出变为：

N90（ON）、N88（ON）、N89（OFF）、N217 的电流保持最小（OFF），N216 的电流由小到大，达到最大（ON）。液压控制系统使 E 离合器接合，F 离合器接合，C 制动器制动，自动变速器升入 5 档，车辆向前行驶。

6）在 2 档以上，或 3 档或 4 档或 5 档的条件下，节气门位置和车速达到设定值，车辆匀速行驶时间达到设定值，CPU 使变矩器离合器接合，变矩器传动比为 1。

7）如果在 3 档的状态下行驶，车速减小，当车速信号与节气门位置信号达到相应数值时，CPU 将传感器输入的信号与相关程序和数据进行综合运算后，符合 3 档降 4 档条件时，便使输出变为：

N90（OFF）、N88（ON）、N89（ON）、N217 的电流保持最大（ON），N216 的电流由小到大，达到最大（ON）。液压控制系统使 A 离合器接合，G 制动器制动，C 制动器制动，自动变速器降至 2 档，车辆慢速行驶。

总之，变速器可以在 1、2、3、4、5 档之间自动变换。

（二）变速杆置于 4 位

变速杆置于 4 位时，指令为 0 1 1 1，CPU 则使 ECU 输出电路上的电磁阀处于以下状态：

N90（OFF）、N88（ON）、N89（ON）、N217 的电流由小到大，达到最大，相当于（ON），N216 的电流由大到小而断电（OFF）。档位指示灯的 4 字亮。液压控制系统使 A 离合器接合，G 制动器制动，自动变速器处于 1 档，车辆向前行驶。

同理，在相应的车速信号和节气门位置信号下，CPU 改变换档电磁阀的工作状态，实现升档或降档。由于变速杆置于 4 位时，程序不允许实现 4 档升 5 档，CPU 只能控制自动变速器在 1 档至 4 档之间自动变换。

（三）变速杆置于 3 位

变速杆置于 3 位时，指令为 0 0 0 1，CPU 则使 ECU 输出电路上的电磁阀处于以下状态：

N90（OFF）、N88（ON）、N89（ON）、N217 的电流由小到大，达到最大，相当于（ON），N216 的电流由大到小而断电（OFF）。档位指示灯的 3 字亮。液压控制系统使 A 离合器接合，G 制动器制动，自动变速器处于 1 档，车辆向前行驶。

同理，在相应的车速信号和节气门位置信号下，CPU 改变换档电磁阀的工作状态，实现升档或降档。由于变速杆置于 3 位时，程序不允许实现 3 档升 4 档，CPU 只能控制自动变速器在 1 档至 3 档之间自动变换。

（四）变速杆置于 2 位

变速杆置于 2 位时，指令为 0 0 1 0，CPU 则使 ECU 输出电路上的电磁阀处于以下状态：

N90（OFF）、N88（ON）、N89（ON）、N217 的电流由小到大，达到最大，相当于（ON），

N216的电流由大到小而断电（OFF）。档位指示灯的2字亮。液压控制系统使A离合器接合，G制动器制动，自动变速器处于1档，车辆向前行驶。

同理，在相应的车速信号和节气门位置信号下，CPU改变换档电磁阀的工作状态，实现升档或降档。由于变速杆置于2位时，程序不允许实现2档升3档，CPU只能控制自动变速器在1档至2档之间自动变换。

如果连续踩制动踏板两次，CPU则使ECU输出电路上的电磁阀处于以下状态：N90（OFF）、N88（ON）、N89（OFF）、N217的电流保持最大（ON），N216断电（OFF）。变速器则进入L1档，可以实现发动机制动。

第四节　01V自动变速器液压油路的故障分析与排除

一、紧急运行状态

多功能开关、变速器转速传感器G38、制动灯开关、7个电磁阀中任意一个，以上这四部分的部件内部或外部电路出现损坏时，ECU会使7个电磁阀都处于断电状态。这种状态通称为紧急运行状态。

此状态表现在油路上的现象是：变速杆在D位时，节气门在任何位置主油压都为最大值，变速比为4档。变速杆在P、R、N位时，节气门在任何位置，主油压都为最大值，而其功能未变。参见图1-4-1。

此故障处理的办法就是用专用检测仪器VAG1552或VAG1553查找出故障，然后排除。具体操作方法，按照检测仪器的说明书进行，本文从略。

现将此故障时的油路分析如下。

（一）紧急运行状态时D位的油路分析

将图1-4-1所示的紧急运行状态时D位的油路，与图1-4-2所示正常状态时D位4档的油路对比，紧急运行状态时电磁阀N215的电流始终为0，加在主油压调节阀阀口1的转矩信号油压最大而不变，所以主油压保持为最大值而与节气门位置无关。

N218电磁阀是控制变矩器锁止离合器的，所以液力变矩器不会锁止。

图1-4-1和图1-4-2中，电磁阀N90、N89、N88、N216、N217电流都为0，所控油路的状态相同，都是A、E、F三个离合器接合，两者变速比就相同，所以说紧急运行状态时D位的变速比与4档相同。

（二）紧急运行状态时R位的油路分析

将图1-4-3所示的紧急运行状态时R位的油路，与图1-4-4所示正常状态时R位的油路对比，N215 电流为 0，说明主油压保持在最大值而与节气门位置无关。

| 电磁阀 \ 档位 | 换档电磁阀(常开型OFF时泄油) | | | 压力调节电磁阀(由脉宽调制器PWM控制其电流) | | | | 离合器 | | | | 制动器 | | | 单向离合器 |
	N88	N89	N90	常开型：泄油口随电流增大而减小 N216(C离合器)	N217(G制动器)	常闭型：泄油口随电流小而减小 N218(TTC锁止离合器)	N215 转矩信号	A	B	E	F	C	D	G	FL
D位 1	ON	ON	OFF	OFF	ON	OFF	节气门开度为0时电流最大。随节气门开度增加，电流逐渐减小，泄油口逐渐减小，设定空间的油压随之增加。作用于转矩信号油压阀的油压随之增加，转矩信号油压阀的输出油压增加，主油压增加。	●	●					●	●
D位 2	ON	ON	OFF	ON	ON	OFF		●	●			●		●	
D位 3	OFF	ON	OFF	ON	OFF	ON		●				●	●		
D位 4	OFF	OFF	OFF	OFF	OFF	ON		●		●	●				
D位 5	ON	OFF	ON	OFF	OFF	ON		●		●	●				
故障(4)	OFF	OFF	OFF	OFF	OFF	OFF	OFF 泄油口关闭，设定空间的油压最高，主油压最高	●			●	●	●		

← 与此项对比

← 看此项

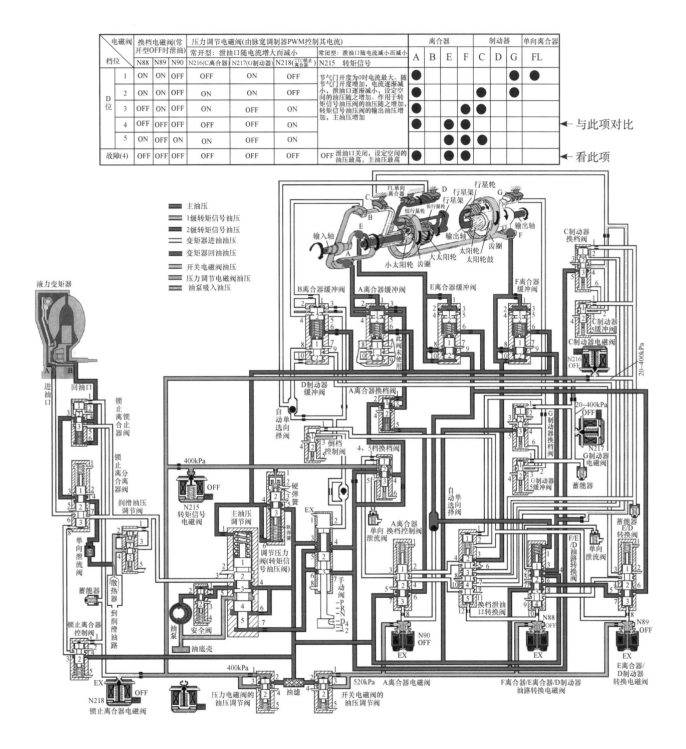

图 1-4-1　紧急运行状态时 D 位的油路

电磁阀	换档电磁阀(常开型OFF时泄油)			压力调节电磁阀(由脉宽调制器PWM控制其电流)					离合器				制动器			单向离合器
				常开型：泄油口随电流增大而减小			常闭型：泄油口随电流减小而减小		A	B	E	F	C	D	G	FL
档位	N88	N89	N90	N216(C离合器)	N217(G制动器)	N218(TTC锁止离合器)	N215	转矩信号								
D位	1	ON	ON	OFF	OFF	ON	OFF	节气门开度为0时电流最大。随节气门开度增加，电流逐渐减小，泄油口逐渐减小，设定空间的油压随之增加。作用于转矩信号油压随之增加，转矩信号阀的输出油压增加，主油压增加	●						●	●
	2	ON	ON	OFF	ON	ON	OFF		●					●	●	
	3	OFF	ON	OFF	ON	OFF	ON		●			●	●			
	4	OFF	OFF	OFF	OFF	OFF	ON		●		●	●				
	5	ON	OFF	ON	ON	OFF	ON				●	●	●			

← 看此项

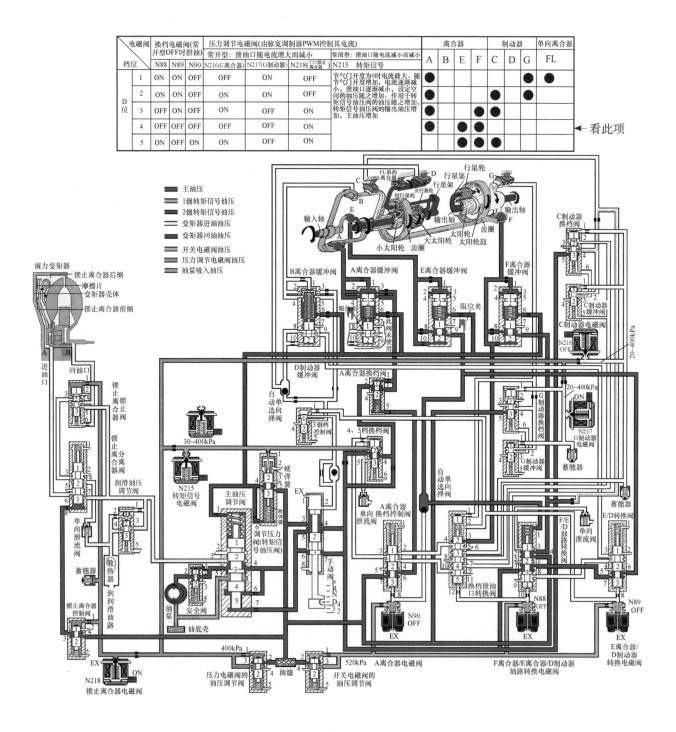

图 1-4-2　正常状态时 D 位 4 档的油路

电磁阀	换档电磁阀(常开型OFF时泄油)			压力调节电磁阀(由脉宽调制器PWM控制其电流)				离合器				制动器			单向离合器	
				常开型：泄油口随电流增大而减小		常闭型：泄油口随电流减小而减小										
档位	N88	N89	N90	N216(C离合器)	N217(G制动器)	N218(TTC锁止离合器)	N215 转矩信号	A	B	E	F	C	D	G	FL	
P位	ON	ON	OFF	OFF	ON	OFF	节气门开度为0时电流最大。随节气门开度增加，电流逐渐减小，泄油口逐渐减小，设定空挡之间的油压随之增加。作用于转矩信号油压阀的油压随之增加，转矩信号油压阀的输出油压增加，主油压增加							●		
R位	ON	OFF	OFF	OFF	ON	OFF			●				●	●		← 与此项对比
N位	ON	ON	OFF	OFF	ON	OFF								●		
R位故障	OFF	OFF	OFF	OFF	OFF	OFF	OFF：泄油口关闭，设定空挡的油压最高，主油压最高		●		●					← 看此项

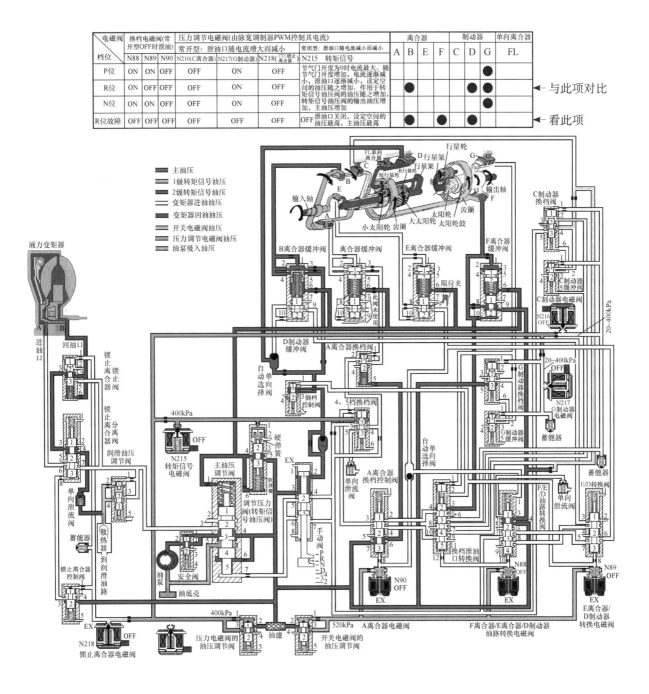

图 1-4-3　紧急运行状态时 R 位的油路

电磁阀 档位	换档电磁阀(常开型OFF时泄油)			压力调节电磁阀(由脉宽调制器PWM控制其电流)				离合器				制动器			单向离合器
				常开型：泄油口随电流增大而减小		常闭型：泄油口随电流减小而减小									
	N88	N89	N90	N216(C离合器)	N217(G制动器)	N218(TTC锁止离合器)	N215 转矩信号	A	B	E	F	C	D	G	FL
P位	ON	ON	OFF	OFF	ON	OFF	节气门开度为0时电流最大。随节气门开度增加，电流逐渐变小，设定空间的油压随之减小。作用于转矩信号油压随之增加，转矩信号油压的输出油压增加，主油压增加。							●	
R位	ON	OFF	OFF	OFF	ON	OFF			●				●	●	●
N位	ON	ON	OFF	OFF	ON	OFF									●

← 看此项

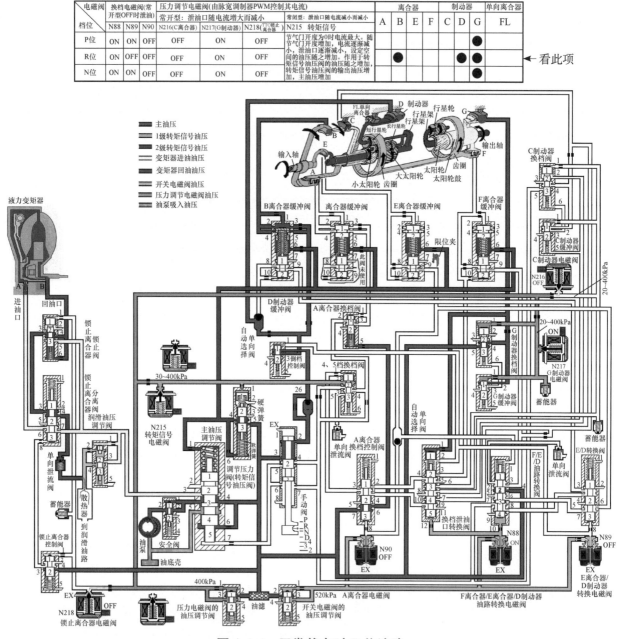

图 1-4-4　正常状态时 R 位油路

　　N88、N217 电磁阀的状态不相同。N89、N216、N218 电磁阀的状态全都相同，都是断电，从而使两个状况下的油路有些不同。紧急运行状态时 B 离合器、D 制动器、F 离合器接合，正常状态时 B 离合器、D 制动器、G 制动器接合，两者的不同点就表现在动力传动机构的单排行星齿轮机构上，如图 1-4-5 所示，只是传动比减小了一点，所以仍可实施倒车。但由于主油压最高，实施倒车时有冲击感。

（三）紧急运行状态时 P 位的油路分析

　　将图 1-4-6 所示的紧急运行状态时 P 位的油路，与图 1-4-7 所示正常状态时 P 位的油路对比，电磁阀 N215 的电流始终为 0，说明主油压保持在最大值而与节气门位置无关。

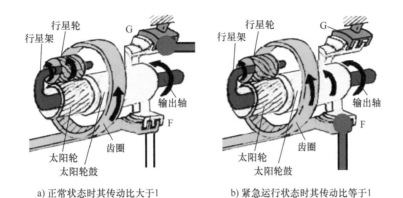

a) 正常状态时其传动比大于1　　　　b) 紧急运行状态时其传动比等于1

图 1-4-5　单排行星齿轮机构的两种状态

电磁阀	换档电磁阀(常开型OFF时泄油)			压力调节电磁阀(由脉宽调制器PWM控制其电流)				离合器				制动器			单向离合器	
				常开型：泄油口随电流增大而减小			常闭型：泄油口随电流减小而减小	A	B	E	F	C	D	G	FL	
档位	N88	N89	N90	N216(C离合器)	N217(G制动器)	N218(TTC锁止离合器)	N215　转矩信号									
P位	ON	ON	OFF	OFF	ON	OFF	节气门开度为0时电流最大。随节气门开度增大，电流逐渐减小，泄油口逐渐减小，设定空间的油压随之增大。作用于转矩信号油压阀的油压之增加，转矩信号油压阀的输出油压增加，主油压增加							●		← 与此项对比
R位	ON	OFF	OFF	OFF	ON	OFF		●						●		← 与此项对比
N位	ON	ON	OFF	OFF	ON	OFF								●		← 与此项对比
P位故障	OFF	OFF	OFF	OFF	OFF	OFF	OFF 泄油口关闭，设定空间的油压最高，主油压最高						●			← 看此项

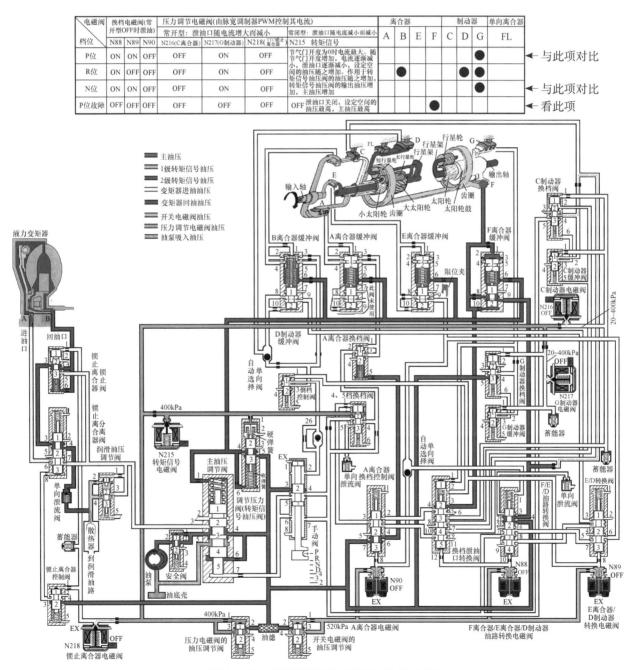

图 1-4-6　紧急运行状态时 P 位的油路

电磁阀	换档电磁阀(常开型OFF时泄油)			压力调节电磁阀(由脉宽调制器PWM控制其电流)				离合器				制动器			单向离合器	
				常开型：泄油口随电流增大而减小		常闭型：泄油口随电流减小而减小		A	B	E	F	C	D	G	FL	
档位	N88	N89	N90	N216(C离合器)	N217(G制动器)	N218(TC锁止离合器)	N215 转矩信号	A	B	E	F	C	D	G	FL	
P位	ON	ON	OFF	OFF	ON	OFF	节气门开度为0时电流最大。随节气门开度增加，电流逐渐减小，泄油口逐渐减小，设定空间的油压随之增加。作用于转矩信号阀油压随油压的增加，转矩信号阀的输出油压增加，主油压增加				●			●	●	← 看此项
R位	ON	OFF	OFF	OFF	ON	OFF		●					●	●	●	
N位	ON	ON	OFF	OFF	ON	OFF									●	

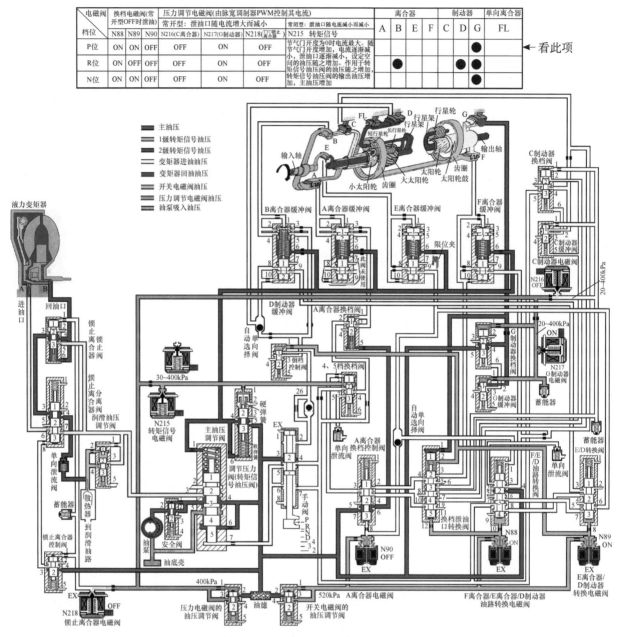

图 1-4-7　正常状态时 P 位的油路

由于电磁阀 N217、N88 电流为 0，使 G 制动器供油消失而解除制动，F 离合器则通油而接合。

二、变矩器内部故障

一辆 2002 年国产一汽奥迪 A6 2.4L 轿车，使用大众 AG5 系列 01V 型 5 档手 / 自一体式变速器。

（一）故障现象

大节气门开度起步时有连续的矬车现象（就像离合器突然接合又突然分离那样的感

觉），小节气门开度起步或倒车时也有发生，但不连续。矬车时发动机转速很不平稳，感觉像变速器打滑一样。变速器进入 3 档后，已符合锁止离合器接合条件，也有车身振动的感觉。

（二）初步检查

经诊断仪器的扫描，各控制单元均无故障码，动态数据中也没有相关的疑点。

（三）故障分析与诊断

1）车辆起步过程中各离合器状态不变，即便是摩擦片打滑，其传动比也不会变，就不会引起矬车，只有液力变矩器出故障，油液在泵轮与涡轮之间的动能传递忽通忽断，从而失去其无级变速的功能，才会产生矬车现象，可以判定故障在变矩器内部。

2）保持在 3 档的条件下运行，既未升档又未降档，变矩器锁止离合器接合时，变矩器传动比为 1，此时不应该出现矬车现象。从而判断锁止离合器也有故障。

变矩器锁止离合器锁止条件：节气门位置和车速达到设定值，车辆匀速行驶时间达到设定值，CPU 则使 N218 电磁阀的电流由小逐渐增大，控制相关油路将变矩器锁止离合器接合，变矩器传动比为 1。

（四）故障处理

更换新的变矩器后试车，车辆运行正常。

把变矩器切开，原来是导轮单向离合器损坏了，如图 1-4-8 所示，同时变矩器锁止离合器也存在问题，如图 1-4-9 所示。

图 1-4-8　损坏的变矩器导轮单向离合器

图 1-4-9　损坏的变矩器锁止离合器

▼ 第二章

解析大众 ZF 6HP 26 A61（09E/09L）自动变速器液压油路

第一节　ZF 6HP 26 A61 自动变速器动力传递

一、ZF 6HP 26 A61 自动变速器动力传动机构

（一）ZF 6HP 26 A61 自动变速器外形

ZF 6HP 26 A61 自动变速器外形如图 2-1-1 所示。

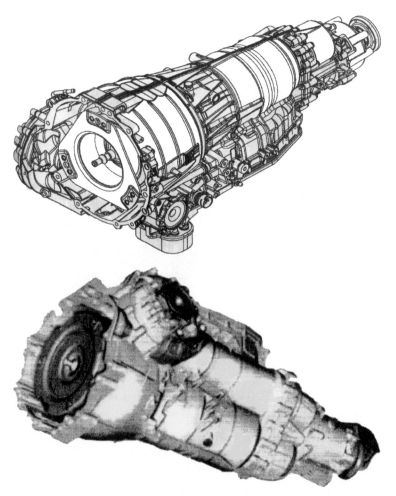

图 2-1-1　ZF 6HP 26 A61 自动变速器外形

（二）ZF 6HP 26 A61 自动变速器剖视图

ZF 6HP 26 A61（09E/09L）六档自动变速器剖视图如图 2-1-2 所示。

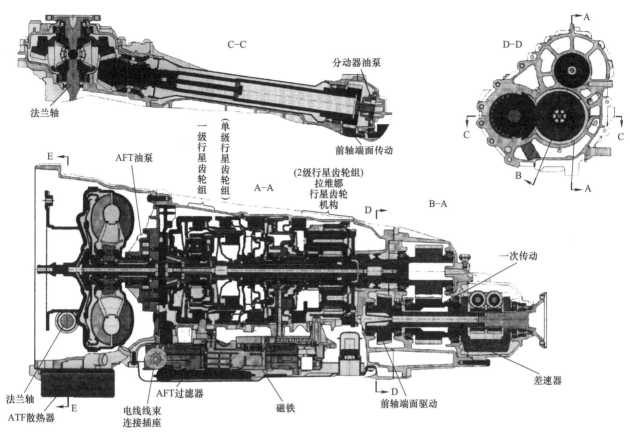

图 2-1-2　ZF 6HP 26 A61 自动变速器剖视图

（三）ZF 6HP 26 A61 自动变速器齿轮变速机构的离合器和制动器位置图

离合器和制动器位置图如图 2-1-3 所示。

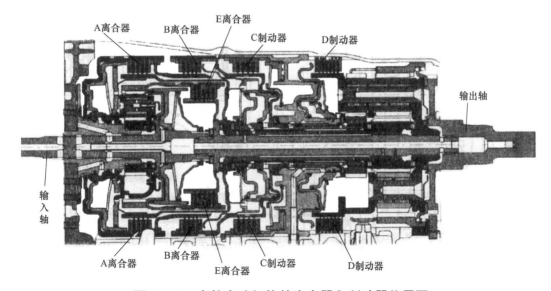

图 2-1-3　齿轮变速机构的离合器和制动器位置图

（四）ZF 6HP 26 A61 自动变速器传动机构示意图

传动机构示意图如图 2-1-4 所示。

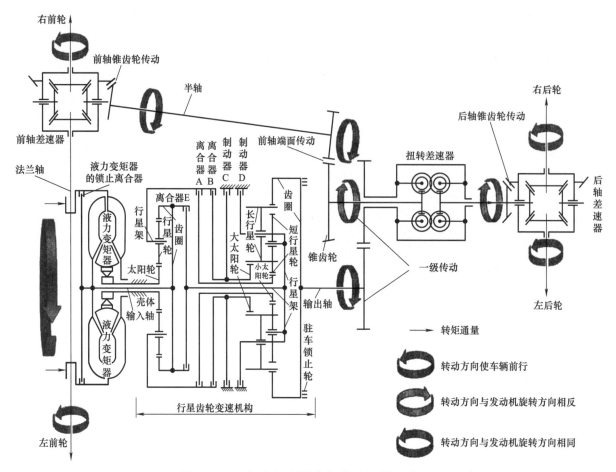

图 2-1-4　自动变速器全部传动机构示意图

（五）ZF 6HP 26 A61 自动变速器行星齿轮变速机构示意图

行星齿轮变速机构如图 2-1-5 所示。

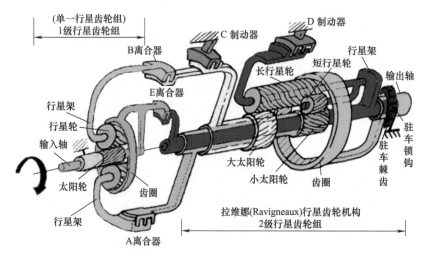

图 2-1-5　自动变速器行星齿轮变速机构示意图

A 离合器：1~4 档都使用此离合器。A 离合器接合，可使 1 级行星齿轮组的行星架与 2 级行星齿轮组的小太阳轮连接，输入轴的动力经 1 级行星齿轮组减速增矩后传递给 2 级行星齿轮组。

B 离合器：倒档、3 档、5 档都使用此离合器。B 离合器结合，可使 1 级行星齿轮组的行星架与 2 级行星齿轮组的大太阳轮连接，输入轴的动力经 1 级行星齿轮组减速增矩后传递给 2 级行星齿轮组。

E 离合器：4、5、6 档都使用此离合器。E 离合器接合，可使输入轴的动力直接传给 2 级行星齿轮组的行星架。

C 制动器：2、6 档都使用此制动器。C 制动器制动，可将 2 级行星齿轮组的大太阳轮固定。

D 制动器：P、R、N 位、1 档都使用此档制动器。D 制动器制动，可将 2 级行星齿轮组的行星架固定。

ZF 6HP 26 A61 自动变速器换档执行元件的工作状况见表 2-1-1。

表 2-1-1　换档执行元件工作状况

变速杆位置	档位	离合器			制动器	
		A	B	E	C	D
P 位	驻车档					●
R 位	倒档		●			●
N 位	空档					●
D 位	1 档	●				●
	2 档	●			●	
	3 档	●	●			
	4 档	●		●		
	5 档		●	●		
	6 档			●	●	
S 位						

注：●表示换档执行元件处于接合状态。

二、ZF 6HP 26 A61 自动变速器（行星齿轮变速机构）动力传递路径

（一）变速杆在 P/N 位时动力传递路径

变速杆在 P/N 位时动力传递路径如图 2-1-6 所示。

（二）变速杆在 R 位时的动力传递路径

变速杆在 R 位时的动力传递路径如图 2-1-7 所示。

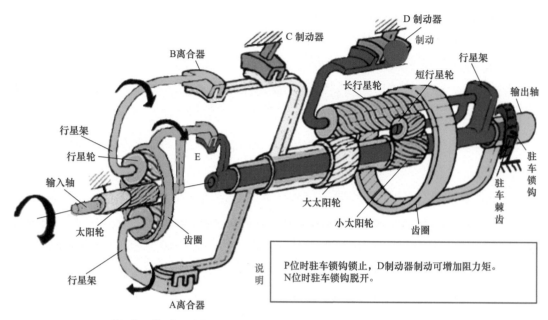

说明
P位时驻车锁钩锁止，D制动器制动可增加阻力矩。
N位时驻车锁钩脱开。

输入轴➤单一行星齿轮组的齿圈➤行星轮➤行星架空转

图 2-1-6　变速杆在 P/N 位时动力传递路径

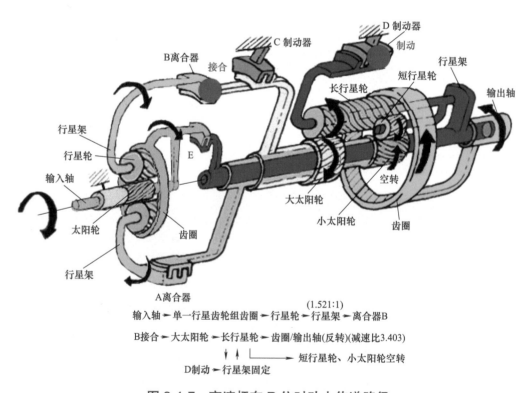

(1.521:1)

输入轴➤单一行星齿轮组齿圈➤行星轮➤行星架➤离合器B

B接合➤大太阳轮➤长行星轮➤齿圈/输出轴(反转)(减速比3.403)

短行星轮、小太阳轮空转

D制动➤行星架固定

图 2-1-7　变速杆在 R 位时动力传递路径

（三）变速杆在 D 位时动力传递路径

1）D 位 1 档时动力传递路径如图 2-1-8 所示。

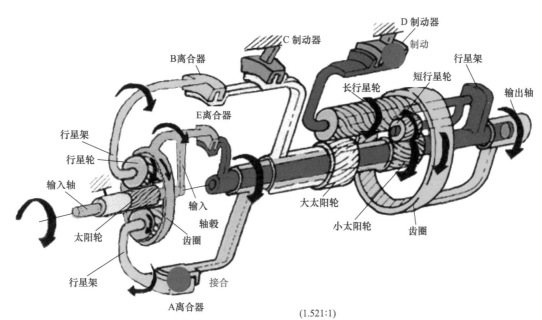

(1.521:1)

输入轴 ➤ 单一行星齿轮组的齿圈 ➤ 行星轮 ➤ 行星架 ➤ 离合器A

A接合 ➤ 小太阳轮 ➤ 短行星轮 ➤ 长行星轮 ➤ 齿圈/输出轴（减速比4.171）

作用力与反作用力 ↓↑ ↓↑ 作用力与反作用力

D制动 ➤ 行星架固定

图 2-1-8　D 位 1 档时动力传递路径

2）D 位 2 档时动力传递路径如图 2-1-9 所示。

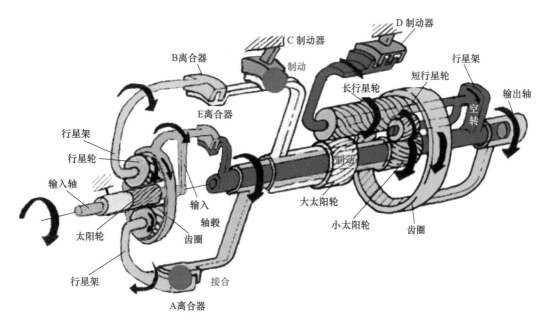

输入轴 ➤ 单一行星齿轮组的齿圈 ➤ 行星轮 ➤ 行星架 ➤ 离合器A

A接合 ➤ 小太阳轮 ➤ 短行星轮 ➤ 长行星轮 ➤ 齿圈/输出轴（减速比2.340）

↑↓ 作用力与反作用力

C制动 ➤ 大太阳轮固定

图 2-1-9　D 位 2 档时动力传递路径

3）D位3档时动力传递路径如图2-1-10所示。

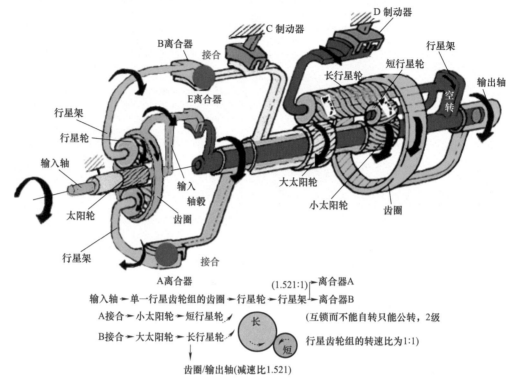

输入轴→单一行星齿轮组的齿圈→行星轮→行星架$\begin{array}{l}(1.521:1)→离合器A\\→离合器B\end{array}$

A接合→小太阳轮→短行星轮↗

B接合→大太阳轮→长行星轮↗

（互锁而不能自转只能公转，2级

行星齿轮组的转速比为1:1）

↓

齿圈/输出轴(减速比1.521)

图 2-1-10　D位3档时动力传递路径

4）D位4档时动力传递路径如图2-1-11所示。

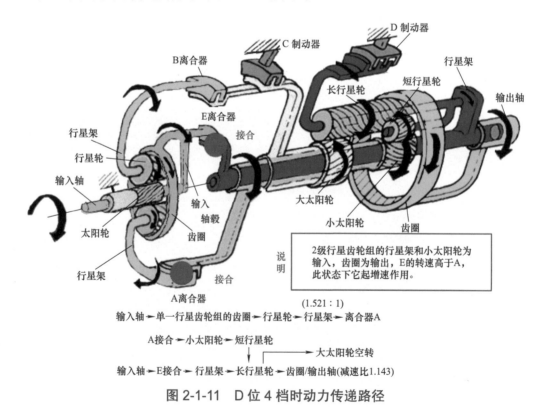

说明　2级行星齿轮组的行星架和小太阳轮为输入，齿圈为输出，E的转速高于A，此状态下它起增速作用。

(1.521 : 1)

输入轴→单一行星齿轮组的齿圈→行星轮→行星架→离合器A

A接合→小太阳轮→短行星轮

→大太阳轮空转

输入轴→E接合→行星架→长行星轮→齿圈/输出轴(减速比1.143)

图 2-1-11　D位4档时动力传递路径

5）D 位 5 档时动力传递路径如图 2-1-12 所示。

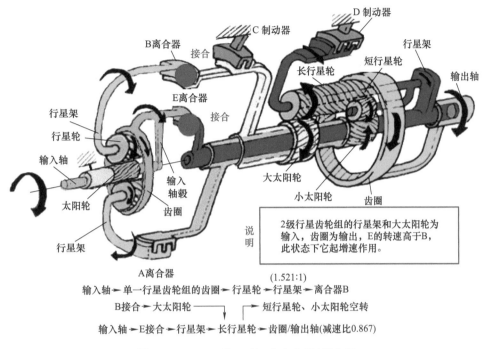

说明
2级行星齿轮组的行星架和大太阳轮为输入，齿圈为输出，E 的转速高于 B，此状态下它起增速作用。

(1.521:1)

输入轴 ➡ 单一行星齿轮组的齿圈 ➡ 行星轮 ➡ 行星架 ➡ 离合器 B

B接合 ➡ 大太阳轮 ➡ 短行星轮、小太阳轮空转

输入轴 ➡ E接合 ➡ 行星架 ➡ 长行星轮 ➡ 齿圈/输出轴（减速比0.867）

图 2-1-12　D 位 5 档时动力传递路径

6）D 位 6 档时动力传递路径如图 2-1-13 所示。

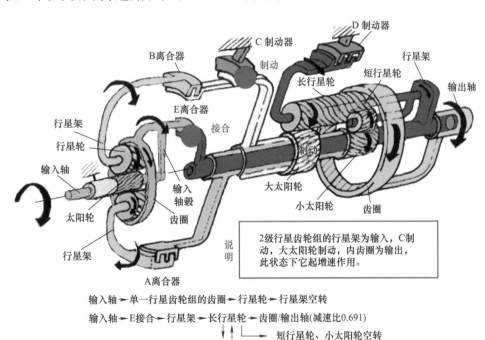

说明
2级行星齿轮组的行星架为输入，C 制动，大太阳轮制动，内齿圈为输出，此状态下它起增速作用。

输入轴 ➡ 单一行星齿轮组的齿圈 ➡ 行星轮 ➡ 行星架空转

输入轴 ➡ E接合 ➡ 行星架 ➡ 长行星轮 ➡ 齿圈/输出轴（减速比0.691）

短行星轮、小太阳轮空转

C制动 ➡ 大太阳轮制动

图 2-1-13　D 位 6 档时动力传递路径

此变速器的动力传动机构中没有单向离合器，所以在各档时，减小节气门开度，靠车辆的惯性就能反拖发动机，发动机起到制动作用。

第二节　ZF 6HP 26 A61 自动变速器液压油路

一、液压油路中各部件的结构和工作原理

　　ZF 6HP 26 A61 自动变速器液压油路原理图（以下简称 ZF 6HP 26 A61 液压油路图）如图 2-2-1 所示，它表述了液压系统的基本结构和工作原理。

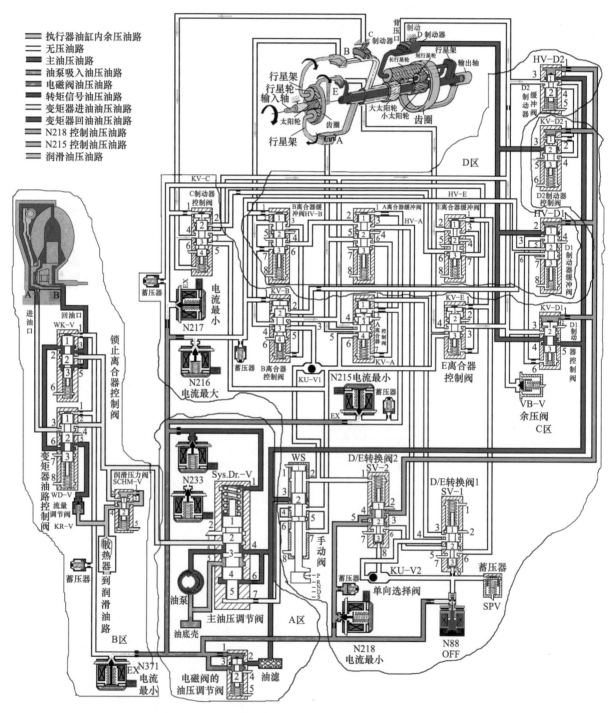

图 2-2-1　ZF 6HP 26 A61 自动变速器液压油路原理图

图 2-2-1 中 A 区为液压源部分，B 区为液力变矩器油路，C 区为换档控制部分，D 区为平顺换档部分。

（一）液压源部件

液压源局部油路如图 2-2-2 所示。

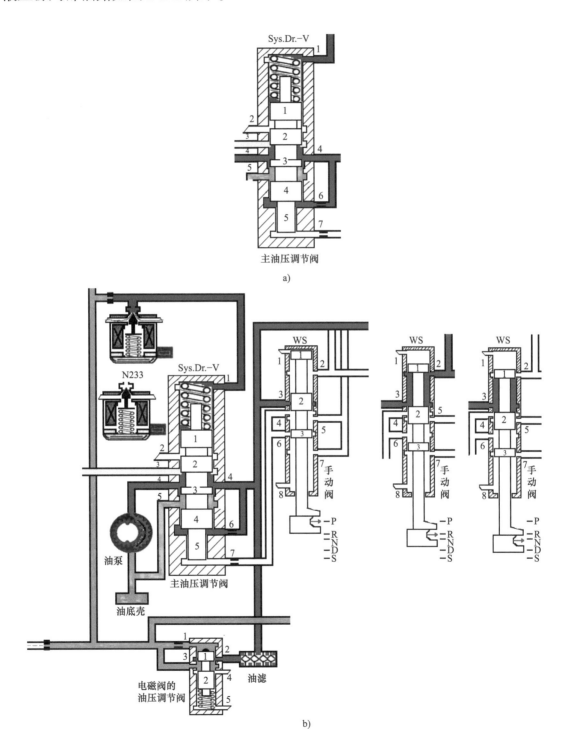

图 2-2-2　液压源局部油路图（P、R、N 位）

1. 油泵

油泵为内啮合式齿轮泵，其结构和工作原理本文从略。

2. 主油压调节阀

（1）主油压调节阀结构

主油压调节阀属于泄流式调节阀，其的结构如图 2-2-2a 所示。柱塞、弹簧和阀的进油口或出油口（简称阀口）2~6 构成自动调节阀。阀口 1 和阀口 7 引入人工控制的信号油压，从而由人工来控制主油压的数值。油路连接状况如图 2-2-2b 所示。

（2）主油压调节阀的工作原理

1）主油压的建立。发动机不转动时，柱塞在弹簧弹力的作用下而停于底部（参阅图 2-2-2a）。变速杆在 P/N 位，起动发动机。随着油泵转速的上升，供油量（又称泵油量）和主油路油压（以下简称主油压）随之增加，主油压经阀口 6 作用于阀塞 4 的下侧环形面积上，给柱塞一个向上的力，克服弹簧弹力，使柱塞随之上移。阀口 3 打开，油液经阀口 3 流向润滑油路和液力变矩器后回油底壳；柱塞上移到阀塞 3 与阀口 5 错开，阀口 5 泄油，被油泵吸走。当油泵转速达到某一转速时，整个系统的供油量等于泄油量，主油压则稳定在某一数值，此数值，称为主油压的额定值（又称基准油压）。通常将达到额定油压的转速称为油泵的额定转速，从额定转速到最大转速，称为油泵工作的转速范围。在达到额定转速之前，泄油口（阀 5）未打开，油压随转速上升而迅速上升，上升速率大。当达到额定油压后，调节阀自动调节泄油口的泄油量，油泵转速变化，主油压变化很小。油泵的额定转速略小于怠速，即怠速时泄油口已经打开，主油压已达到额定值。如图 2-2-3a 的虚线部分。

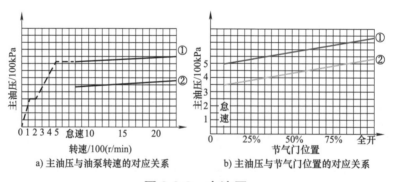

a) 主油压与油泵转速的对应关系　　　b) 主油压与节气门位置的对应关系

图 2-2-3　主油压

2）主油压的自动调节。由于主油压经阀口 6 作用于阀塞 4 下侧环形面积上，给柱塞一个向上的作用力，此处是调节过程的采样点。在油泵达到额定转速之后，转速上升，油泵供油量增加，而调节阀的泄油口开度则稍有加大，泄油量也增加，主油压只是微量上升。转速下降，油泵供油量减少，而调节阀的泄油口开度则稍有减小，泄油量也减少，主油压只是微量下降。在正常转速范围内，转速变化，主油压只稍微变化，如图 2-2-3a 的实线部分。这种形式的调节过程叫有差调节。曲线①为 P/N 位时主油压与油泵转速的对应关系，因 P/N 位时，发动机无负荷，稍稍踩一下加速踏板发动机转速（即油泵转速）即可达到最大转速。曲线②为变速杆置于

D 位时主油压与油泵转速的对应关系。R 位时主油压与油泵转速的对应关系也为曲线①，与 P/N 位时相同。

如果油泵稳定于某一转速，此时，油泵的供油量不变，由于某种因素产生少量的泄油，则会引起主油压下降，使柱塞向上（采样点）的力减小，经自动调节，泄油口开度减小，减小泄油量，主油压就又恢复到原来数值，保持主油压不变。

3）人工控制的工作原理。自动调节阀装配完好后，其基准油压则保持为设定数值，人为地改变柱塞两端的受力状况，经自动调节，主油压的数值就会发生改变。

① 人工将变速杆放在 D 位或 S 位，手动阀则随之在 D 位或 S 位，参阅图 2-2-4。手动阀的柱塞都是将其阀口 3 与阀口 4 连通，手动阀阀口 4 有油压输出，主油压调节阀的阀口 7 就有油压（也是主油压），此油压作用于柱塞的力，与阀口 6（采样点）主油压作用于柱塞的力方向相同，这就相当于主油压作用于柱塞上的面积是两者面积相加，与 P/N 位相比，D 位时，采样点的油压在较低数值就可以使泄油口打开，经自动调节后的额定油压数值就变小，主油压与油泵转速的对应关系如图 2-2-3a 中的的曲线②。

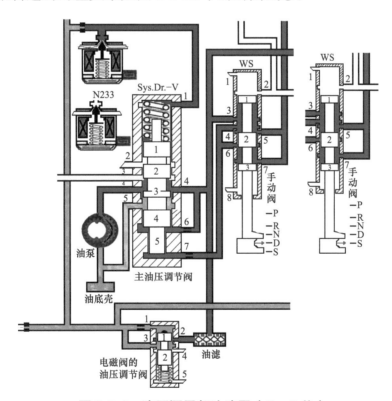

图 2-2-4　液压源局部油路图（D、S 位）

② 人工将变速杆放 R 位，手动阀则随之在 R 位，手动阀在 R 位与手动阀在 P/N 时相比，参阅图 2-2-2。它们的柱塞都是将阀口 3 与阀口 4 阻隔开，手动阀阀口 4 无油压输出，主油压调节阀的阀口 7 就无油压，从而使自动调节阀将主油压的额定值调节成较高的数值，主油压与油泵转速的对应关系如图 2-2-3a 中的曲线①。

这相当于由人工控制使自动调节阀调节出高、低两种额定值。

③ 在主油压调节阀的阀口 1 引入转矩信号油压，此油压作用于柱塞的顶部，其方向是使柱塞向下，与主油压作用力的方向相反，打破了柱塞两端的受力平衡，经自动调节，使主油压上升相应数值后，其作用力与之相平衡。主油压将随着转矩信号油压的增加而增加，而转矩信号油压是由人工踩下加速踏板而产生的，转矩信号油压与节气门开度一一对应，所以主油压就随节气门开度的增加而增加。

主油压与节气门位置的对应关系如图 2-2-3b 所示。变速杆置于 D 位时，如图 2-2-3b 中的曲线②。变速杆置于 R 位时，如图 2-2-3b 中的曲线①。在实施倒车时，与前进行驶相比，相同的节气门开度，其主油压的数值要大一些，以满足倒车时变速器传动机构的需要。

（3）转矩信号油压（节气门位置信号油压）的产生

ZF 6HP 26 A61 自动变速器是将节气门位置先变换成电信号，再将电信号变换成油压信号，此油压信号就是转矩油压信号，直接引入到主油压阀的阀口 1。

1）产生转矩电信号的电路。产生转矩电信号的电路如图 2-2-5a 所示。

节气门位置传感器连接在发动机控制单元 J623 上，它把节气门的机械位置转换成一一对应的电压信号，如图 2-2-5b 显示的电压与节气门位置对应关系曲线。模 / 数（A/D）变换

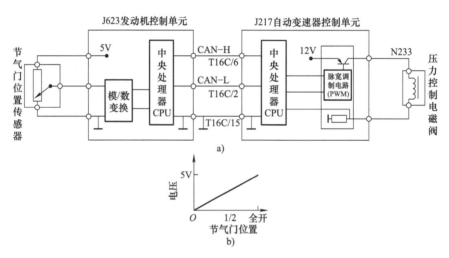

图 2-2-5　产生转矩电信号的电路

器将模拟量的电压信号变换为数字量，送往中央处理器（CPU）。CPU 通过控制器局域网 CAN（Controller Area Network）的数据传输线 CAN—H、CAN—L，实时地将节气门位置信号传递到变速自动变速器控制单元 J217。J217 的 CPU 实时采集节气门位置信号，并和相关程序中的数据进行综合运算，再将结果送至脉冲宽度调制器 PWM（pulse width modulated），控制脉冲的宽度，使脉冲宽度随节气门位置而变化，经末级放大晶体管，电磁阀的电流则与节气门位置产生对应关系，如图 2-2-6 所示。

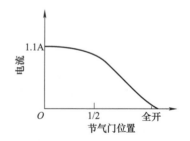

图 2-2-6　电磁阀的电流与节气门位置的对应关系

节气门开度为 0 时，占空比最大，线圈的平均电流最大

（脉冲宽度与脉冲周期之比叫占空比，占空比大，电流的平均值就大）。节气门开度增加，占空比减小，线圈的平均电流减小。节气门全开时，占空比接近为 0，线圈的电流接近为 0。这条曲线就是扭矩的电信号。

注意：PWM 的末级输出管采用 PNP 型晶体管，起到倒相作用，使输出的电流与节气门位置的关系为下降趋势。

2）产生转矩油压信号的油路。产生转矩油压信号的油路如图 2-2-7 所示。它是由电磁阀的油压调节阀、转矩油压信号电磁阀 N233 组成。

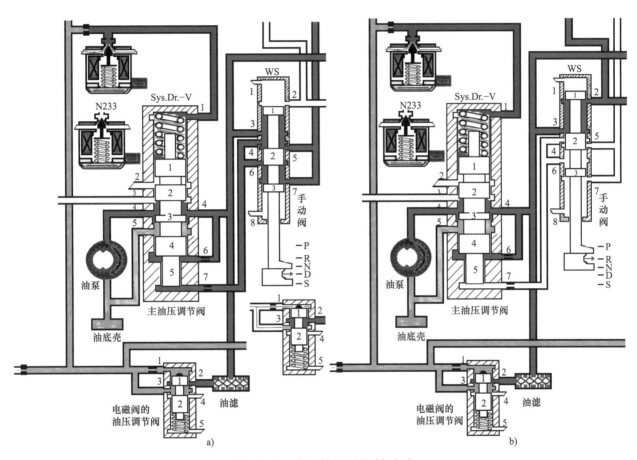

图 2-2-7　产生转矩信号的油路

① 电磁阀的油压调节阀的结构和工作原理。将节气门位置的电信号（转矩电信号）变换成转矩油压信号时，所供油压必须是一个稳定的油压，因而设置了一个专供电磁阀使用的油压调节阀，简称电磁阀的油压调节阀，其结构如图 2-2-7a 所示。柱塞上有阀塞 1 和阀塞 2，两个阀塞的直径相同，不工作时，柱塞停于顶部，见图 2-2-7a。发动机转动后，主油路油压使油液由阀口 2 入，阀口 3 出，并反馈到阀口 1，因阀口 3 之后的油路是密闭的，油压逐渐上升，此油压作用于阀塞 1 顶部，使柱塞压缩弹簧而下移，当阀塞 1 将阀口 2 堵塞时，截断主油路的油压。同时，阀塞 2 的上沿打开阀口 4 而泄油，使阀口 3 后的油压下降，柱塞上移，阀塞 2 关闭阀口 4，阀塞 1 打开阀口 2，主油压向阀口 2 内供油，阀口 3 的油压又上升。这样，

柱塞不停地上下移动，让阀口 3 后的油路保持在设定的油压。

② 转矩信号电磁阀的结构和功用。转矩信号电磁阀 N233 的结构示意图如图 2-2-8 所示，将电磁阀安装在一个设定空间上，就可以实现转矩的电信号转换成转矩的油压信号。

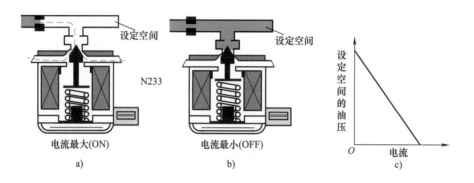

图 2-2-8　压力控制阀示意图

电磁阀的磁路是特殊设计的，从而使活动铁心（即油阀的活动阀芯）的位移量与线圈的电流呈线性关系。节气门开度为 0 时，线圈平均电流最大，如图 2-2-8a 所示，电磁力吸引活动铁心下移量最大，泄油口全部打开，设定空间的油压为 0。节气门开度最大时，线圈的平均电流为 0，如图 2-2-8b 所示，弹簧使活动阀芯将泄油口关闭，设定空间的油压为最大。当平均电流由 0 逐渐增加时，设定空间的油压由最大逐渐减小，设定空间的油压与电流的对应关系如图 2-2-8c 所示。

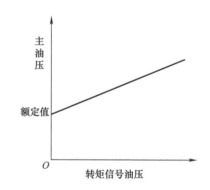

图 2-2-9　主油压与转矩信号油压的关系

设定空间的油压就是转矩信号油压，它直接经主油压阀的阀口 1 加在阀塞 1 的上端面，与弹簧弹力的方向相同，经自动调节后，主油压阀的油压则在额定数值的基数上随之增加。主油压与转矩信号油压的对应关系如图 2-2-9 所示。

小结：参阅图 2-2-10。

怠速时，节气门位置为 0（a 点），转矩信号电磁阀的电流为 1.1A（a 点），设定空间油压为 0（a 点），转矩信号油压 0（a

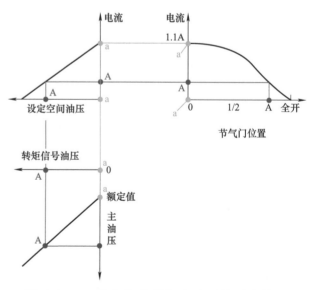

图 2-2-10　节气门位置与主油压的对应关系

点），主油压为基准油压（a 点，绿色引线）。

节气门位置为 3/4（A 点），开度较大，转矩信号电磁阀的电流数值较小（A 点），设定空间油压较大（A 点），转矩信号油压阀的输出转矩信号油压较大，主油压较高（A 点）。

注意：这样的设计，在电磁阀电路发生故障时，电磁阀无电流，电磁阀泄流口关闭，设定空间油压（转矩信号油压）最大，主油压调节阀调节出来的主油压最高，可以保障变速器仍能传递大转矩，起到安全保障作用。

延伸阅读

1. N233 电磁阀的结构

电磁阀的结构如图 2-2-11 所示：图 2-2-11a 为外形图，图 2-2-11b 为剖视图，图 2-2-11c 为分解后零件图，虚线框内为相应零件的不同角度展示。

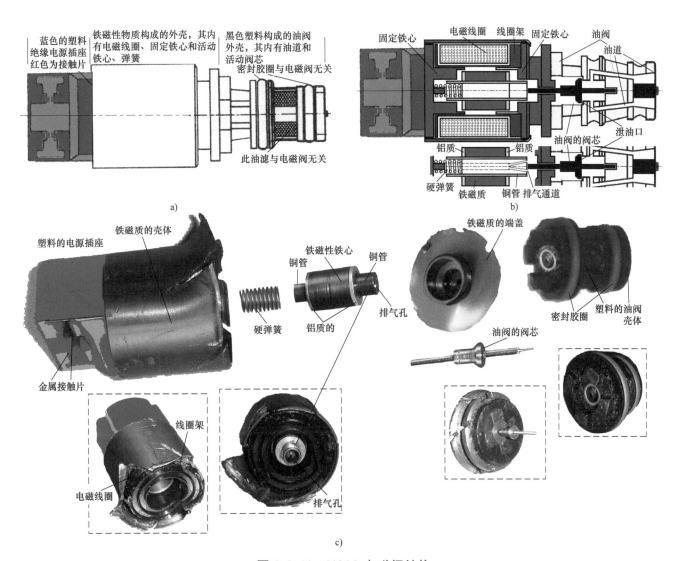

图 2-2-11　N233 电磁阀结构

这三个图中，图 2-2-11b 是核心，从图 2-2-11b 中可以看出铁磁质的活动铁心，被非磁性的铜管和弹簧支撑在中心轴线上，活动铁心的左、右两端都是一段铝质的非磁性材料。这样构成的磁路使活动铁心与固定铁心之间在任何状态下总有空气间隙，简称空气隙，如图 2-2-12 和图 2-2-13。这样的磁路就可以实现活动铁心受到的力与线圈的电流呈线性关系。

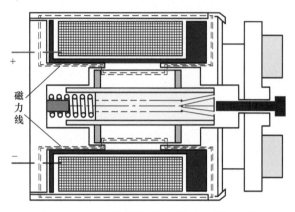

图 2-2-12　线圈电流为最大时的磁路

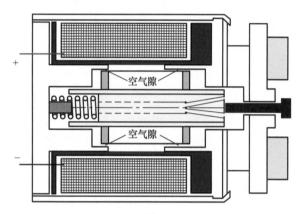

图 2-2-13　线圈电流为 0 时的磁路

2. 电磁阀的工作原理

电磁阀安装在阀体上之后，油阀中的油腔和相应油道相连接，为了讲述方便，将这两部分的空间之和，称之为设定空间，如图 2-2-14 所示。在此设定空间上有一个进油口和一个泄油口，进油口外侧的稳定油压是由电磁阀油压调节阀自动调节而保持不变的，泄油口由电磁阀的阀芯控制。

当节气门开度为最大时，电磁阀的电流为 0，如图 2-2-14 所示，电磁阀活动铁心无电磁力，而左侧有弹簧弹力，使活动铁心推动阀芯右移，将泄油口完全关闭，设定空间的油压作用于阀芯的右侧，两者大小相等、方向相反，其数值则为电磁阀油压调节阀的额定油压值。此时，相当于特性曲线的 A 点，如图 2-2-15 所示。

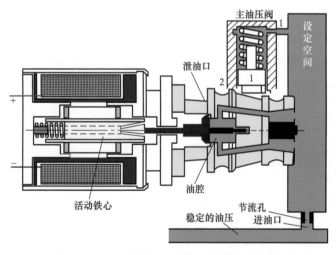

图 2-2-14　电流为 0 时电磁阀的工作状态

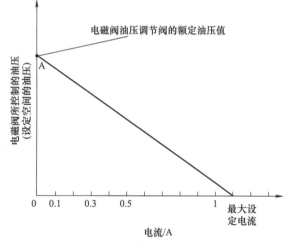

图 2-2-15　电磁阀特性曲线

此后，如果电磁阀开始有电流并逐渐增加，活动铁心右侧的电磁力则随之增加。由于上述磁路的特殊设计，使活动铁心产生的作用力与电流呈线性关系，设定空间的油压则随电流的增加而减小。

例如：电流由 0 增大到 0.1A。电流增加，电磁力抵消弹簧弹力，阀芯左侧的力减小，右侧的力（设定空间的油压）就使阀芯左移，开启泄油口，设定空间的油压随之减小，右侧的力也就减小；电流增到 0.1A 时，设定空间的油压降到相应数值，其作用于阀芯的力与左侧的力相等时，阀芯停于相应位置，此时设定空间的油压就是电流为 0.1A 时所控制的油压。

随着电流的增大，阀芯随之左移，所控制的油压随之减小，使每个电流值都对应着一个相应的油压值。当电流为设定的最大值时，电磁力最大，如图 2-2-16 所示，泄油口全开，设定空间内的油压为 0。由于特殊设计的节流孔，节流孔的孔径较小，孔道较长，进油口外侧仍然是由电磁阀油压调节阀自动调节的稳定油压而保持不变，但此时则有油液经节流孔仍不停地泄出。

如果用电磁阀的电流由 0 逐渐增大的方式来描述，那就是电磁阀所控制的油压随电流的增大而减小。

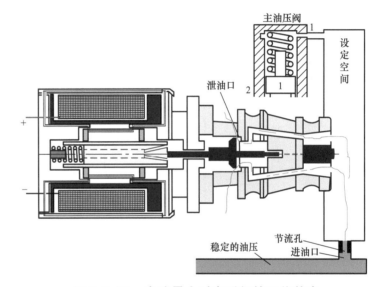

图 2-2-16　电流最大时电磁阀的工作状态

3. 电磁阀的电流

电磁阀的电流是由电脑中的脉宽调制器所控制的，脉宽调制器的频率是根据电磁阀的结构和所控油压的控制精度来选择的，其频率通常是在 200~1000Hz 之间，所选频率应确保电磁阀的阀芯能连续而平稳地移动。在使用中，由于脉宽调制器的频率固定，只要改变脉冲宽度，就改变了波形的占空比，电流的数值（平均值）随之改变。这就相当于直流电路中用可变电阻来改变电流的模式。在数字电路（脉冲电路）中，都是用脉宽调制的模式来控制电路的电流，电磁线圈是电感性电路，每个周期的电流都是平均值，占空比小平均电流就小，占空比大平均电流就大。

（二）变矩器油路部件

变矩器部分的局部油路如图 2-2-17 所示，图 2-2-17a 为变矩器离合器 TCC（Torque Converter Clutch）脱开状态下的油路，图 2-2-17b 为 TCC 锁止状态下的油路。这部分油路是未封闭的油路，油液不停地流动。

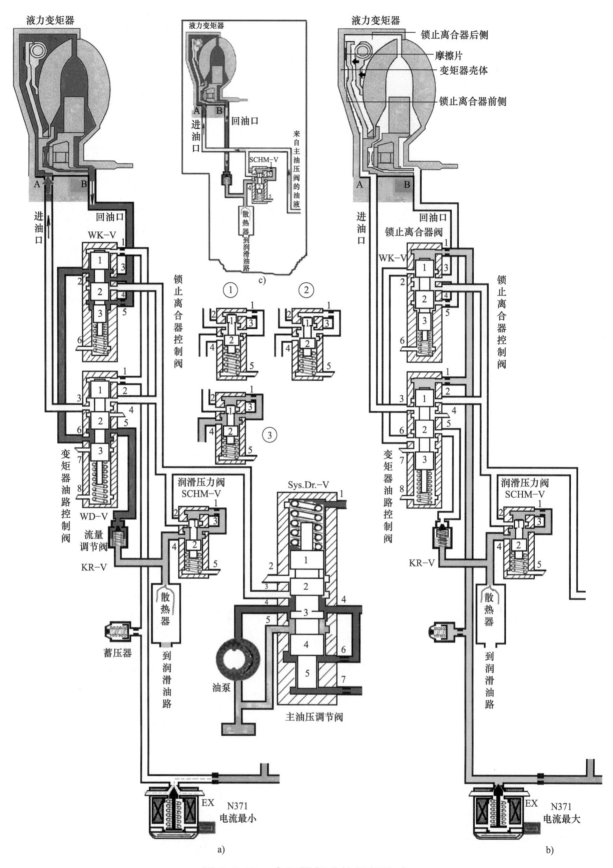

图 2-2-17　变矩器部分的局部油路

1. 润滑压力阀（润滑油压调节阀）

润滑压力阀的结构如图 2-2-17a 所示，图中①是开始工作时的状态，油液从阀口 2 进，因阀塞 2 的直径大于阀塞 1，阀塞 2 和阀塞 1 同时受力，柱塞迅速下移到图中②状态，油液经阀口 2 到阀口 4，阀口 4 后的油压上升到设定数值时，柱塞下移到图中③位置，阀塞 1 阻断阀口 2，截断主油压，由于阀口 4 之后的油路是未封闭的，油液流动，其压力立即下降，柱塞上移，阀口 2 打开，油压又上升。这样，柱塞就不停地往复移动，使阀口 4 的油压保持在设定值，润滑油路的油液则稳定地流动，此数值只由其结构确定，不会随主油压的变化而变化。

润滑压力阀是并接在变矩器进油口和出（回）油口上，如图 2-2-17b 所示，出油口相当于阀口 4，变矩器进油口和出（回）油口之间的油压差值则随主油压而变化，即随负荷而变化。负荷大时，变矩器热损耗大，进油口和出油口之间的油压差增大，油液流速增大，散热量增大，使变矩器油温变化不大。

2. 锁止离合器电磁阀

锁止离合器电磁阀 N371 的示意图如图 2-2-18 所示，将电磁阀安装在一个设定空间上，线圈的平均电流为 0 时，设定空间的油压为 0，如图 2-2-18a 所示。线圈平均电流逐渐增加，当电流达到最大时，如图 2-2-18b 所示。由于电磁阀的磁路是特殊设计的，从而实现活动铁心（即油阀的活动阀芯）的位移量与线圈的电流呈线性关系，就可以实现设定空间的油压随电流的增加而增加。它的特性曲线如图 2-2-18c 所示。

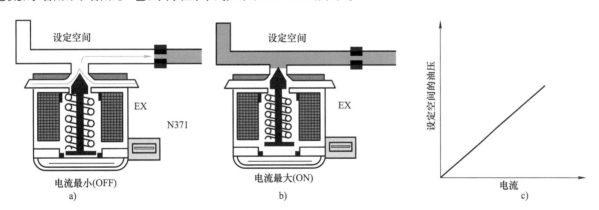

图 2-2-18　锁止离合器电磁阀 N371 示意图和特性

3. 变矩器油路控制阀、锁止离合器控制阀

变矩器油路控制阀、锁止离合器控制阀的结构如图 2-2-17 所示。

图 2-2-17a 中为不受控制状态。当 N371 电磁阀的电流为 0 时，它所控制油路的油压为 0，变矩器油路控制阀的阀口 1 无油压，柱塞停于顶部，阀口 2、3 相通，阀口 6、5 相通；锁止离合器控制阀的阀口 1 无油压，柱塞停于顶部，阀口 2、3 相通，阀口 5、4 阻断。变矩器供油油路如图 2-2-17a 所示，从变矩器油路控制阀阀口 2、3→变矩器进油口→变矩器→变矩器回油口→锁止离合器控制阀阀口 3、2→变矩器油路控制阀阀口 6、5→流量调节阀→散

热器。

图 2-2-17b 中为受控状态。当 N371 电磁阀的电流由 0 逐渐增加时，它所控制油路的油压逐渐增加（但所用时间并不长），变矩器油路控制阀的阀口 1 加油压，柱塞下移到设定位置，阀口 2 阻断，阀口 3 与泄油口 4 相通，阀口 6 与泄油口 7 相通；锁止离合器控制阀的阀口 1 加油压，柱塞下移到设定位置，阀口 2 阻断，阀口 4、3 相通，阀口 5 阻断。变矩器供油油路如图 2-2-17b 所示，从锁止离合器控制阀阀口 4、3→变矩器回油口，从回油口反向给变矩器加压时，锁止离合器后侧受力，锁止离合器逐渐接合，变矩器的涡轮与泵轮同步转动。

延伸阅读 N371 电磁阀的结构和原理

1. 电磁阀的结构

电磁阀的结构如图 2-2-19 所示：图 2-2-19a 为外形图，图 2-2-19b 为剖视图，图 2-2-19c 为分解后零件图，虚线框内为相应零件的不同角度展示。

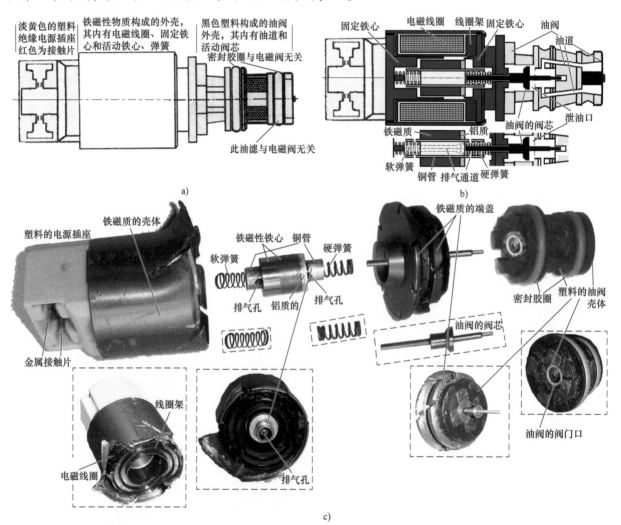

图 2-2-19 N371 电磁阀的结构

这三个图中，图 2-2-19b 是核心，从图 2-2-19b 中可以看出铁磁质的活动铁心，被非磁性的铜管和弹簧支撑在中心轴线上，活动铁心的右侧一段是铝质的非磁性材料。这样构成的磁路使活动铁心与固定铁心之间在任何状态下总有空气间隙，简称空气隙，如图 2-2-20 和图 2-2-21 所示。这样的磁路就可以实现活动铁心受到的力与线圈的电流呈线性关系。

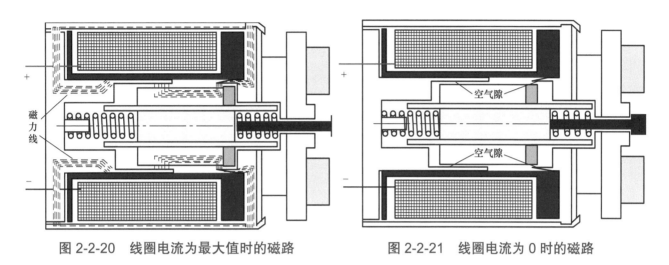

图 2-2-20　线圈电流为最大值时的磁路　　　　图 2-2-21　线圈电流为 0 时的磁路

2. 电磁阀的工作原理

电磁阀安装在阀体上之后，油阀中的油腔与相应油道和所要控制的锁止离合器控制阀相连接，为了讲述方便，这三部分的空间之和，称其为设定空间，如图 2-2-22 所示。在此设定空间中有一个进油口和一个泄油口，进油口外侧的稳定油压是由电磁阀油压调节阀自动调节而保持不变的，泄油口由电磁阀的阀芯控制。

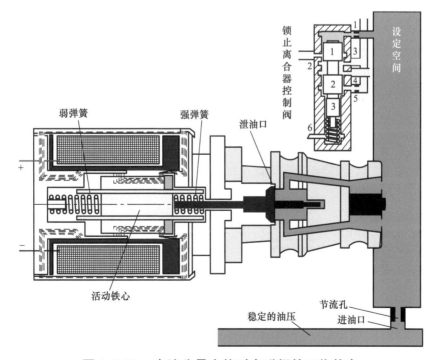

图 2-2-22　电流为最大值时电磁阀的工作状态

当电磁阀的电流为最大设定电流时，如图 2-2-22 所示，电磁阀活动铁心产生的力作用于阀芯左侧，泄油口完全关闭，设定空间的油压作用于阀芯的右侧，两者大小相等、方向相反，其数值则为电磁阀油压调节阀的额定油压值。此时，相当于特性曲线的 A 点，如图 2-2-23 所示。如果电磁阀的电流大于最大设定电流，其作用只是使阀芯压得更紧一些，而设定空间的油压则仍为电磁阀油压调节阀的额定油压值。

当电磁阀的电流由最大设定电流逐渐减小时，由于上述磁路的特殊设计，使活动铁心产生的作用力与电流呈线性关系，设定空间的油压则随电流的减小而减小。例如：电流由 1.1A 减小到 1A。

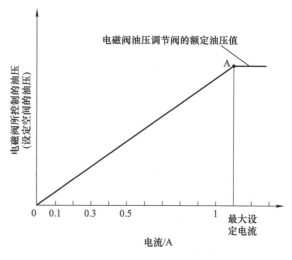

图 2-2-23　电磁阀特性曲线

电流减小，阀芯左侧的力减小，右侧的力（设定空间的油压）就使阀芯左移，开启泄油口，设定空间的油压随之减小，右侧的力也就减小；电流减小到 1A 时，设定空间的油压降到相应数值，其作用于阀芯的力与左侧的力相等时，阀芯停于相应位置，此时设定空间的油压就是电流为 1A 时所控制的油压。

随着电流的减小，阀芯随之左移，所控制的油压随之减小，使每个电流值都对应着一个相应的油压值。当电流为 0 时，电磁力消失，如图 2-2-24 所示，泄油口全开，设定空间内的油压为 0。由于特殊设计的节流孔，节流孔的孔径较小，孔道较长，进油口外侧仍然是由电磁阀油压调节阀自动调节的稳定油压，一直保持不变，但此时仍有油液经节流孔不停地泄出。

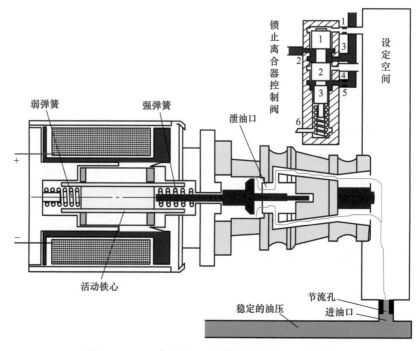

图 2-2-24　电流为 0 时电磁阀的工作状态

如果用电磁阀的电流由0逐渐增大的方式来描述，那就是电磁阀所控制的油压随电流的增大而增大。

3. 电磁阀的电流

电磁阀的电流是由电脑中的脉宽调制器所控制的，脉宽调制器的频率是根据电磁阀的结构和所控油压的控制精度来选择的，其频率通常是在200~1000Hz之间，所选频率要确保电磁阀的阀芯能连续而平稳地移动。在使用中，由于脉宽调制器的频率固定，只要改变脉冲宽度，就改变了波形的占空比，电流的数值（平均值）随之改变。这就相当于直流电路中用可变电阻来改变电流的模式。在数字电路（脉冲电路）中，都是用脉宽调制的模式来控制电路的电流，电磁线圈是电感性电路，每个周期的电流都是平均值，占空比小平均电流就小，占空比大平均电流就大。

（三）换档和平顺换档部件

换档和平顺换档的局部油路如图2-2-25所示。

1. 手动阀

手动阀的结构及其处于不同位置时油路的连接状况如图2-2-26所示。D位与S位的油路是相同的。

2. 换档电磁阀

1）N88电磁阀为开关型电磁阀，其结构示意图如图2-2-27所示。控制电流为突变型，断电（OFF）时泄油，所控空间的油压为0，通电（ON）时不泄油，所控空间的油压为最大。此型开关电磁阀通称为常开型电磁阀。电磁阀N88的分解图和剖视图见图2-2-28。

2）N215、N217电磁阀为常开渐闭型电磁阀（通常称脉冲阀），电流由0渐增，泄油口随之渐开，其结构示意图如图2-2-29所示。电流由脉宽调制器控制，电流由0渐变到最大（占空比由0渐变到1），所控空间的油压由0逐渐上升到最大（有人称其为上升型）。它们的结构与N371相同，前面已讲述。

N216、N218电磁阀为常闭渐开型电磁阀，电流由0渐增，泄油口随之渐开，其结构示意图如图2-2-30所示。电流由脉宽调制器控制，电流由0渐变到最大（占空比由0渐变到1），所控空间的油压由最大逐渐下降到0（有人称其为下降型）。它们的结构与N233相同，前面已讲述。

3. 产生余压的油路

变速杆处于P、R、N、D（1档）、S（1档）位置时，处于不接合状态的离合器（制动器），其执行器油缸内的油压都泄为0，处于无油压状态（沿着浅色箭头通往泄油口）。以P位为例，如图2-2-25所示。

而在2~6档时，处于不接合状态的离合器（制动器），其执行器油缸内剩余一定的油压，此油压值不足以压缩回位弹簧使离合器片移动。这样，换档过程可以缩短。此油压简称为余压。产生余压的油路以2档为例，如图2-2-31所示。

电磁阀	开关电磁阀（常开型）(OFF时泄油)	压力调节电磁阀（由脉宽调制器PWM控制其电流）					离合器				制动器	
		常开型：所控压力随电流增大而增大		常闭型：所控压力随电流增大而减小			A	B	E	C	D	
选档杆	N88	N215(A离合器)	N217(C离合器)	N371(TC锁止)离合器	N216(B离合器)	N218 D制动器C离合器	A	B	E	C	D	
P位	OFF	电流最小所控压力最小	电流最小	OFF	电流最大所控压力最大	电流最小所控压力最大					●	
R位	OFF	电流最大所控压力最大	OFF	OFF	电流最小所控压力最小	电流最小所控压力最大		●			●	
N位	OFF	电流最小所控压力最小	电流最小	OFF	电流最大所控压力最大	电流最大所控压力最大					●	

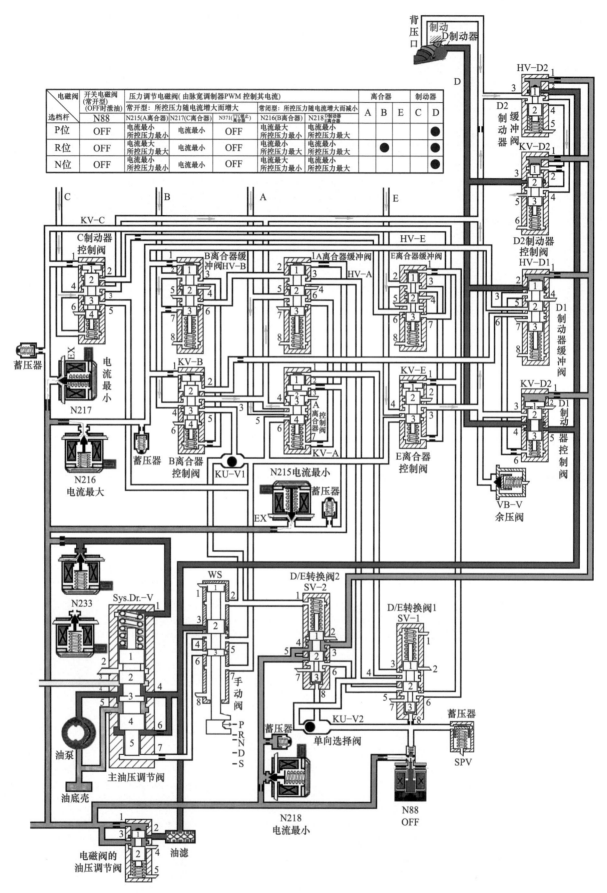

图 2-2-25　换档和平顺换档的局部油路

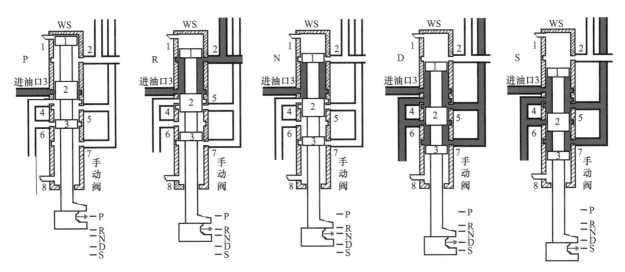

图 2-2-26　手动阀的结构

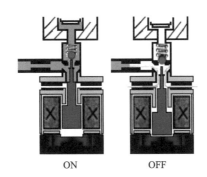

图 2-2-27　N88 电磁阀结构示意图

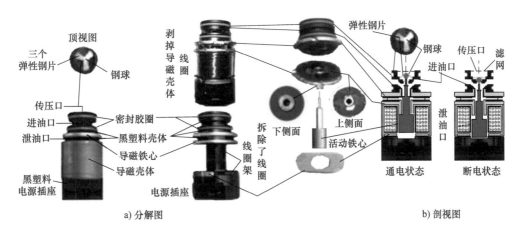

a) 分解图　　　　　　　　　　　　　　　b) 剖视图

图 2-2-28　N88 电磁阀的分解图和剖视图

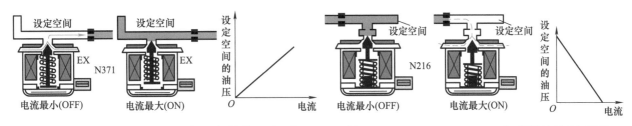

图 2-2-29　N215、N217 电磁阀结构示意图　　　图 2-2-30　N216、N218 电磁阀结构示意图

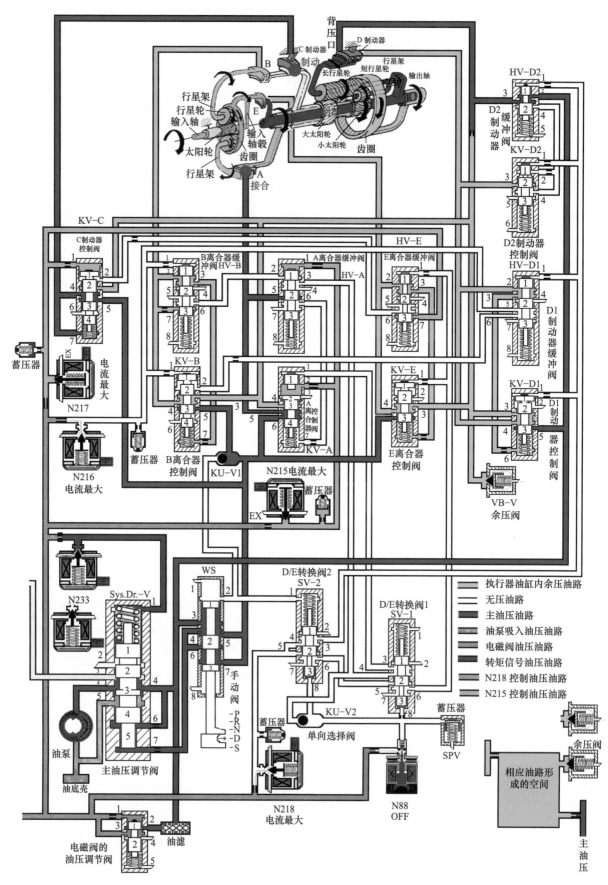

图 2-2-31 2、3、4、5、6 档时执行器油缸内余压的供给路径图

在 D 位 2~6 档时。如图 2-2-31 所示，在这些档位时，制动器 D 不加主油压，主油压经 D2 制动器缓冲阀的阀口 2、3 到节流孔与余压阀及相应油路连接。在主油压的作用下，油液经节流孔到相应离合器的油缸和油压阀，简化成图 2-2-31 中右下角的示意图，将相应油路等效成适量的空间。在工作中，余压阀的阀芯不停地左右移动，右移开启泄油，左移关闭，由于余压阀结构的特殊设计和制造，使相应油路的油压保持在设定数值。主油压高时，开启时间长，关闭时间短，主油压低时则相反，使余压仍保持为设定值。

4. 平顺换档控制部件

换档时，相应的电磁阀使离合器（制动器）缓冲阀和离合器（制动器）控制阀的状态在换档过程中逐渐改变，现以 2 档升 3 档为例，讲述其结构和工作原理。参阅图 2-2-32，图 2-2-32a 为 2 档状态，图 2-2-32b 为已进入 3 档状态，图 2-2-33 是在进入 3 档的过程中，B 离合器缓冲阀和 B 离合器控制阀的工作状态的变化。

由 2 档升到 3 档时的工作过程，参阅图 2-2-33。

图 2-2-33a 是 N216 电磁阀的电流由最大开始减小，所控空间的油压增加，缓冲阀 HV-B 柱塞开始下移，但控制阀因阀口 2 也加压，阀口 7 仍有余压，其柱塞不会下移。

图 2-2-33b 是 N216 电磁阀电流再减小，油压再增加，缓冲阀 HV-B 柱塞下移到阀口 2 被阀塞 1 堵塞，阀口 3、4 相通，控制阀 KV-B 阀口 7 的余压经此泄去；控制阀柱塞开始下移。

图 2-2-33c 是 N216 电磁阀电流继续减小，油压继续增加，缓冲阀柱塞继续下移，但各阀口连通状态不变；控制阀柱塞继续下移，阀口 3 被堵，阀口 5、4 相通，主油压引入 B 离合器，离合器的油压在余压的数值上上升。

图 2-2-33d 是 N216 电磁阀电流继续减小到 0，油压继续增加到最大，缓冲阀柱塞虽继续下移，但各阀口连通状态不变；控制阀柱塞继续下移，阀口 3 被堵，阀口 5 开度逐渐增大最大，B 离合器紧紧接合。

二、人工设置的初始状态

"自动变速器"这个名称所表述的核心是车辆能在行驶中自动变换传动比，即通称的自动换档，而它的初始状态都是人工设置的。人工将变速杆置于 P、R、N、D、S 位置，带动手动阀，使液压油路处于相应的工作状态；带动多功能开关，经编码电路给中央处理器（CPU）发出相应的指令，CPU 则按设定的程序和数据实施控制，使变速器油路处于相应的设定状态。

（一）P 位的初始设置

变速杆置于 P 位，带动手动阀停于 P 位，如图 2-2-34 中所示，手动阀的阀口 3（进油口）被阀塞 2 阻断，它的出油口无油压，离合器 A、B、E 还有制动器 C 的供压油路被阻断，上述离合器和制动器都不可能接合。

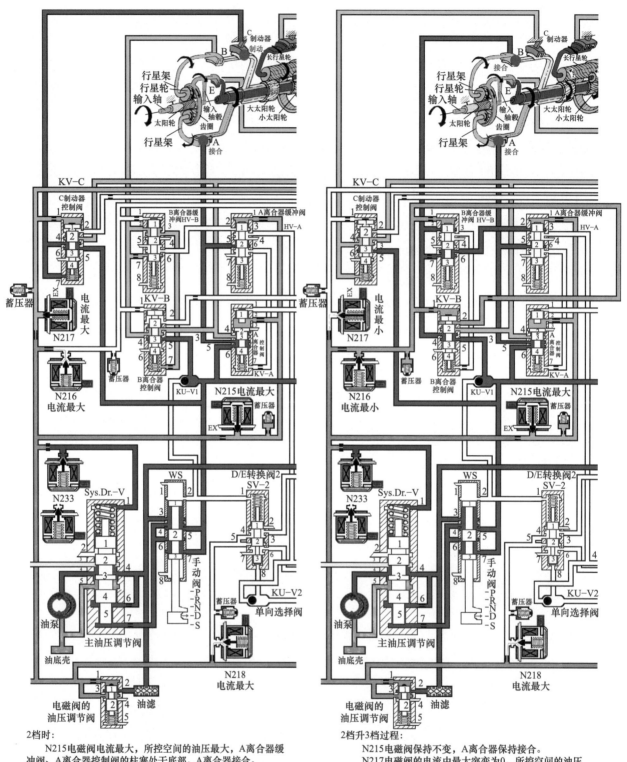

2档时：

N215电磁阀电流最大，所控空间的油压最大，A离合器缓冲阀、A离合器控制阀的柱塞处于底部，A离合器接合。

N217电磁阀电流最大，所控空间的油压最大，C制动器控制阀的柱塞处于底部，C制动器接合。

N216电磁阀电流最大，所控空间的油压为0，B离合器缓冲阀、B离合器控制阀的柱塞处于顶部，B离合器脱开。

a)

2档升3档过程：

N215电磁阀保持不变，A离合器保持接合。

N217电磁阀的电流由最大突变为0，所控空间的油压立即为0，C制动器控制阀的柱塞迅速上移到顶部，C制动器脱开。

N216电磁阀的电流由最大逐渐减小，所控空间的油压由0逐渐增加。电流为0时，所控空间的油压最大。

b)

图2-2-32 2档升3档时的局部油路图

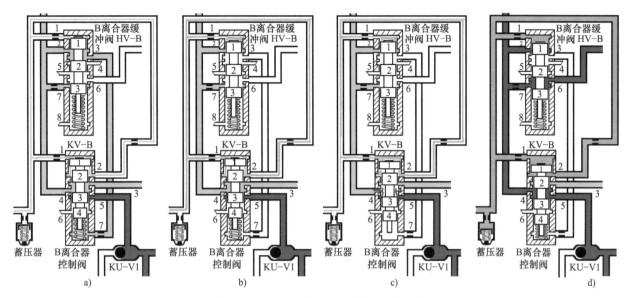

图 2-2-33　2 档升入 3 档的工作过程

变速杆置于 P 位时，带动多功能开关，使编码电路产生一个 1 0 0 0 代码给中央处理器（CPU），CPU 则使接在电子控制单元 ECU 输出电路上的电磁阀处于以下状态（参阅图 2-2-34）：

- D/E（D 制动器 /E 离合器）转换电磁阀 N88（常开型关开电磁阀阀）断电（OFF）
- D 制动器电磁阀 N218（压力与电流的关系为下降型）的电流最小，所控油压最大
- A 离合器电磁阀 N215（压力与电流的关系为上升型）的电流最小，所控油压为 0
- C 制动器电磁阀 N217（压力与电流的关系为上升型）的电流最小，所控油压为 0
- B 离合器电磁阀 N216（压力与电流的关系为下降型）的电流最大，所控油压为 0

由于 D 制动器供油由油泵直接到 D1 制动器控制阀的阀口 5。当 D/E 转换电磁阀 N88 断电（OFF），D/E 转换阀 2 的柱塞停于底部，阀口 4、3 相通。N218 的电流由大到最小，所控油压由小到最大，此油压控制着 D1 制动器缓冲阀、D1 制动器控制阀，D2 制动器缓冲阀、D2 制动器控制阀，从而使这 4 个阀的柱塞逐渐下移，主油压经 D1 制动器控制阀的阀口 5、4 给制动器 D 逐渐加压，D 制动器制动。背压口经 D2 制动器缓冲阀阀口 3、4 → D2 制动器控制阀阀口 4、5 泄压。

以上状态简化为图 2-2-34 上部的表格。

1 0 0 0 代码还指令 CPU 使 P 位指示灯点亮。

（二）N 位的初始设置

变速杆置于 N 位，带动手动阀停于 N 位，如图 2-2-35 中所示，手动阀的阀口 3 已进油，但被阀塞 1 和阀塞 2 隔断，它的出油口无油压，离合器 A、B、E 还有制动器 C 的供压油路被阻断，上述离合器和制动器都不可能接合。

电磁阀	开关电磁阀 (常开型) (OFF时泄油)	压力调节电磁阀(由脉宽调制器PWM控制其电流)						离合器			制动器	
		常开型:所控压力随电流增大而增大			常闭型:所控压力随电流大而号减小			A	B	E	C	D
选档杆	N88	N215(A离合器)	N217(C离合器)	N371(TTC锁止 离合器)	N216(B离合器)	N218(D制动器 E离合器)	N233(主油压)					
P位	OFF	电流最小 所控压力最小	电流最小	OFF	电流最大 所控压力最小	电流最小 所控压力最大	节气门开度为0时电流最 大。随节气门开度的增加， 电流逐渐减小，所控油压 随之增加，使主油压随之 增加					● ←看此项
R位	OFF	电流最小 所控压力最小	电流最小	OFF	电流最小 所控压力最大	电流最小 所控压力最大			●			●
N位	OFF	电流最小 所控压力最小	电流最小	OFF	电流最大 所控压力最小	电流最小 所控压力最大						●

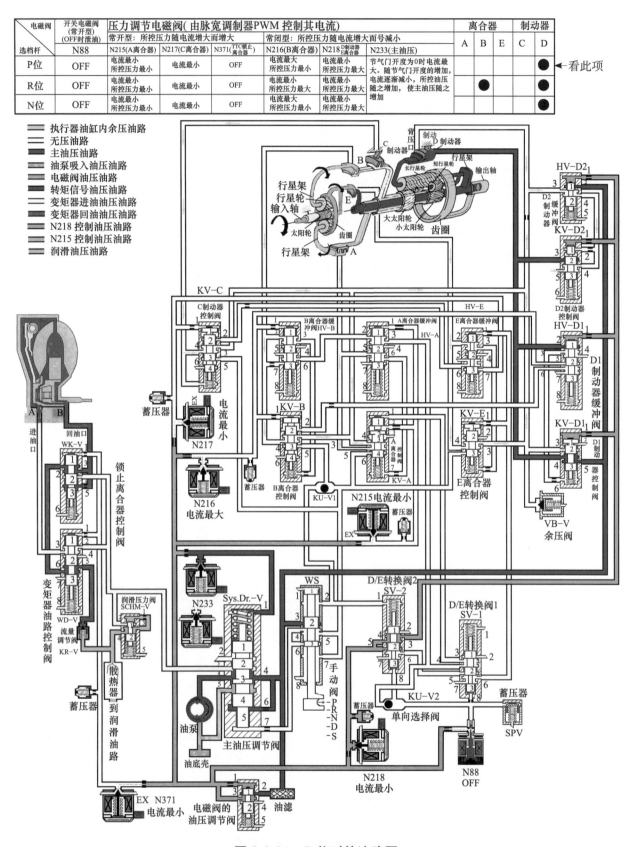

图 2-2-34　P 位时的油路图

电磁阀	开关电磁阀（常开型）（OFF时泄油）	压力调节电磁阀（由脉宽调制器PWM 控制其电流）						离合器			制动器	
		常开型：所控压力随电流增大而增大			常闭型：所控压力随电流增大而号减小			A	B	E	C	D
变速杆	N88	N215(A离合器)	N217(C离合器)	N371(TTC锁止离合器)	N216(B离合器)	N218(D制动器E离合器)	N233(主油压)					
P位	OFF	电流最小 所控压力最小	电流最小	OFF	电流最大 所控压力最小	电流最小 所控压力最大	节气门开度为0时电流最大。随节气门开度的增加，电流逐渐减小，所控油随之增加，使主油压随之增加					●
R位	OFF	电流最小 所控压力最小	电流最小	OFF	电流最小 所控压力最大	电流最小 所控压力最大			●			●
N位	OFF	电流最小 所控压力最小	电流最小	OFF	电流最大 所控压力最小	电流最小 所控压力最大						●

←看此项

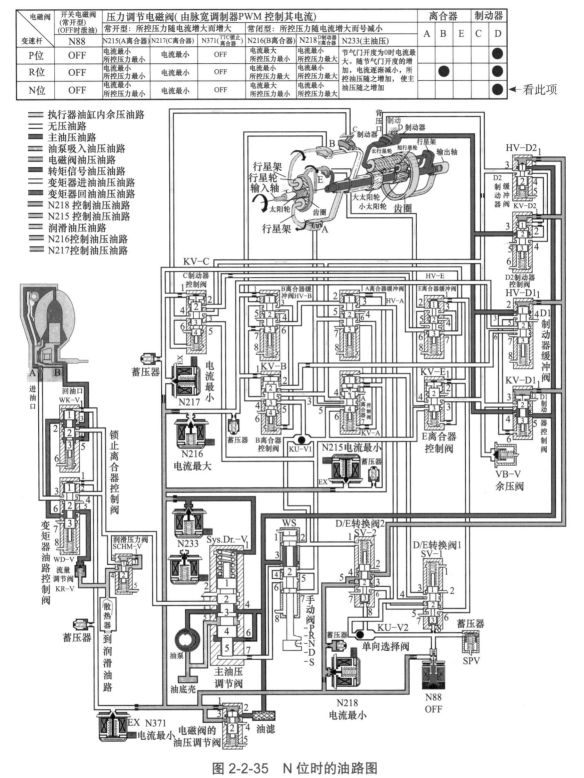

图 2-2-35　N 位时的油路图

变速杆置于 N 位，带动多功能开关，使编码电路产生一个 1 1 1 0 代码给中央处理器（CPU），CPU 则使接在 ECU 输出电路上的电磁阀状态与 P 位相同（参阅图 2-2-35），油路部分与 P 位相同，在此不再赘述。其状态简化为图 2-2-35 上部的表格。

1 1 1 0 代码还指令 CPU 使 N 位指示灯点亮。

（三）R位的初始设置

变速杆置于R位，带动手动阀停于R位，如图2-2-36中所示，手动阀的阀口3、2相通，为离合器B供压。阀口5无油压，阻断了离合器A和制动器C的供油油路。

电磁阀	开关电磁阀 （常开型） （OFF时泄油）	压力调节电磁阀（由脉宽调制器PWM控制其电流）						离合器			制动器	
		常开型：所控压力随电流增大而增大			常闭型：所控压力随电流增大而减小			A	B	E	C	D
变速杆	N88	N215(A离合器)	N217(C离合器)	N371(TTC锁止 离合器)	N216(B离合器)	N218D制动器 E离合器	N233(主油压)					
P位	OFF	电流最小 所控压力最小	电流最小	OFF	电流最大 所控压力最小	电流最大 所控压力最大	节气门开度为0时电流最 大。随着节气门开度的增加， 电流逐渐减小，所控油压 随之增加，使主油压随之 增加				●
R位	OFF	电流最小 所控压力最小	电流最小	OFF	电流最大 所控压力最小	电流最大 所控压力最大			●		●
N位	OFF	电流最小 所控压力最小	电流最小	OFF	电流最大 所控压力最小	电流最小 所控压力最大					●

← 看此项

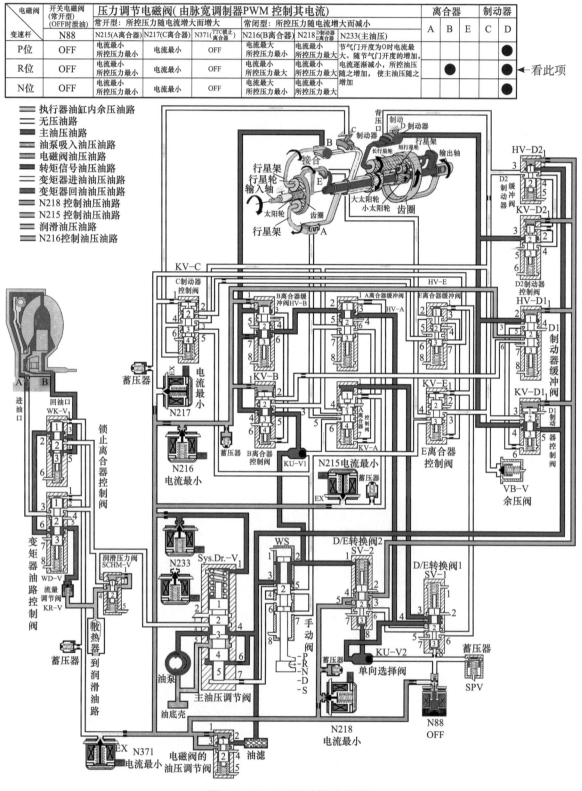

图2-2-36　R位时的油路图

变速杆置于 R 位，带动多功能开关，使编码电路产生一个 0 1 0 0 代码给中央处理器（CPU），CPU 则使接在 ECU 输出电路上的电磁阀处于以下状态（参阅图 2-2-36）：

- E 离合器 /D 制动器转换电磁阀 N88（常开型开关电磁阀阀）断电（OFF）
- D 制动器电磁阀 N218（压力与电流的关系为下降型）的电流最小，所控油压最大
- A 离合器电磁阀 N215（压力与电流的关系为上升型）的电流最小，所控油压为 0
- C 制动器电磁阀 N217（压力与电流的关系为上升型）的电流最小，所控油压为 0

以上 4 个电磁阀的状态与 P 位时相同。

B 离合器电磁阀 N216（压力与电流的关系为下降型）的电流最小，所控油压为最大。

由于 D 制动器电磁阀 N218 所控油压最大，D 制动器接合。

由于 B 离合器电磁阀 N216 所控油压由小逐渐到最大，此油压控制着 B 离合器缓冲阀、B 离合器控制阀，从而使这两个阀的柱塞缓缓下移，主油压经 B 离合器控制阀的阀口 5、4 给 B 离合器加压。此时主油压经 B 离合器缓冲阀阀口 7、6 沿着红色油路送往其他部位，为变速杆置于 D 位时做准备。

以上状态简化为图 2-2-36 上部的表格。

0 1 0 0 代码还指令 CPU 使 R 位指示灯点亮。

（四）D 位的初始设置

变速杆置于 D 位，带动手动阀停于 D 位，如图 2-2-37 中所示，手动阀油路的阀口 3、5 相通，为离合器 A 供油。

变速杆置于 D 位，带动多功能开关，使编码电路产生一个 1 0 1 1 代码给中央处理器（CPU），CPU 则使接在 ECU 输出电路上的电磁阀处于以下状态（参阅图 2-2-37）：

- E 离合器 /D 制动器转换电磁阀 N88 断电（OFF）
- D 制动器电磁阀 N218 的电流最小，所控油压最大
- A 离合器电磁阀 N215 的电流最大，所控油压为最大
- C 制动器电磁阀 N217 的电流最小，所控油压为 0
- B 离合器电磁阀 N216 的电流最大，所控油压为 0

由于 D 制动器电磁阀 N218 所控油压最大，D 制动器接合。

由于 A 离合器电磁阀 N215 的电流由 0 逐渐增至最大，所控油压由 0 逐渐增至最大，此油压加在 A 离合器缓冲阀的阀口 1、A 离合器控制阀的阀口 1，缓冲阀和控制阀的阀芯逐渐下移到底，主油压由油泵→手动阀阀口 3、5 → A 离合器控制阀的阀口 6、5 到 A 离合器活塞室，使离合器平稳接合。以上状态简化为图 2-2-37 上部的表格。

1 0 1 1 代码还指令 CPU 使 D1 位指示灯点亮。

此时变速比为 1 档，即 D 位 1 档。

变速杆	速比档	开关电磁阀(常开型)(OFF时泄油)	压力调节电磁阀(由脉宽调制器PWM控制其电流)						离合器			制动器	
			常开型:所控压力随电流增大而增大			常闭型:所控压力随电流增大而减小			A	B	E	C	D
		N88	N215(A离合器)	N217(C离合器)	N371(TTC锁止离合器)	N216(B离合器)	N218(D制动器E离合器)	N233(主油压)					
D位	1	OFF	电流最大 所控压力最大	电流最小	OFF	电流最大 所控压力最小	电流最小 所控压力最大	节气门开度为0时电流最大。随节气门开度的增加，电流逐渐减小，所控油压随之增加，使主油压随之增加	●	●			●
	2	OFF	电流最大 所控压力最大	电流最小	OFF	电流最大 所控压力最小	电流最大 所控压力最小		●			●	
	3	OFF	电流最大 所控压力最大	电流最小	ON	电流最大 所控压力最小	电流最大 所控压力最小		●	●			
	4	ON	电流最大 所控压力最大	电流最小	ON	电流最大 所控压力最小	电流最大 所控压力最小		●		●		
	5	ON	电流最小 所控压力最小	电流最小	ON	电流最大 所控压力最小	电流最大 所控压力最小				●	●	
	6	ON	电流最小 所控压力最小	电流最大	ON	电流最大 所控压力最小	电流最大 所控压力最小				●	●	

←看此项

上表所示状况为已进入所标示的档位。在变速杆由N位刚置入D位时，有一个暂短的换档过程，此过程通常以毫秒计算，在此过程中电磁阀N215的电流由小逐渐增大，泄油孔逐渐变小，设定空间的油压逐渐升高。

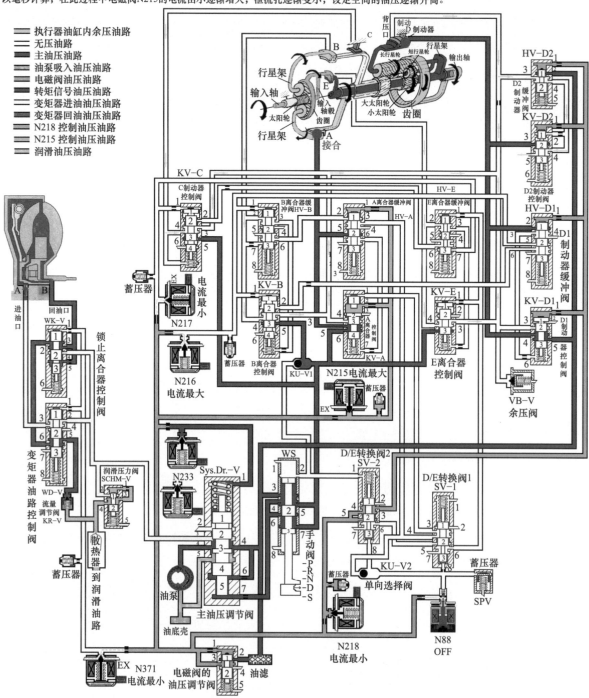

图 2-2-37　D 位（1 档）时的油路图

（五）S位的初始设置

变速杆置于S位，带动手动阀停于S位，如图2-2-38中所示，手动阀油路的阀口3、5相通（与D位相同），为离合器A供油。

电磁阀 变速杆 变速比档	开关电磁阀 （常开型） （OFF时泄油）	压力调节电磁阀（由脉宽调制器PWM控制其电流）						离合器			制动器	
		常开型：所控压力随电流增大而增大			常闭型：所控压力随电流增大而减小			A	B	E	C	D
	N88	N215(A离合器)	N217(C离合器)	N371(TTC锁止离合器)	N216(B离合器)	N218(D制动器)	N233(主油压)					
S位 1	OFF	电流最大 所控压力最大	电流最小	OFF	电流最大 所控压力最小	电流最大 所控压力最小	节气门开度为0时电流最大。随节气门开度的增加，电流逐渐减小，所控油压随之增加，使主油压随之增加	●				● ←看此项
2	OFF	电流最大 所控压力最大	电流最大	OFF	电流最大 所控压力最小	电流最大 所控压力最小		●			●	
3	OFF	电流最大 所控压力最大	电流最小	ON	电流最大 所控压力最大	电流最大 所控压力最小		●	●			
4	ON	电流最大 所控压力最大	电流最小	ON	电流最大 所控压力最大	电流最大 所控压力最小		●		●		
5	ON	电流最小 所控压力最小	电流最小	ON	电流最大 所控压力最大	电流最大 所控压力最小				●	●	
6	ON	电流最小 所控压力最小	电流最大	ON	电流最大 所控压力最小	电流最大 所控压力最大			●	●		

上表所示状况是已进入所标示的档位。在变速杆由N位刚置入D位时，有一个暂短的换档过程，此过程通常以毫秒计算，在此过程中电磁阀N215的电流由小逐渐增大，泄流孔逐渐变小，设定空间的油压逐渐升高。

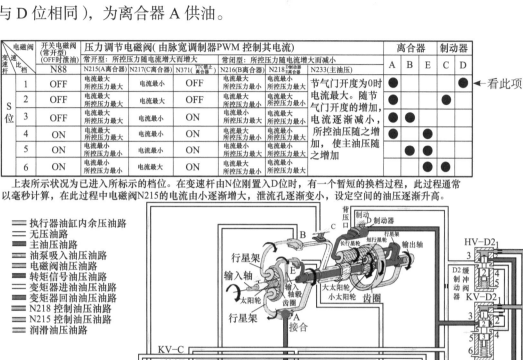

图 2-2-38　S位时的油路图

变速杆在 S 位时，编码为 0 1 1 1，指令 CPU 使 ECU 输出电路上电磁阀的状态与变速杆在 D 位时相同，档位指示灯上的 S 字亮。最大的不同就是调用的换档程序和数据不同。

两者的换档程序中都可实现 1、2、3、4、5、6 档之间自动变换，这是相同点。不同之处是：升档时刻，S 位时的节气门开度要比 D 位时大某个数值，这样，升档之后，而节气门开度大，供油多，加速度大，车速能更快地上升上去。

三、自动升档时液压控制系统的工作状态

D 位的初始设置，变速器则处于 1 档状态，如前面的图 2-2-37 所示。

（一）由 1 档升入 2 档

1 档时（图 2-2-37）：

- N88 断电，D/E 转换阀 1 和 D/E 转换阀 2 的柱塞都处于底部，E 离合器脱开（不工作）
- N218 电流最小，D 制动器接合（工作）
- N215 电流最大，A 离合器接合（工作）
- N217 电流最小，C 制动器脱开（不工作）
- N216 电流最大，B 离合器脱开（不工作）

车辆起步后，车速传感器和节气门位置传感器实时为电子控制单元 ECU 提供车速信号和节气门位置信号，处于 1 档状态下，车速信号和节气门位置信号数值符合 1 档升 2 档的条件时，ECU 使：

- N88 保持断电，D/E 转换阀 1 和 D/E 转换阀 2 的柱塞都仍处于底部，E 离合器脱开
- N218 电流由最小逐渐变到最大，所控油压由最大逐渐为 0，D 制动器由接合变为脱开
- N215 保持电流最大，所控油压最大，A 离合器仍接合
- N217 电流由最小逐渐增为最大，所控油压由 0 渐增为最大，C 制动器控制阀柱塞由顶部逐渐下移到底部，C 制动器接合
- N216 保持电流最大，所控油压保持为 0，B 制动器仍脱开

以上状态简化为图 2-2-39 中表格。

变速器升至 2 档，液压控制系统的工作状态如图 2-2-39 所示。

（二）由 2 档升入 3 档

车辆处于 2 档（图 2-2-39）状态下，当车速和节气门位置信号符合 2 档升入 3 档条件时，ECU 使：

- N 88 保持断电，E 离合器仍脱开
- N218 电流保持最大，所控油压为 0，D 制动器仍脱开
- N215 保持电流最大，所控油压保持最大，A 离合器仍接合
- N217 电流由最大逐渐减为最小，所控油压由最大渐减为 0，C 制动器控制阀柱塞由

底部逐渐上移到顶部，C 制动器由接合变为脱开

· N216 电流由最大逐渐减为最小，所控油压渐增为最大，B 离合器缓冲阀、B 离合器控制阀的柱塞由顶部逐渐下移到底部，B 离合器由脱开变为接合

电磁阀 变速 杆	速比 档	开关电磁阀 （常开型） （OFF时泄油） N88	压力调节电磁阀（由脉宽调制器PWM 控制其电流）						离合器			制动器	
			常开型：所控压力随电流增大而增大			常闭型：所控压力随电流增大而减小			A	B	E	C	D
			N215(A离合器)	N217(C离合器)	N371(TTC锁止E离合器)	N216(B离合器)	N218(D制动器E离合器)	N233(主油压)					
D位	1	OFF	电流最大 所控压力最大	电流最小 所控压力最小	OFF	电流最大 所控压力最小	电流最小 所控压力最小	节气门开度为0时电流最大。随节气门开度的增加，电流逐渐减小，所控油压随之增加，使主油压随之增加	●				●
	2	OFF	电流最大 所控压力最大	电流最小 所控压力最小	OFF	电流最大 所控压力最小	电流最小 所控压力最小		●			●	
	3	OFF	电流最大 所控压力最大	电流最小 所控压力最小	ON	电流最小 所控压力最大	电流最大 所控压力最小		●	●			
	4	ON	电流最大 所控压力最大	电流最小 所控压力最小	ON	电流最小 所控压力最大	电流最大 所控压力最小		●		●		
	5	ON	电流最小 所控压力最小	电流最小 所控压力最小	ON	电流最小 所控压力最大	电流最大 所控压力最小			●	●		
	6	ON	电流最小 所控压力最小	电流最大 所控压力最大	ON	电流最大 所控压力最小	电流最小 所控压力最大			●		●	

←看此项

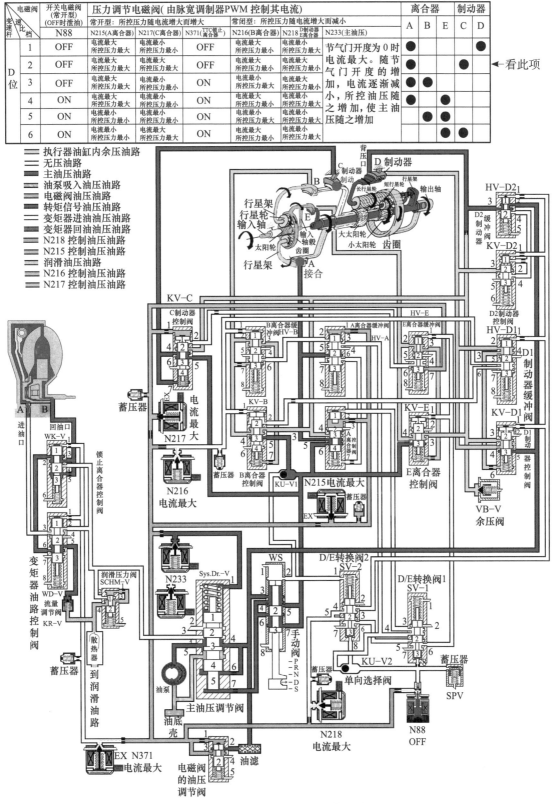

图 2-2-39　D 位 2 档时的油路

以上状态简化为图 2-2-40 中表格。

变速器升至 3 档，液压控制系统的工作状态如图 2-2-40 所示。

电磁阀 变速杆 速比档	开关电磁阀（常闭型）(ON时泄油) N88	压力调节电磁阀（由脉宽调制器PWM控制其电流） 常开型：所控压力随电流增大而增大 N215(A离合器)	N217(C离合器)	N317(TTC锁止离合器)	常闭型：所控压力随电流增大而减小 N216(B离合器)	N218(D制动器E离合器)	N233(主油压)	离合器 A	B	E	制动器 C	D
D位 1	ON	电流最大 所控压力最大	电流最小 所控压力最小	OFF	电流最小 所控压力最小	电流最大 所控压力最大	节气门开度为0时电流最大。随节气门开度的增加，电流逐渐减小，所控油压随之增加，使主油压随之增加	●				●
2	ON	电流最大 所控压力最大	电流最大 所控压力最大	OFF	电流最小 所控压力最小	电流最大 所控压力最大		●			●	
3	ON	电流最大 所控压力最大	电流最小 所控压力最小	ON	电流最小 所控压力最小	电流最大 所控压力最大		●	●			
4	OFF	电流最大 所控压力最大	电流最大 所控压力最大	ON	电流最大 所控压力最大	电流最小 所控压力最小			●		●	
5	OFF	电流最小 所控压力最小	电流最大 所控压力最大	ON	电流最大 所控压力最大	电流最大 所控压力最大			●	●		
6	OFF	电流最小 所控压力最小	电流最大 所控压力最大	ON	电流最小 所控压力最小	电流最大 所控压力最大				●		●

←看此项

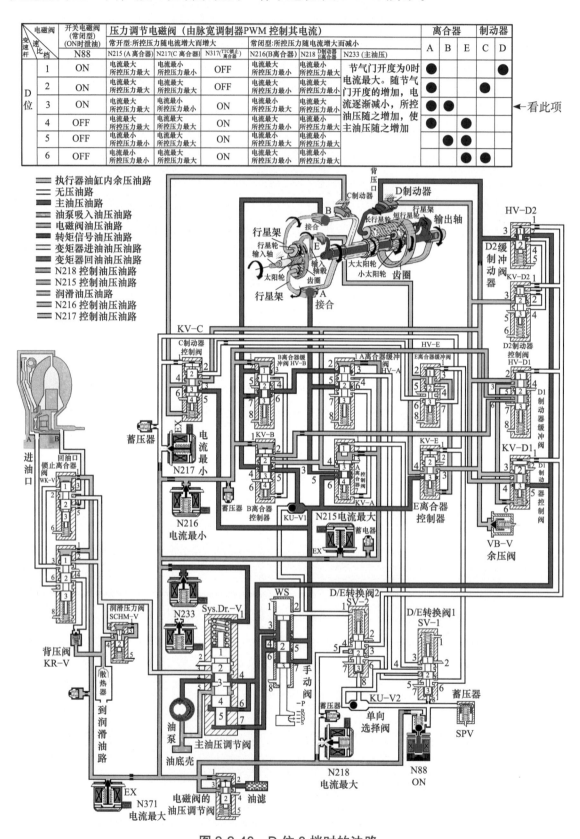

图 2-2-40　D 位 3 档时的油路

（三）由 3 档升入 4 档

车辆处于 3 档（图 2-2-40）状态下，当车速和节气门位置信号符合 3 档升入 4 档条件时，ECU 使：

• N88 由断电变为通电，所控油压变为最大，D/E 转换阀 1 和 D/E 转换阀 2 的柱塞都由底部上移，E 离合器控制油路与 N218 所控油路相通，D 制动器控制油路与泄油口相通，D 制动器保持脱开

• N218 电流由最大逐渐减到最小，所控油压由最小增到最大，E 离合器缓冲阀、E 离合器控制阀的柱塞缓缓下移到底，E 离合器接合

• N215 保持电流最大，所控油压保持最大，A 离合器仍接合

• N217 电流保持最小，所控油压保持为 0，C 制动器仍脱开

• N216 电流由最小逐渐变为最大，所控油压渐减为 0，B 离合器缓冲阀、B 离合器控制阀的柱塞由底部逐渐上移到顶部，B 离合器脱开

以上状态简化为图 2-2-41 中表格。

变速器升至 4 档，液压控制系统的工作状态如图 2-2-41 所示。

（四）由 4 档升入 5 档

车辆处于 4 档（图 2-2-41）状态下，当车速和节气门位置信号符合 4 档升入 5 档条件时，ECU 使：

• N88 保持通电，E 离合器控制油路、D 制动器控制油路未变，D 制动器保持脱开

• N218 电流保持最小，所控油压保持最大，E 离合器保持接合

• N215 电流由最大逐渐变为最小，所控油压由最大渐减为 0，A 离合器缓冲阀、A 离合器控制阀的柱塞上移到顶部，A 离合器由接合变为脱开

• N217 电流保持最小，C 制动器控制阀柱塞仍在顶部，C 制动器仍脱开

• N216 电流由最大逐渐减为最小，所控油压由 0 渐增为最大，B 离合器缓冲阀、B 离合器控制阀的柱塞由顶部逐渐下移到底部，主油压向 B 离合器供油，B 离合器接合。此油压还传到 D/E 转换阀的底部，但其状态未变

以上状态简化为图 2-2-42 中表格。

变速器升至 5 档，液压控制系统的工作状态如图 2-2-42 所示。

（五）由 5 档升入 6 档

车辆处于 5 档（图 2-2-42）状态下，当车速和节气门位置信号符合 5 档升入 6 档条件时，ECU 使：

• N88 保持通电，E 离合器控制油路、D 制动器控制油路未变，D 制动器保持脱开

• N218 电流保持最小，所控油压保持最大，E 离合器保持接合

• N215 电流保持最小，所控油压保持为 0，A 离合器缓冲阀、A 离合器控制阀的柱塞保持在顶部，A 离合器保持脱开

• N217 电流由最小渐增为最大，所控油压保由 0 渐增为最大，C 制动器控制阀柱塞由顶部下移，C 制动器由脱开变为接合

电磁阀 速比 挡 速档	开关电磁阀 (常开型) (OFF时泄油)	压力调节电磁阀（由脉宽调制器PWM 控制其电流）						离合器			制动器	
		常开型:所控压力随电流增大而增大			常闭型:所控压力随电流增大而减小			A	B	E	C	D
	N88	N215 (A 离合器)	N217(C 离合器)	N317(TTC锁止 离合器)	N216(B离合器)	N218（D制动器 E离合器）	N233 (主油压)					
D 位	1 OFF	电流最大 所控压力最大	电流最小 所控压力最小	OFF	电流最大 所控压力最大	电流最小 所控压力最小	节气门开度为0时电流最大。随节气门开度的增加，电流逐渐减小，所控油压随之增加，使主油压随之增加	●				●
	2 OFF	电流最大 所控压力最大	电流最小 所控压力最小	OFF	电流最大 所控压力最大	电流最小 所控压力最小			●		●	
	3 OFF	电流最大 所控压力最大	电流最小 所控压力最小	ON	电流最大 所控压力最大	电流最大 所控压力最大			●	●		
	4 ON	电流最大 所控压力最大	电流最小 所控压力最小	ON	电流最大 所控压力最大	电流最大 所控压力最大				●	●	
	5 ON	电流最小 所控压力最小	电流最大 所控压力最大	ON	电流最大 所控压力最大	电流最大 所控压力最大				●	●	
	6 ON	电流最小 所控压力最小	电流最大 所控压力最大	ON	电流最大 所控压力最小	电流最大 所控压力最大			●		●	

←看此项

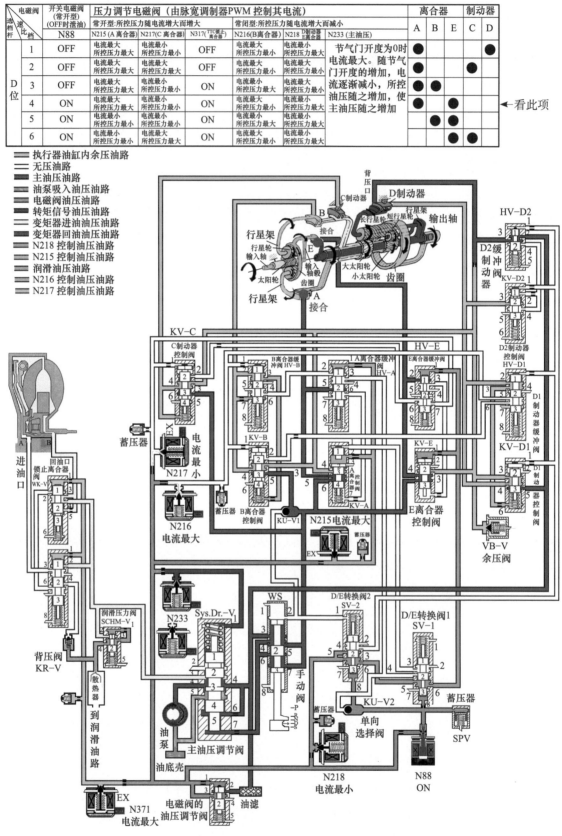

图 2-2-41　D 位 4 档时的油路

- N216 电流由最小逐渐增为最大，所控油压由最大渐减为 0，B 离合器缓冲阀、B 离合器控制阀的柱塞由底部逐渐上移到顶部，B 离合器由接合变为脱开

电磁阀 变速杆 速比档	开关电磁阀 （常开型） （OFF时泄油） N88	压力调节电磁阀（由脉宽调制器PWM 控制其电流）						离合器			制动器	
		常开型：所控压力随电流增大而增大			常闭型：所控压力随电流增大而减小		N233（主油压）	A	B	E	C	D
		N215（A 离合器）	N217（C 离合器）	N317（TTC修正离合器）	N216（B离合器）	N218（D制动器E离合器）						
D 位 1	OFF	电流最大 所控压力最大	电流最小 所控压力最小	OFF	电流最大 所控压力最小	电流最小 所控压力最大	节气门开度为0时电流最大。随节气门开度的增加，电流逐渐减小，所控油随之增加，使主油压随之增加	●				●
2	OFF	电流最大 所控压力最大	电流最大 所控压力最大	OFF	电流最大 所控压力最小	电流最小 所控压力最大		●			●	
3	OFF	电流最小 所控压力最小	电流最小 所控压力最小	ON	电流最小 所控压力最大	电流最大 所控压力最小		●	●			
4	ON	电流最大 所控压力最大	电流最小 所控压力最小	ON	电流最大 所控压力最小	电流最小 所控压力最大			●	●		
5	ON	电流最小 所控压力最小	电流最小 所控压力最小	ON	电流最大 所控压力最小	电流最大 所控压力最大			●		●	
6	ON	电流最小 所控压力最小	电流最大 所控压力最大	ON	电流最大 所控压力最小	电流最大 所控压力最大				●		●

←看此项

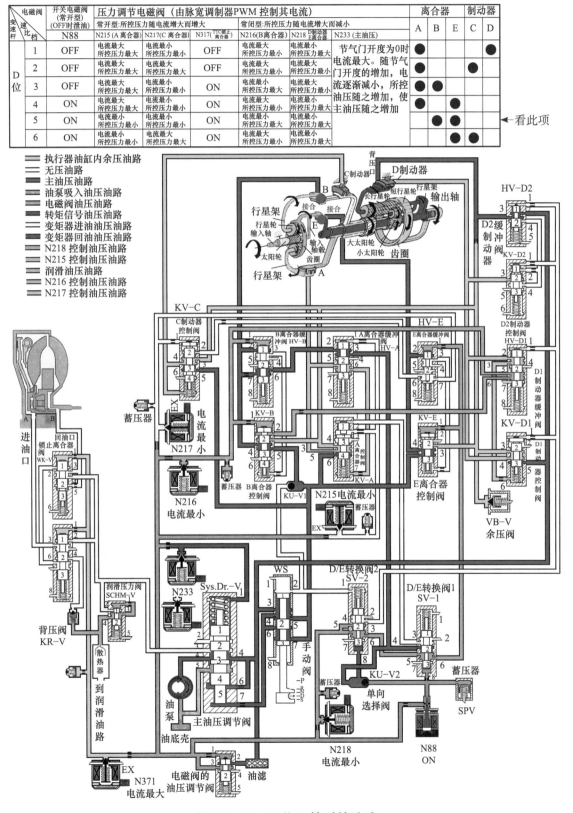

图 2-2-42　D 位 5 档时的油路

以上状态简化为图 2-2-43 中表格。

变速器升至 6 档，液压控制系统的工作状态如图 2-2-43 所示。

电磁阀\变速杆\速比档	开关电磁阀（常开型）（OFF时泄油）N88	压力调节电磁阀（由脉宽调制器PWM 控制其电流）						离合器			制动器	
		常开型：所控压力随电流增大而增大			常闭型：所控压力随电流增大而减小			A	B	E	C	D
		N215 (A 离合器)	N217(C 离合器)	N317(TTC锁止离合器)	N216(B离合器)	N218 D制动器 E离合器	N233 (主油压)					
D位 1	OFF	电流最大 所控压力最大	电流最小 所控压力最小	OFF	电流最小 所控压力最大	电流最大 所控压力最小	节气门开度为0时	●				●
2	OFF	电流最大 所控压力最大	电流最小 所控压力最大	OFF	电流最小 所控压力最大	电流最大 所控压力最小	电流最大。随节气 门开度的增加，电	●			●	
3	OFF	电流最大 所控压力最大	电流最小 所控压力最小	ON	电流最小 所控压力最大	电流最大 所控压力最小	流逐渐减小，所控 油压随之增加，使	●	●			
4	ON	电流最大 所控压力最小	电流最小 所控压力最大	ON	电流最大 所控压力最小	电流最小 所控压力最大	主油压随之增加	●		●		
5	ON	电流最小 所控压力最小	电流最小 所控压力最大	ON	电流最小 所控压力最大	电流最小 所控压力最大			●	●		
6	ON	电流最小 所控压力最小	电流最小 所控压力最大	ON	电流最小 所控压力最大	电流最小 所控压力最大				●		●

←看此项

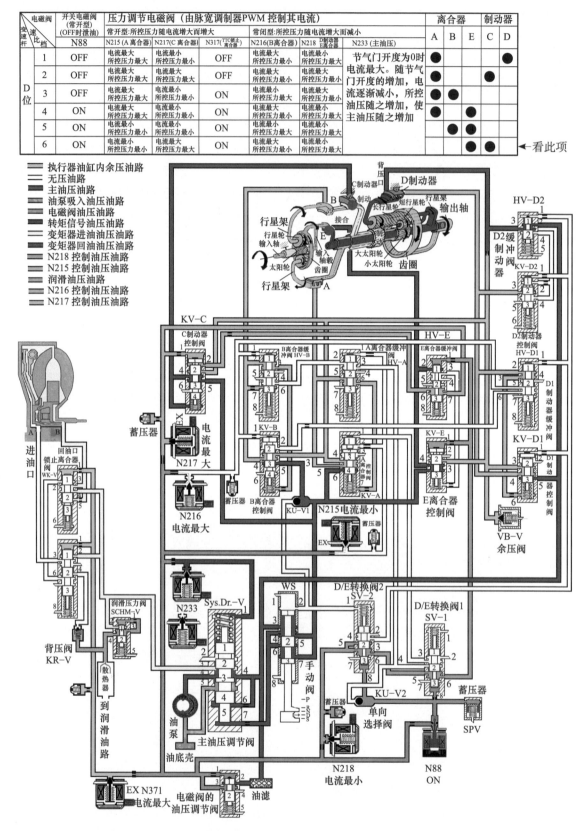

图 2-2-43　D 位 6 档时的油路

延伸阅读　ZF 6HP 26 A61 液压模块与电子控制模块简介

ZF 6HP 26 A61 液压模块与电子控制模块结合成一体，构成一个机电一体化的部件，其外形如图 2-2-44 所示。

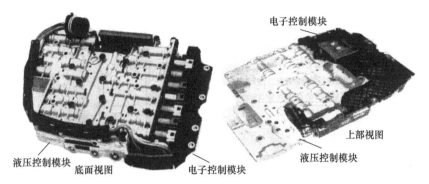

图 2-2-44　机电一体化部件外形图

机电一体化部件的结构如图 2-2-45 所示。

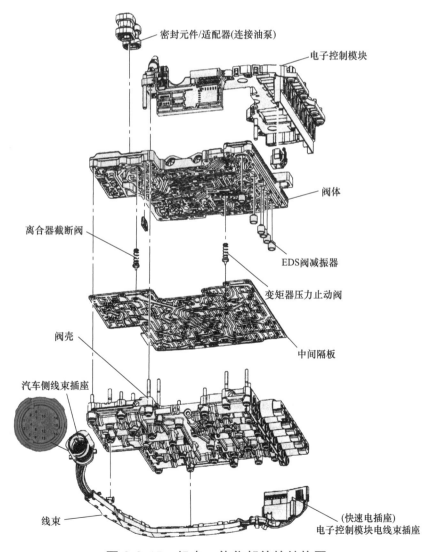

图 2-2-45　机电一体化部件的结构图

机电一体化部件的电子部件如图 2-2-46 所示。

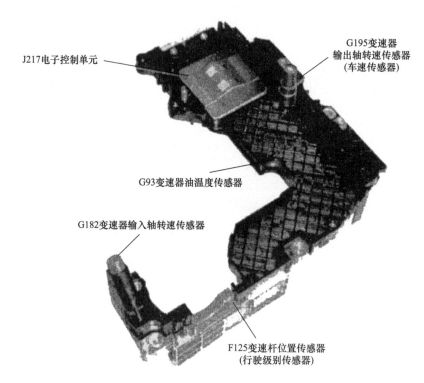

J217电子控制单元

G195变速器
输出轴转速传感器
(车速传感器)

G93变速器油温度传感器

G182变速器输入轴转速传感器

F125变速杆位置传感器
(行驶级别传感器)

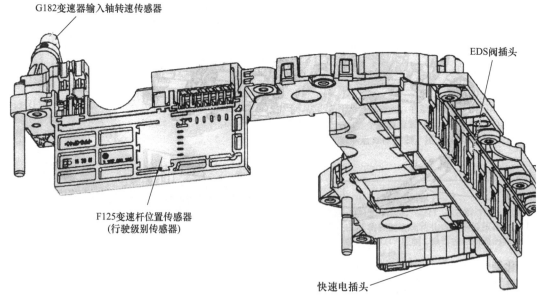

G182变速器输入轴转速传感器

EDS阀插头

F125变速杆位置传感器
(行驶级别传感器)

快速电插头

图 2-2-46　机电一体化部件的电子部件

主阀体分解图如图 2-2-47 所示。

上阀体分解图如图 2-2-48 所示。

参考的油路图如图 2-2-49 所示。

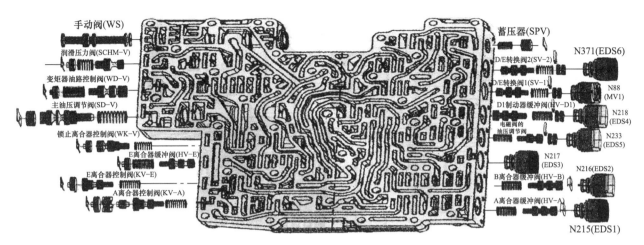

图 2-2-47　主阀体分解图

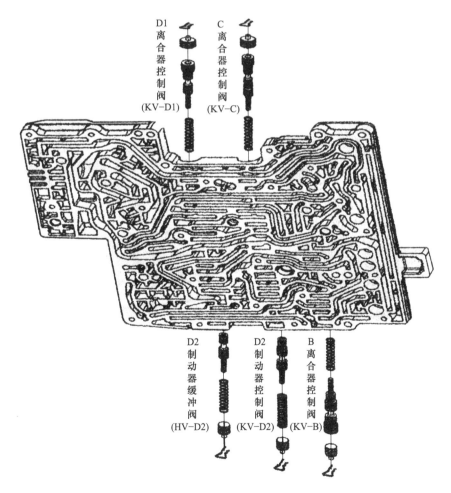

图 2-2-48　上阀体分解图

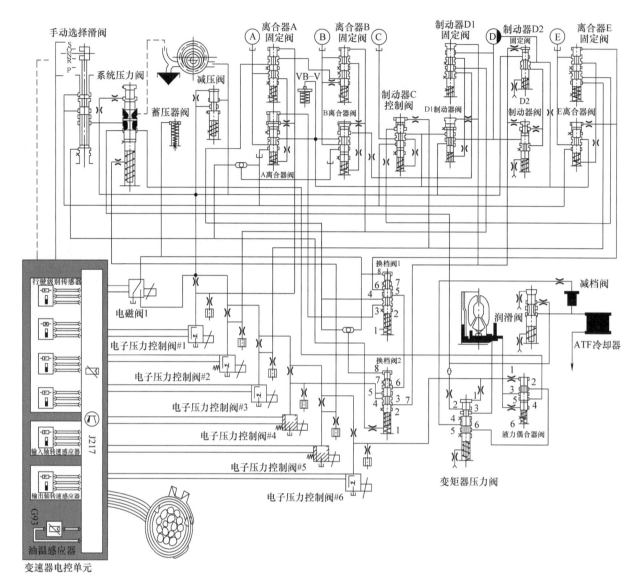

图 2-2-49　参考的油路图

第三节　ZF 6HP 26 A61 自动变速器电子控制系统原理电路和工作原理

ZF 6HP 26 A61 电子控制系统是以电子控制模块为核心的，再加上各种传感器形成的输入信号电路和几个执行器的输出电路所构成，其结构与液压控制模块结合成一体，构成一个机电一体化的部件。

一、电子控制系统原理电路

电子控制系统的原理电路如图 2-3-1 所示。

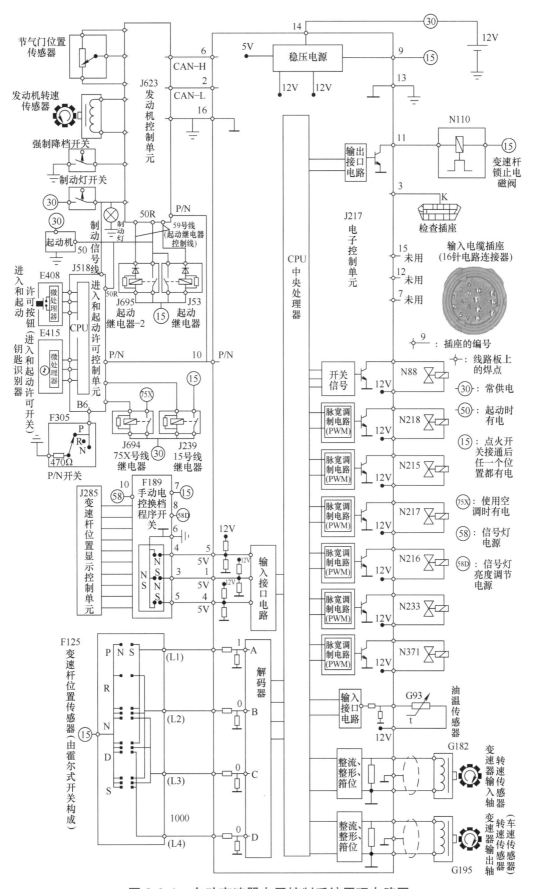

图 2-3-1　自动变速器电子控制系统原理电路图

二、电子控制单元简介

电子控制单元（ECU）俗称电脑，中央处理器（CPU）和各种存储器存储着相关的程序和数据，输入接口电路把输入信号变换成相应的数码，送往中央处理器（CPU）；输出接口电路利用 CPU 的运算结果对外部执行器实施控制。电子控制单元 ECU 用一个 16 针的电路连接器与外电路相连接，图 2-3-1 显示的是奥迪 A6（发动机为 3.2L）的自动变速器电子控制系统原理电路。

稳压电源内有稳压滤波电路，它将输入的 12~14V 直流电压变换成稳定的 5V 电压，给各种集成电路供电；稳定的 12V 供接口电路和输出电路使用。为了确保 ECU 的操作系统总是处于待命状态，设置了一条常供电电路，直接接在蓄电池的正负极；其他的供电电路由点火开关控制。

（一）输入信号电路（参阅图 2-3-1）

1. 节气门位置信号电路

节气门位置（开度）反映了发动机的负荷（输出转矩）。节气门位置传感器是一个线性电位器，接在发动机电子控制单元 J623 上，两端电压为 5V，活动电刷由节气门轴带动，其输出电压则随节气门的开度而变化，此电压代表了节气门位置，称为节气门位置信号电压，节气门位置信号代表了发动机的负荷。踩下加速踏板的速度，影响着输出电压的变化率，因而输出电压的变化率代表了发动机负荷的变化率。此信号电压既供发动机电子控制单元使用，又经控制器区域网（CAN）的数据线送到自动变速器电子控制单元的 6、2 号端子。ECU 利用此信号：

① 参与换档时刻的运算，确定换档点。

② 控制变速器的主油压。

③ 在换档过程中发动机 ECU 使点火提前角推迟，帮助实现平顺换档。

此传感器损坏时，变速器则不能工作。

2. 发动机转速信号电路

发动机转速传感器是电磁感应式传感器，其定子安装在发动机的壳体上，转子是安装在发动机输出轴上的铁磁质齿圈，发动机转动时，传感器定子线圈中的磁通不停地变化，线圈两端产生交流电压信号，此交流电压既供发动机电子控制单元使用，又经控制器区域网（CAN）的数据线送到自动变速器电子控制单元的 6、2 号端子，其频率代表发动机转速的数字信号。与变速器输入轴转速信号做比较，可以实时提供变矩器的传动比，还可以提供变矩器离合器的打滑量。

此传感器损坏时，发动机不能起动。

3. 强制降档信号电路

由加速踏板控制的一个常开型电路开关，连接在发动机 ECU 的一个端子上，将加速踏板踩到底时开关接通，该端子变为低电平，当车速在 50~60km/h 时，变速器 ECU 立即改变三个换档电磁阀的工作状态，使变速比降一档，以增加输出转矩。如果车速大于 100~120km/h，变速器 ECU 不实施降档。

此传感器损坏时，变速器不进入紧急运行状态。

4. 变矩器离合器解锁信号电路

变矩器离合器（Torque Converter Clutch，TCC）处于锁止状态下，传动比为 1，如果实施制动，阻力矩较大，会引起发动机熄火，因而借用制动灯控制电路中的开关产生一个开关信号，在制动时，如果变矩器离合器处于锁止状态，使处于锁止（接合）状态下的变矩器离合器立即解锁。制动灯电路连接在发动机 ECU 的一个端子上，不实施制动时，该端子为低电平，实施制动时，变为高电平，此信号经 CAN 的数据线送到变速器 ECU 的 6、2 号端子。变速器 ECU 立即使电磁阀 N371 断电，变矩器离合器解锁（脱开）。

5. 变速杆解锁信号电路（参阅图 2-3-1）

在驻车状态下，变速杆置于 P 位，为了防止在发动机起动后变速杆由 P 位移到 D 位时车辆发生移动，踩下制动踏板时，这个制动信号就使变速器 ECU 的 11 号端子接通变速杆锁止电磁阀，使变速杆解锁，变速杆可以从 P 位移动。

此传感（制动灯开关）损坏时，变速杆被锁止。

6. 发动机起动许可信号电路（参阅图 2-3-1）

制动灯控制电路还连接在进入和起动许可控制单元 J518 的一个端子上，踩下制动踏板时，该端子变为高电平；变速杆置于 P 位，P/N 开关接通，端子电平的变化告知 ECU 汽车处于驻车状态；插入本车钥匙，钥匙识别器 E415 确认，按一下进入和起动许可按钮 E408，发动机即可起动。即 J518 使 15 号线继电器、75X 号线继电器吸合，15、75X 端子供电；使 P/N 端子给发动机 ECU 一个端子送达变速杆处于 P 位的信号，ECU 使 59 号线接通，起动继电器吸合，起动机 50 号端子有电，发动机起动，起动完成后，由 50R 端子的电压信号反馈给发动机控制单元 J623，J623 使起动继电器 J695 和 J53 自动断电。

起动继电器的触点控制着起动机内电磁开关的线圈，它是个电感性电路，J695、J53 其中的一个，接通时先接通几毫秒，断开时晚断开几毫秒，接通、断开时产生的火花就只在此触点上，而另一个触点就不会产生火花，从而确保触点的接触电阻长期保持最小，减小了故障率，延长了继电器的使用期限。

7. 变速器输出轴转速（车速）信号电路

变速器输出轴转速（Output Shaft Speed，OSS）传感器，代号 G195，它也是电磁感应式传感器，其定子安装在机电 - 液压一体化部件的壳体上，转子是安装在变速器输出轴上的铁磁质齿圈，变速器输出轴转动时，铁磁质齿圈使传感器定子线圈中的磁通不停地变化，线圈两端产生交流电压信号，此交流电压送到变速器 ECU 端子，经输入接口电路整流、整形、嵌位后，其频率转换成代表车速的数字信号。ECU 利用此信号参与换档时刻的运算。

此传感器又叫车速传感器（Vehicle Speed Sensor，VSS），其输出信号的频率可以转换成代表车速的数字信号。

此传感器损坏时，变矩器中的离合器永远不会锁止，但变速器不进入紧急运行状态。

8. 输入轴转速信号电路

输入轴转速（Input Shaft Speed，ISS）G182 传感器也是电磁感应式传感器，其转子齿圈与驱动齿轮同轴，其定子安装在机电 - 液压一体化部件的壳体上，转子齿圈转动时，定子线圈产生交流信号电压，此交流信号电压的频率与变速器输入轴的转速成正比。此交流电压送到变速器 ECU 的端子，经输入接口电路整流、整形、嵌位后，其频率转换成代表输入轴转速的数字信号。

变速器 ECU 利用此信号与输出轴转速信号做比较，可以实时提供齿轮传动机构的传动比，判断该机构的工作状态。与发动机转速信号做比较，可以实时提供变矩器的传动比，还可以提供变矩器离合器的打滑量。

此传感器损坏时，变速器进入紧急运行状态。

9. 变速器油温度信号电路

变速器油温度（Transmission Fluid Temperature，TFT）传感器 G93 是一个负温度系数的热敏电阻，安装在机电一体化部件的框架上，测量变速器油的温度，与 ECU 的一个端子相接，参阅图 2-3-1 右下侧电路，该端子的电压随油温变化，此电压经输入接口电路将模拟量转换成数字量，供 CPU 选用。此信号参与换档，可以影响换档过程的时间长短。变速器油温度小于 150℃属于正常范围，在此范围内，温度低，换档过程所需时间长；温度高，换档过程所需时间短。温度大于 150℃时，ECU 使变矩器中的离合器锁止以降低油温，如果油温仍不降低，ECU 则使变速器降档，促使油温下降。

此传感器损坏时，变速器不进入紧急运行状态。

10. 变速杆位置信号电路

（1）变速杆位置信号电路的组成

变速杆位置信号电路由一组霍尔元件构成一个电路模块，另有一个可移动的条形永磁磁铁，其结构如图 2-3-2 所示，图中 F125 变速杆位置传感器就装在机电一体化部件的框架（图 2-3-2 中的 6）上，将 F125 从框架上一移出来，图 2-3-2 中 1 是它正面，2 是它的另一面，4 是磁条壳体，5 是磁条。将磁条壳体放置在 2 的导槽内就形成了图 2-3-2 中的 3，磁条与多功能开关的传动钢索相连接，带动磁条在霍尔开关电路导槽内移动，磁条位置，对应的霍尔开关导通，其原理电路图如图 2-3-3 所示。

（2）编码电路

变速杆位置信号电路与电脑中的解码器相连接，就构成了编码电路，如图 2-3-3 所示。端子的（L1）、（L2）、（L3）、（L4）标示则为编码的 1 位数、2 位数、3 位数、4 位数。

1）当变速杆在 P 位置，如图 2-3-3a，磁条所在位置的霍尔开关导通，（L1）为 12V，

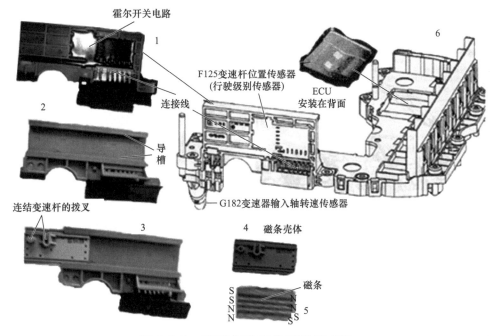

图 2-3-2　变速杆位置传感器组成图

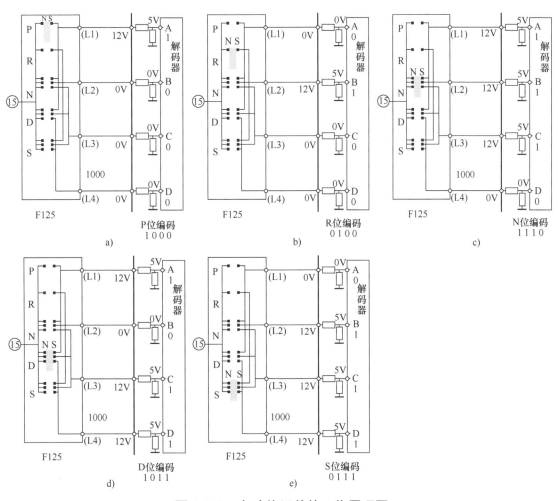

图 2-3-3　多功能开关的工作原理图

A 位电压为 5V，其二进制数码为 1。其他霍尔开关都未导通，（L2）、（L3）、（L4）为 0V，B 位、C 位、D 位电压为 0V，其二进制数码为 0。P 位的编码则为 1 0 0 0。

2）当变速杆在 R 位置，如图 2-3-3b。可以得出 R 位的编码为 0 1 0 0。

3）当变速杆在 N 位置，如图 2-3-3c。可以得出 N 位的编码为 1 1 1 0。

4）当变速杆在 D 位置，如图 2-3-3d。可以得出 D 位的编码为 1 0 1 1。

5）当变速杆在 S 位置，如图 2-3-3e。可以得出 S 位的编码为 0 1 1 1。

编码数值列表见表 2-3-1。

表 2-3-1　编码数值列表

变速杆位置	编码			
	A 位	B 位	C 位	D 位
P	1	0	0	0
R	0	1	0	0
N	1	1	1	0
D	1	0	1	1
S	0	1	1	1
非上述组合均为无效				

每个编码经解码器解码后，就是给中央处理器 CPU 的指令：

1）变速杆在 P 位时，编码为 1 0 0 0，指令 CPU 使接在 ECU 输出电路上的电磁阀处于以下状态（参阅图 2-3-3）：

- D/E（D 制动器 /E 离合器）转换电磁阀 N88（常开型电磁开关阀）断电（OFF）
- D 制动器电磁阀 N218 的电流最小，所控油压最大
- A 离合器电磁阀 N215 的电流最小，所控油压为 0
- C 制动器电磁阀 N217 的电流最小，所控油压为 0
- B 离合器电磁阀 N216 的电流最大，所控油压为 0

1 0 0 0 代码还指令 CPU 使 P 位指示灯点亮。

2）变速杆在 R 位时，编码为 0 1 0 0，指令 CPU 使 ECU 输出电路上的电磁阀处于以下状态（参阅图 2-3-3）：

- D/E（D 制动器 /E 离合器）转换电磁阀 N88 断电（OFF）
- D 制动器电磁阀 N218 的电流最小，所控油压最大
- A 离合器电磁阀 N215 的电流最小，所控油压为 0
- C 制动器电磁阀 N217 的电流最小，所控油压为 0

以上 4 个电磁阀的状态与 P 位时相同。

B 离合器电磁阀 N216 的电流最小，所控油压为最大。

0 1 0 0 代码还指令 CPU 使 R 位指示灯点亮。

3）变速杆在 N 位时，编码为 1 1 1 0，指令 CPU 使 ECU 输出电路上的电磁阀状态与 P 位相同（参阅图 2-3-3）。

1 1 1 0 代码还指令 CPU 使档位指示灯 N 字亮。

4）变速杆在 D 位时，编码为 1 0 1 1，指令 CPU 使接在 ECU 输出电路上的电磁阀处于以下状态（参阅图 2-3-3）：

- D/E 转换电磁阀 N88 断电（OFF）
- D 制动器电磁阀 N218 的电流最小，所控油压最大
- A 离合器电磁阀 N215 的电流最大，所控油压为最大（与 P 位不同）
- C 制动器电磁阀 N217 的电流最小，所控油压为 0
- B 离合器电磁阀 N216 的电流最大，所控油压为 0

1 0 1 1 代码还指令 CPU 使档位指示灯 D 字亮。

在上述条件下，CPU 根据车辆的实时运行状态，结合车速信号和节气门位置信号，经综合运算后，启用换档程序，实施升档或降档。在此换档程序中档位可以实现在 1 档至 6 档之间变换。

5）变速杆在 S 位时，编码为 0 1 1 1，指令 CPU 使 ECU 输出电路上电磁阀的状态与变速杆在 D 位时相同，但档位指示灯则是 S 字亮。主要的不同是它的换档程序不同。后文将详细讨论。

（二）输出控制电路

输出控制电路包括 ECU 内部的输出接口电路和外部的受控设备，这些都在本章第二节已讲述，不再重复。

三、电子控制系统工作过程

（一）变速杆置于 D 位置

1）变速杆置于 D 位时，编码为 1 0 1 1，指令 CPU 使接在 ECU 输出电路上的电磁阀处于以下状态：

N88 断电，N218 电流最小，N215 电流最大，N217 电流最小，N216 电流最大。

液压控制系统使 A 离合器接合，D 制动器制动，自动变速器处于 1 档，车辆可以向前行驶。

2）在 1 档的状态下，车速不断增加，当车速信号与节气门位置信号达到相应数值时，CPU 将传感器输入的信号与相关程序和数据进行综合运算后，符合 1 档升入 2 档的条件，则使输出电路上的电磁阀状态变为：

N88（保持）断电，N218 电流（变为）最大，N215 电流（保持）最大，N217 电流（变为）最大，N216 电流（保持）最大。

液压控制系统使 A 离合器接合，C 制动器制动，自动变速器升入 2 档。

3）在 2 档的状态下，车速增加（或节气门减小），当车速信号与节气门位置信号达到相应数值时，CPU 将传感器输入的信号与相关程序和数据进行综合运算后，符合 2 档升入 3 档的条件，则使输出电路上的电磁阀状态变为：

N88（保持）断电，N218 电流（保持）最大，N215 电流（保持）最大，N217 电流（变为）最小、N216 电流（变为）最小。

液压控制系统使 A 离合器接合，B 离合器接合，自动变速器升入 3 档。

4）在 3 档的状态下，车速增加（或节气门减小），当车速信号与节气门位置信号达到相应数值时，CPU 将传感器输入的信号与相关程序和数据进行综合运算后，符合 3 档升入 4 档的条件，则使输出电路上的电磁阀状态变为：

N88（变为）通电，N218 电流（变为）最小，N215 电流（保持）最大，N217 电流（保持）最小、N216 电流（变为）最大。

液压控制系统使 A 离合器接合，E 离合器接合，自动变速器升入 4 档。

5）在 4 档的状态下，车速增加（或节气门减小），当车速信号与节气门位置信号达到相应数值时，CPU 将传感器输入的信号与相关程序和数据进行综合运算后，符合 4 档升入 5 档的条件，则使输出电路上的电磁阀状态变为：

N88（保持）通电，N218 电流（保持）最小，N215 电流（变为）最小，N217 电流（保持）最小，N216 电流（变为）最小。

液压控制系统使 B 离合器接合，E 离合器接合，自动变速器升入 5 档。

6）在 5 档的状态下，车速增加（或节气门减小），当车速信号与节气门位置信号达到相应数值时，CPU 将传感器输入的信号与相关程序和数据进行综合运算后，符合 5 档升入 6 档的条件，则使输出电路上的电磁阀状态变为：

N88（保持）通电，N218 电流（保持）最小，N215 电流（保持）最小，N217 电流（变为）最大，N216 电流（变为）最大。

液压控制系统使 C 离合器接合，E 离合器接合，自动变速器升入 6 档，使车辆快速行驶。

以上是以自动升档为例，下边以 3 档降 2 档为例讲述降档的过程。

如果在 3 档的状态下行驶，车速减小，当车速信号与节气门位置信号达到相应数值时，CPU 将传感器输入的信号与相关程序和数据进行综合运算后，符合 3 档降 2 档的条件，则使输出电路上的电磁阀由：

N88 断电，N218 电流最大，N215 电流最大，N217 电流最小，N216 电流最小。

转换为：

N88 断电，N218 电流最大，N215 电流最大，N217 电流最大，N216 电流最大。

自动变速器由 3 档降至 2 档。

总之，变速器可以在 1、2、3、4、5、6 档之间自动变换。

在 2 档（或 3、4、5 档）以上的条件下，节气门位置和车速达到设定值，车辆匀速行驶时间达到设定值，CPU 则使 N371 电磁阀的电流由小逐渐增大，控制相关油路将变矩器锁止离合器接合，变矩器传动比为 1。在实施制动时，CPU 就使 N371 电磁阀断电，变矩器锁止离合器处于脱开状态。

（二）变速杆置于 S（Sports：运动型）位置

变速杆在 S 位时，编码为 0 1 1 1，指令 CPU 使 ECU 输出电路上电磁阀的状态与变速杆在 D 位时相同，档位指示灯则是 S 字亮。与 D 位不同的是调用的换档程序和数据不同。

两者的换档程序中都可实现 1、2、3、4、5、6 档之间自动变换，这是相同点。不同之处是：升档时刻，S 位时的节气门开度要比 D 位时大一定数值，这样，升档之后，由于节气门开度大，供油多，加速度大，车速能更快地上升。

（三）自动换档（改变转速比）转换为手动换档模式（Tiptronic 模式）

变速杆在 D 位，从 1 档起步行驶，ECU 的 CPU 将车速、节气门位置传感器输入的信号与相关程序和数据进行综合运算后，符合升档条件，则改变输出电路上的电磁阀状态，以实现升档或降档。这是自动换档模式。

5 个电磁阀状态的不同组合对应着变速器所处的档位（变速比），对应关系如下：

• N88 断电、N218 电流最小、N215 电流最大、N217 电流最小、N216 电流最大。自动变速器处于 1 档。

• N88 断电、N218 电流最大、N215 电流最大、N217 电流最大、N216 电流最大。自动变速器处于 2 档。

• N88 断电、N218 电流最大、N215 电流最大、N217 电流最小、N216 电流最小。自动变速器处于 3 档。

• N88 通电、N218 电流最小、N215 电流最大、N217 电流最小、N216 电流最大。自动变速器处于 4 档。

• N88 通电、N218 电流最小、N215 电流最小、N217 电流最小、N216 电流最小。自动变速器处于 5 档。

• N88 通电、N218 电流最小、N215 电流最小、N217 电流最大、N216 电流最大。自动变速器处于 6 档。

由自动换档模式转换为手动换档模式操作

首先是将变速杆由 D 位向右放置，接通自动/手动识别开关，就是人工指令停止使用"CPU 将车速、节气门位置传感器输入的信号与相关程序和数据进行综合运算后，确定输出电路上的电磁阀状态"这一套程序和数据，并使输出电路上电磁阀的状态保持在变速杆换位当时的状态。

然后是在上述基础上，由人工指令CPU改变输出电路上电磁阀的状态组合，升一档或降一档，其工作原理用图2-3-4讲述。

　　图2-3-4a的印制电路板上有霍尔元件，鱼鳞板上有磁铁，图2-3-4b是自动/手动开关和升、降档按钮的位置，图2-3-4c是磁铁的位置。变速杆从D位右移而停在右侧，则压住自动/手动识别开关，经传动部件使识别磁铁接近其霍尔元件，电路导通，如图2-3-4e。变速杆向前压一下而后自动弹回，则压缩升档按钮，升档磁铁接近其霍尔元件，电路导通，弹回后磁铁亦回位，电路又断开。同理，变速杆向后压，其所控电路也接通一下又断开。

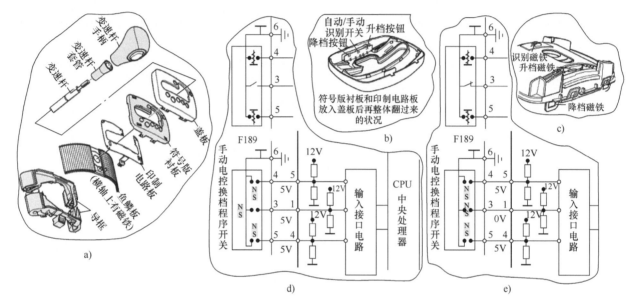

图2-3-4　自动换档转换为手动换档模式（Tiptronic模式）基本结构和基本工作原理

　　图2-3-4d是变速杆在D位，识别磁铁远离其所控的霍尔元件，ECU的1号端子为高电平（5V），ECU处于自动换档工作工作状态。图2-3-4e是变速杆从D位右移而停于在右侧，识别磁铁接近其所控的霍尔元件，1号端子变为低电平（0V），ECU则变为手动换档工作工作状态，并保持当时的变速比。在此状态下，变速杆向前压一下而后回位，升档磁铁接近其霍尔元件一下而返回，该电路接通又断开，5号端子由5V→0V，再由0V→5V，触发一次，CPU使输出电路电磁阀的状态按序改变并保持改变后的状态。

　　在崎岖山路就可以使用手动换档模式。

延伸阅读　霍尔开关电路介绍

1. 霍尔效应

　　当电流通过一个位于磁场中的导体时，磁场会对导体中的电子产生一个垂直于电子运动方向上的作用力，从而在导体的两侧产生一个电动势E_H，如图2-3-5所示。这是1879年美国物理学家E.H.

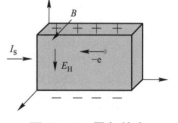

图2-3-5　霍尔效应

霍尔发现的，通称霍尔效应。

2. 霍尔开关电路

随着科学技术的发展，利用霍尔效应制成了多种传感器，霍尔开关电路则是其中的一种。本变速器电路中的霍尔开关电路是设置在印制电路板上的，其电路原理示意图如图 2-3-6 所示。

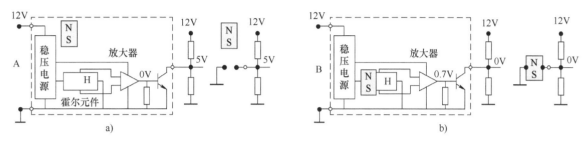

图 2-3-6　霍尔开关电路原理示意图

当磁铁远离霍尔元件时，如图 2-3-6a，霍尔元件不在磁场中，不产生霍尔电动势，放大器输出为 0V，开关晶体管的基极电压为 0V，开关晶体管截止，分压电路的分压点电压为 5V。右侧为其符号图。当磁铁覆盖霍尔元件时，如图 2-3-6b，霍尔元件处于磁场中，产生霍尔电动势，放大器输出为 0.7V，开关晶体管的基极电压为 0.7V，开关晶体管饱和导通，分压电路的分压点电压为 0V。

以上是对应自动／手动换档模式中的霍尔开关电路，下面是对应编码电路中的霍尔电路，其电路原理示意图如图 2-3-7 所示。

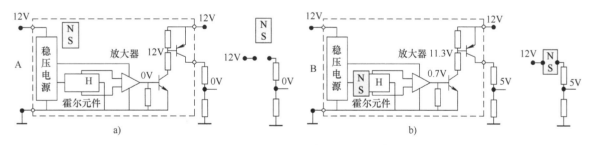

图 2-3-7　霍尔编码电路原理示意图

当磁铁远离霍尔元件时，如图 2-3-7a，霍尔元件不在磁场中，不产生霍尔电动势，放大器输出为 0V，NPN 开关晶体管的基极电压为 0V，此开关晶体管截止，其集电极电路无电流。即 PNP 开关晶体管的基极电路无电流，其基极电压为 12V，发射结无电压，电路的分压点电压为 0V。当磁铁覆盖霍尔元件时，如图 2-3-7b，霍尔元件处于磁场中，产生霍尔电动势，放大器输出为 0.7V，NPN 开关晶体管的基极电压为 0.7V，开关晶体管饱和导通，其集电极电路有电流，即 PNP 开关管的基极电路有电流，上电阻产生 0.7V 电压降，基极电压为 11.3V，PNP 管饱和导通，电路的分压点电压为 5V。

第四节　ZF 6HP 26 A61 自动变速器液压油路的故障分析与排除

一、紧急运行状态

多功能开关、变速器输出转速传感器 G195、制动灯开关、7 个电磁阀中任意一个，以上这四部分的部件内部或外部电路出现损坏时，ECU 会使 7 个电磁阀都处于断电状态。这种状态通称为紧急运行状态。

此状态表现在油路上的现象是：变速杆在 D 时，节气门在任何位置主油压都为最大值，变速比为 3 档。变速杆在 P、R、N 位时，节气门在任何位置，主油压都为最大值，而其功能未变。参见图 2-4-1。

此故障处理的办法就是用专用检测仪器 VAG1552 或 VAG1553 查找出故障，然后排除。具体操作方法，按照检测仪器的说明书进行，本文从略。

现将此故障时的油路分析如下。

（一）紧急运行状态时 D 位的油路分析

将图 2-4-1 所示的紧急运行状态时 D 位的油路，与图 2-4-2 所示的正常状态时 D 位 3 档的油路对比，紧急运行状态时电磁阀 N233 的电流始终为 0，加在主油压调节阀阀口 1 的转矩信号油压最大而不变，所以主油压保持为最大值而与节气门位置无关。

N371 电磁阀是控制变矩器锁止离合器的，与变速比无关。

图 2-4-1 中电磁阀 N215、N218 电流为 0，可以使 A 离合器接合，D 制动器不接合。图 2-4-2 中电磁阀 N215、N218 电流最大，也可以使 A 离合器接合，D 制动器不接合。

图 2-4-1 和图 2-4-2 两个图中 N216 电流都为 0，以使 B 离合器接合。N217 电流都为 0，以使 E 离合器脱开。

两者都是 A、B 两个离合器接合，变速比就相同，所以说紧急运行状态下变速杆在 D 位，其变速比处于 3 档。

（二）紧急运行状态时 R 位的油路分析

将图 2-4-3 所示的紧急运行状态时 R 位的油路，与图 2-4-4 所示的正常状态时 R 位的油路对比，N233 电流为 0，说明主油压保持为最大值而与节气门位置无关。

另外 6 个电磁阀的状态两者相同，都是断电，所以仍可实施倒车，但由于主油压最高，实施倒车时有冲击感。

（三）紧急运行状态时 P 位的油路分析

将图 2-4-5 所示的紧急运行状态时 P 位的油路，与图 2-4-6 所示的正常状态时 P 位的油路对比，电磁阀 N233 的电流始终为 0，说明主油压保持为最大值而与节气门位置无关。

图 2-4-5 中电磁阀 N216 电磁阀电流为 0，控制油路的油压最大，但 B 离合器控制阀中无主油压，B 离合器仍为脱开状态。

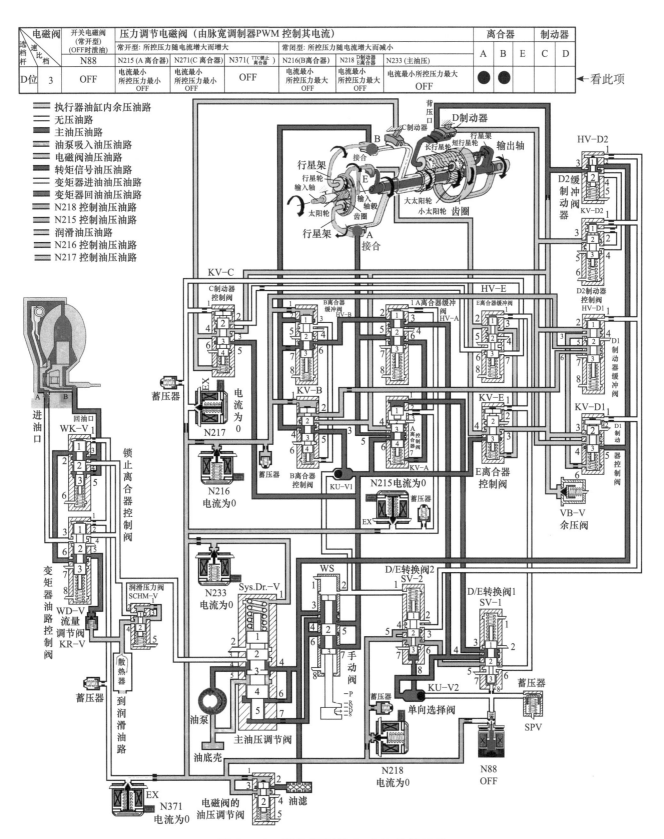

电磁阀	开关电磁阀 (常开型) (OFF时泄油)	压力调节电磁阀（由脉宽调制器PWM 控制其电流）						离合器			制动器	
选档杆 速比档		常开型：所控压力随电流增大而增大			常闭型：所控压力随电流增大而减小			A	B	E	C	D
	N88	N215 (A 离合器)	N271(C 离合器)	N371(TTC锁止 离合器)	N216(B离合器)	N218 D制动器 E离合器	N233 (主油压)					
D位 3	OFF	电流最小 所控压力最小 OFF	电流最小 所控压力最小 OFF	OFF	电流最小 所控压力最小 OFF	电流最小 所控压力最大 OFF	电流最小所控压力最大 OFF	●	●				← 看此项

图 2-4-1　紧急运行状态时 D 位的油路

电磁阀 / 变速杆位	速比档	开关电磁阀（常开型）（OFF时泄油）	压力调节电磁阀（由脉宽调制器PWM 控制其电流）						离合器			制动器	
		N88	常开型：所控压力随电流增大而增大			常闭型：所控压力随电流增大而减小			A	B	E	C	D
			N215 (A 离合器)	N217(C 离合器)	N371(TTC锁止离合器)	N216(B离合器)	N218 D制动器E离合器	N233 (主油压)					
D位	1	OFF	电流最大 所控压力最大	电流最小 所控压力最小	OFF	电流最小 所控压力最小	电流最大 所控压力最大	节气门开度为 0 时电流最大。随节气门开度的增加，电流逐渐减小，所控油压随之增加，使主油压随之增加	●				●
	2	OFF	电流最大 所控压力最大	电流最小 所控压力最小	OFF	电流最小 所控压力最小	电流最大 所控压力最大		●			●	
	3	OFF	电流最大 所控压力最大	电流最小 所控压力最小	ON	电流最小 所控压力最小	电流最大 所控压力最大		●	●				←看此项
	4	ON	电流最大 所控压力最大	电流最小 所控压力最小	ON	电流最大 所控压力最大	电流最大 所控压力最大		●			●	
	5	ON	电流最小 所控压力最小	电流最小 所控压力最小	ON	电流最大 所控压力最大	电流最大 所控压力最大			●	●		
	6	ON	电流最小 所控压力最小	电流最大 所控压力最大	ON	电流最大 所控压力最小	电流最大 所控压力最大				●		●

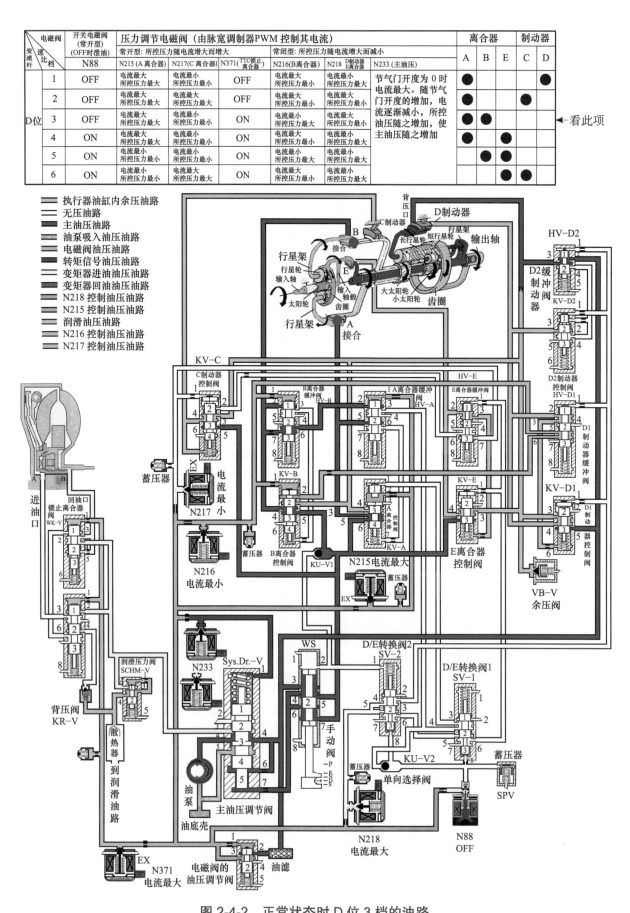

图 2-4-2　正常状态时 D 位 3 档的油路

电磁阀		开关电磁阀(常开型)(OFF时泄油)	压力调节电磁阀（由脉宽调制器PWM 控制其电流）						离合器			制动器	
			常开型: 所控压力随电流增大而增大			常闭型: 所控压力随电流增大而减小							
变速杆	速比档	N88	N215 (A 离合器)	N217(C 离合器)	N371(TTC锁止离合器)	N216(B离合器)	N218 D制动器 D离合器	N233 (主油压)	A	B	E	C	D
D位	3	OFF	电流最小所控压力最小OFF	电流最小所控压力最小OFF	OFF	电流最小所控压力最小OFF	电流最小所控压力最大OFF	电流最小所控压力最大OFF	●	●			
R位		OFF	电流最小所控压力最小OFF	电流最小所控压力最小OFF	OFF	电流最小所控压力最大OFF	电流最小所控压力最大OFF	电流最小所控压力最大OFF		●			●

←看此项

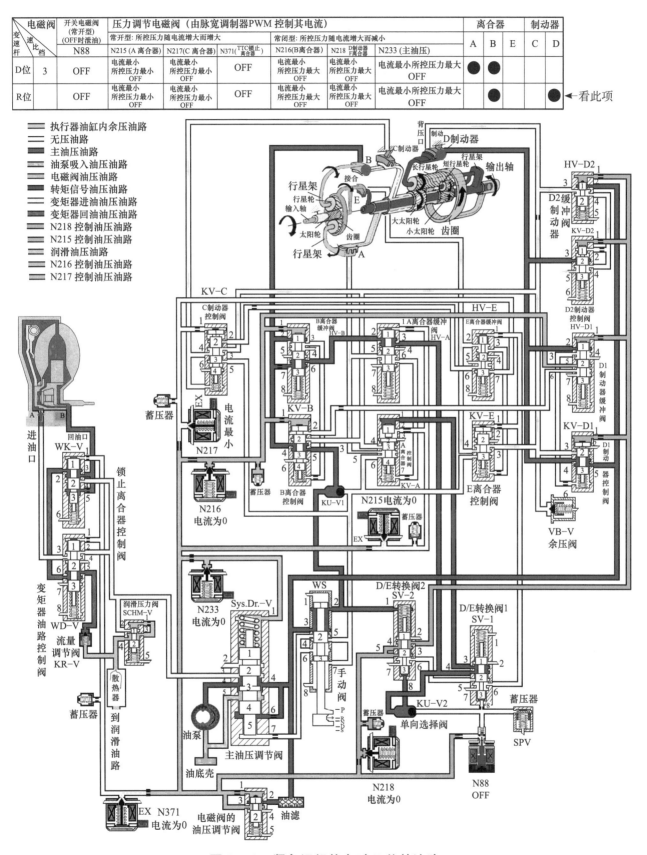

图 2-4-3　紧急运行状态时 R 位的油路

电磁阀	开关电磁阀 （常开型） （OFF时泄油）	压力调节电磁阀（由脉宽调制器PWM 控制其电流）						离合器			制动器	
		常开型：所控压力随电流增大而增大			常闭型：所控压力随电流增大而减小							
变速杆	N88	N215 (A 离合器)	N217(C 离合器)	N371(TTC锁止 离合器)	N216(B离合器)	N218 D制动器 E离合器	N233 (主油压)	A	B	E	C	D
P位	OFF	电流最小 所控压力最小	电流最小	OFF	电流最大 所控压力最小	电流最小 所控压力最大	节气门开度为0时电流 最大。随着气门开度 的增加，电流逐渐减 小，所控油压随之增 加，使主油压随之增加					●
R位	OFF	电流最小 所控压力最小	电流最小	OFF	电流最小 所控压力最大	电流最小 所控压力最大			●			●	←看此项
N位	OFF	电流最小 所控压力最小	电流最小	OFF	电流最大 所控压力最小	电流最小 所控压力最大						●

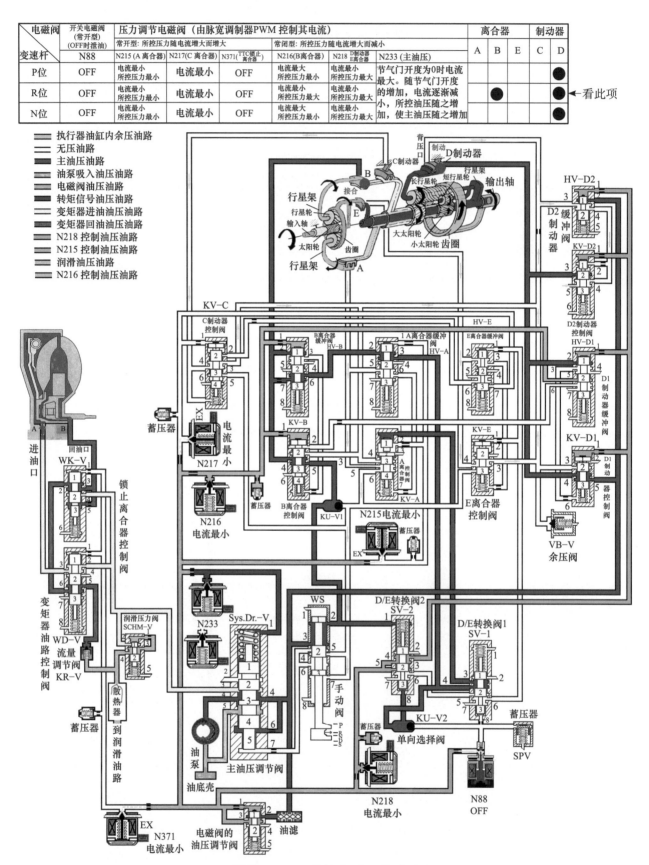

图 2-4-4　正常状态时 R 位油路

选档杆	速比档	开关电磁阀（常开型）(OFF时泄油)	压力调节电磁阀（由脉宽调制器PWM 控制其电流）						离合器			制动器	
			常开型: 所控压力随电流增大而增大			常闭型: 所控压力随电流增大而减小							
电磁阀		N88	N215 (A 离合器)	N271(C 离合器)	N371(TTC锁止离合器)	N216(B离合器)	N218(D制动器E离合器)	N233 (主油压)	A	B	E	C	D
D位	3	OFF	电流最小 所控压力最小 OFF	电流最小 所控压力最小 OFF	OFF	电流最小 所控压力最大 OFF	电流最小 所控压力最大 OFF	电流最小所控压力最大 OFF	●	●			
P位		OFF	电流最小 所控压力最小 OFF	电流最小 所控压力最小 OFF	OFF	电流最小 所控压力最大 OFF	电流最小 所控压力最大 OFF	电流最小所控压力最大 OFF					● |←看此项

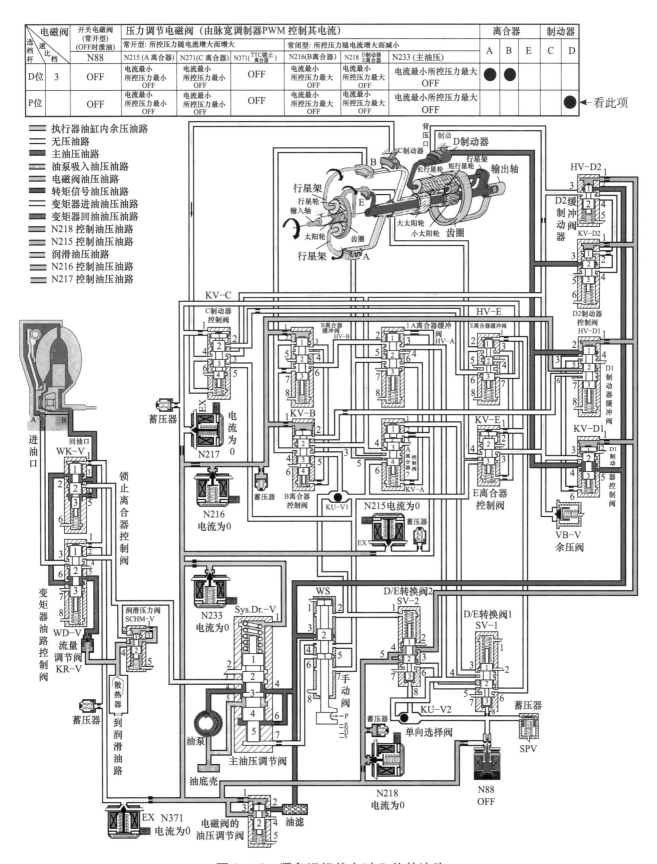

图 2-4-5　紧急运行状态时 P 位的油路

电磁阀	开关电磁阀 (常开型) (OFF时泄油)	压力调节电磁阀（由脉宽调制器PWM 控制其电流）						离合器				制动器	
		常开型:所控压力随电流增大而增大			常闭型:所控压力随电流增大而减小			A	B	E		C	D
变速杆	N88	N215 (A 离合器)	N217(C 离合器)	N371(TTC锁止离合器)	N216(B离合器)	N218(D制动器E离合器)	N233 (主油压)						
P位	OFF	电流最小 所控压力最小	电流最小	OFF	电流最大 所控压力最小	电流最小 所控压力最大	节气门开度为0时电流 最大。随节气门开度的 增加，电流逐渐减小， 所控油压随之增加，使 主油压随之增加						● ← 看此项
R位	OFF	电流最小 所控压力最小	电流最小	OFF	电流最小 所控压力最大	电流最小 所控压力最大		●					●
N位	OFF	电流最小 所控压力最小	电流最小	OFF	电流最大 所控压力最小	电流最小 所控压力最大							●

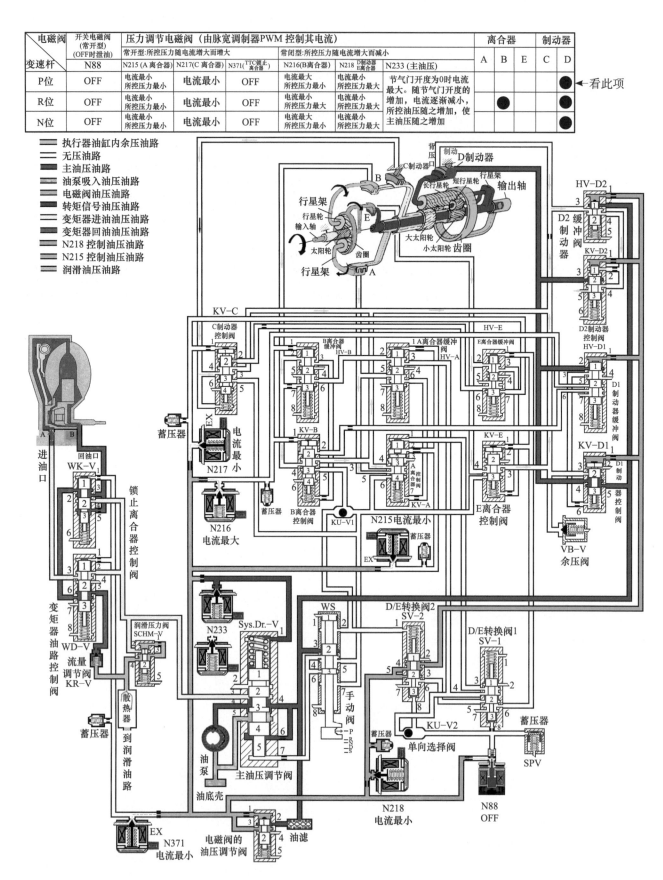

执行器油缸内余压油路
无压油路
主油压油路
油泵吸入油压油路
电磁阀油压油路
转矩信号油压油路
变矩器进油油路
变矩器回油油路
N218 控制油压油路
N215 控制油压油路
润滑油压油路

图 2-4-6　正常状态时 P 位的油路

130

（四）紧急运行状态时 N 位的油路分析

将图 2-4-7 所示的紧急运行状态时 N 位的油路，与图 2-4-8 所示的正常状态时 N 位的油路对比，与 P 位时结果相同。

电磁阀 选档杆 速比档	开关电磁阀（常开型）(OFF时泄油) N88	压力调节电磁阀（由脉宽调制器PWM 控制其电流）						离合器			制动器	
		常开型：所控压力随电流增大而增大			常闭型：所控压力随电流增大而减小			A	B	E	C	D
		N215(A 离合器)	N217(C 离合器)	N371(TTC锁止离合器)	N216(B离合器)	N218 D制动器E离合器	N233 (主油压)					
D位 3	OFF	电流最小 所控压力最小 OFF	电流最小 所控压力最小 OFF	OFF	电流最小 所控压力最大 OFF	电流最小 所控压力最大 OFF	电流最小所控压力最大	●	●			
N位	OFF	电流最小 所控压力最小 OFF	电流最小 所控压力最小 OFF	OFF	电流最小 所控压力最大 OFF	电流最小 所控压力最大 OFF	电流最小所控压力最大 OFF					● ←看此项

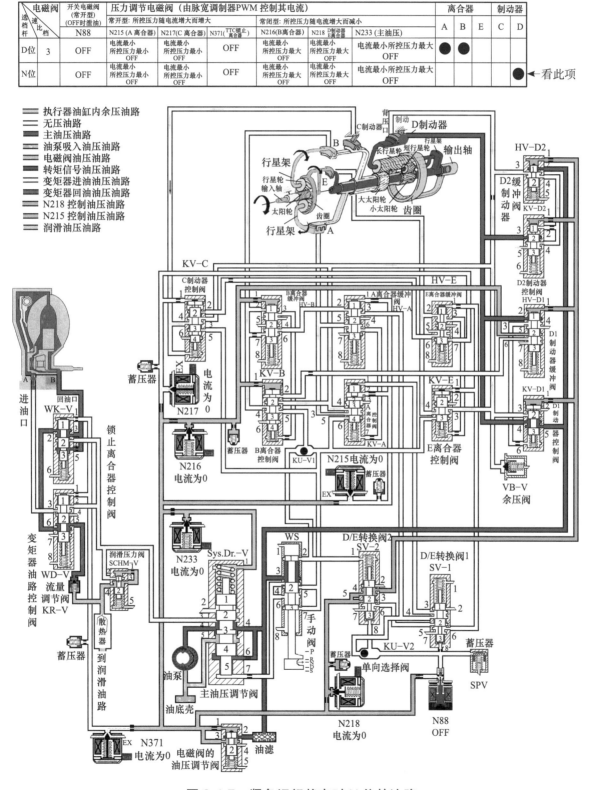

图 2-4-7　紧急运行状态时 N 位的油路

电磁阀	开关电磁阀(常开型)(OFF时泄油)	压力调节电磁阀（由脉宽调制器PWM 控制其电流）						离合器			制动器	
		常开型：所控压力随电流增大而增大			常闭型：所控压力随电流增大而减小							
变速杆	N88	N215 (A 离合器)	N271(C 离合器)	N317(TTC锁止离合器)	N216(B离合器)	N218 D制动器E离合器	N233 (主油压)	A	B	E	C	D
P位	OFF	电流最小所控压力最小	电流最小	OFF	电流最大所控压力最小	电流最小所控压力最大	节气门开度为 0 时电流最大随节气门开度的增加，电流逐渐减小，所控油压随之增加，使主油压随之增加					●
R位	OFF	电流最小所控压力最小	电流最小	OFF	电流最小所控压力最大	电流最小所控压力最大			●			●
N位	OFF	电流最小所控压力最小	电流最小	OFF	电流最大所控压力最小	电流最小所控压力最大						●

←看此项

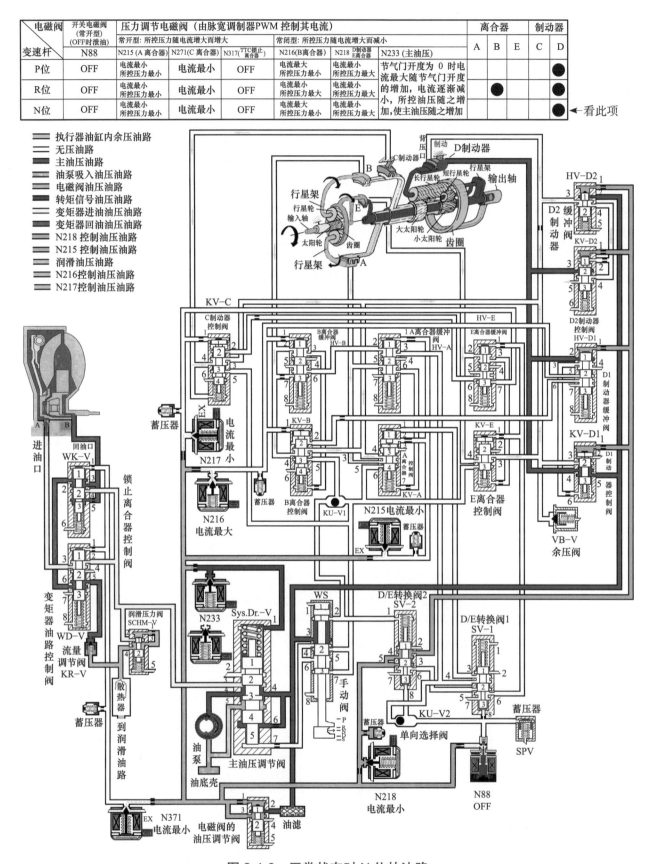

图 2-4-8　正常状态时 N 位的油路

二、奥迪 A6L 自动变速器的一例故障

一辆 2005 年款奥迪 A6L 使用 3.0L 发动机，配置了 ZF 公司的 6HP 26 A61（09L）型 6 档自动 / 手动一体变速器。

（一）故障现象

用很小的节气门开度（大概在 1/4 左右的节气门开度下）进行加速行驶时，变速器从 1 档到 6 档的换档过程基本正常，没有出现打滑和冲击现象。大节气门开度加速（大概是 1/2 节气门开度左右）行驶，变速器在 3 档升 4 档时出现先打滑后冲击的现象。在滑行降档过程中还出现 4-3 档和 2-1 档略微冲击的现象。反复几次大节气门开度加速行驶，变速器锁死在 3 档上。

（二）初步检查

用专用诊断仪进行故障信息扫描并进行相关的基本检查。扫描完毕后，仅在变速器电子控制系统的故障存储器当中读到了关于"档位 / 传动比监控"的故障码"01840 P0730"，见图 2-4-9，就是说变速器某个档位传动比错误。

在基本检查中观察了 ATF 的标准量及其品质，并未发现有烧损迹象。

拆下变速器油底壳也未发现有烧损迹象，因此就可以确定变速器内部元件是良好的，无须解体检查。

```
02 -  自动变速箱09L
01840       P0730        006
档位/传动比监控
传动比错误
偶尔发生的
```

图 2-4-9　故障码

（三）故障分析与诊断

1. 故障分析

故障码已告知是档位传动比错误。大节气门开度加速行驶时，变速器在 3 档升 4 档时出现先打滑后冲击现象。参阅图 2-4-10，3 档升 4 档，A 离合器保持不变，B 离合器先脱开，之后 E 离合器接合，如果 E 不接合或滑脱，后部的拉维娜传动机构就会空转，输入轴转速传感器和输出轴转速传感器所测出的传动比就是错误的，ECU 就使变速器进入紧急运行状态（相当于变速器输出轴转速传感器 G195 出故障）。如果 E 接合或摩擦滑动，后部的拉维娜传动机构就会正常传动，其转速比不变，变速器就不会进入紧急运行状态。大节气门开度加速行驶时，变速器在 3 档升 4 档时出现先打滑后冲击的现象，其本质是 E 离合器先脱开后接合。小节气门开度加速行驶时，E 离合器则工作正常。

2. 诊断

基于以上分析，可以确定是电子液压控制单元（机电一体化部件）内部的故障，由于该部件不能分解检修，只能更换一个新的电子液压控制单元。

（四）故障处理

更换电子液压控制单元后一切正常，以后也未再出现此故障。

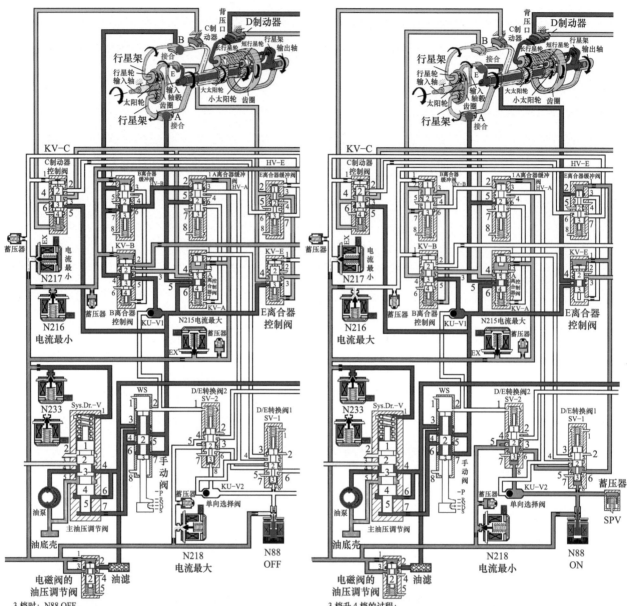

3 档时：N88 OFF。

N215 电磁阀电流最大，所控空间的油压最大，A 离合器缓冲阀、A 离合器控制阀的柱塞处于底部，A 离合器接合。

N217 电磁阀电流为 0，所控空间的油压为 0，C 制动器控制阀的柱塞处于顶部，C 制动器脱开。

N216 电磁阀电流最大，所控空间的油压最大，B 离合器缓冲阀、B 离合器控制阀的柱塞处于底部，B 离合器接合。

3 档升 4 档的过程：

N215 电磁阀保持不变，A 离合器保持接合。

N216 电磁阀的电流由最小逐渐增到最大，所控空间的油压由最大逐渐减小。电流最大时，所控空间的油压为 0，B 离合器断开。

N88 变为 ON，所控空间的油压升至最大，D/E 转换阀 1 和 D/E 转换阀 2 的柱塞上移到顶部。

N218 电磁阀电流由最大变为最小，所控空间的油压由 0 逐渐增加。电流为 0 时，所控空间的油压最大。E 离合器缓冲阀、控制阀柱塞下移到底部，E 离合器接合。

图 2-4-10　3 档升 4 档时的油路

第三章

解析奔驰 722.9 7 档
自动变速器液压油路

第一节　奔驰 722.9 7 档自动变速器动力传递

一、奔驰 722.9 自动变速器剖视图

奔驰 722.9 自动变速器剖视图如图 3-1-1 所示。

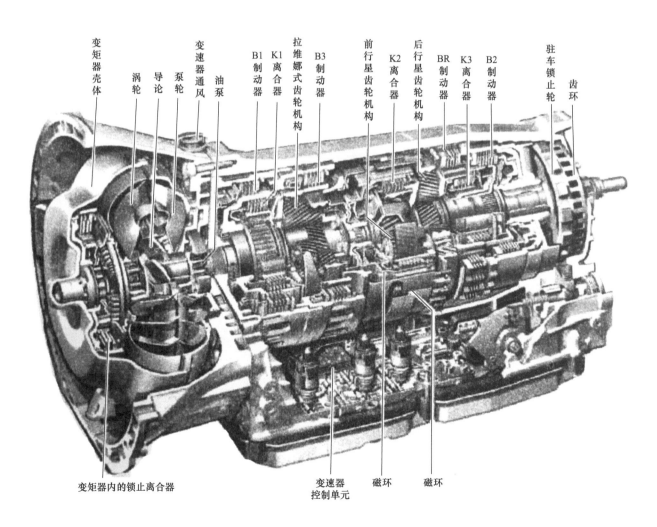

图 3-1-1　奔驰 722.9 自动变速器剖视图

135

二、奔驰722.9自动变速器行星齿轮变速机构示意图

行星齿轮变速机构示意图如图3-1-2所示。

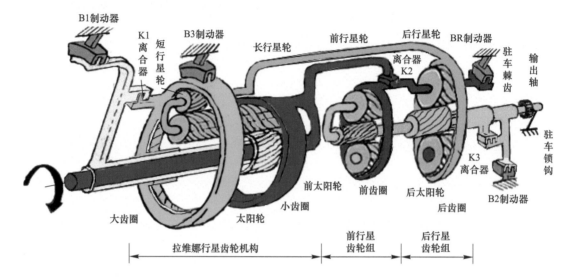

图 3-1-2　奔驰 722.9 自动变速器行星齿轮变速机构示意图

三、奔驰722.9自动变速器行星齿轮变速机构动力传递路径

各档位时参与工作的制动器、离合器见表3-1-1。

表 3-1-1　制动器、离合器工作表

		离合器				制动器			
		K1	K2	K3	K0	B1	B2	B3	BR
P 位				●		●			
R 位	R1			●				●	●
	R2			●		●			●
N 位				●		●			
D 位				●			●	●	
D1				●			●	●	
D2				●		●	●		
D3		●		●			●		
D4		●	●				●		
D5		●	●	●					
D6			●	●		●			
D7			●	●				●	

（一）变速杆在 P 位时的动力传递路径

变速杆在 P 位时动力传递路径如图3-1-3所示。

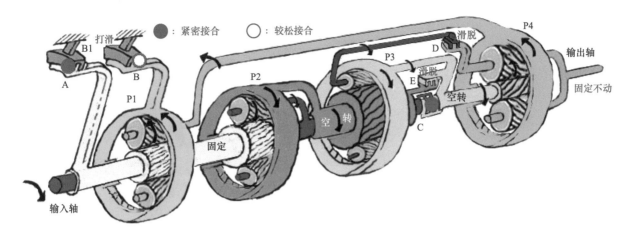

图 3-1-3　变速杆在 P 位时动力传递路径

（二）变速杆在 R 位时的动力传递路径

1）在 R1 档时的动力传递路径如图 3-1-4 所示。

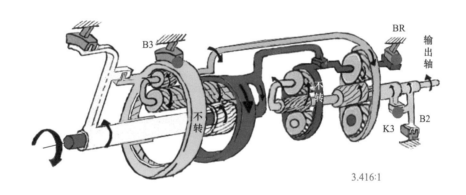

图 3-1-4　变速杆在 R 位 R1 档时动力传递路径

2）在 R2 档时的动力传递路径如图 3-1-5 所示。

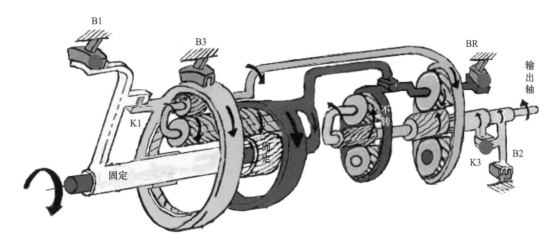

图 3-1-5　变速杆在 R 位 R2 档时动力传递路径

（三）变速杆在 N 位时的动力传递路径

变速杆在 N 位时的动力传递路径如图 3-1-6 所示。

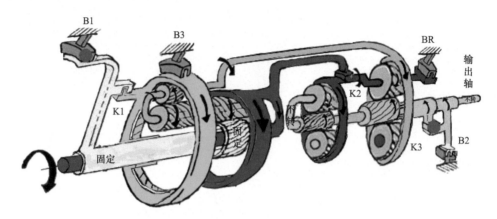

图 3-1-6　变速杆在 N 位时动力传递路径

（四）变速杆在 D 位时的动力传递路径

1）D 位 1 档时动力传递路径如图 3-1-7 所示。

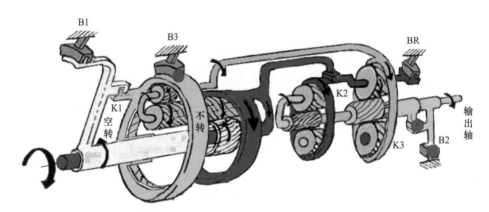

图 3-1-7　D 位 1 档时动力传递路径

2）D 位 2 档时动力传递路径如图 3-1-8 所示。

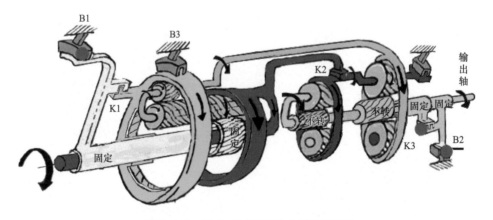

图 3-1-8　D 位 2 档时动力传递路径

3）D 位 3 档时动力传递路径如图 3-1-9 所示。

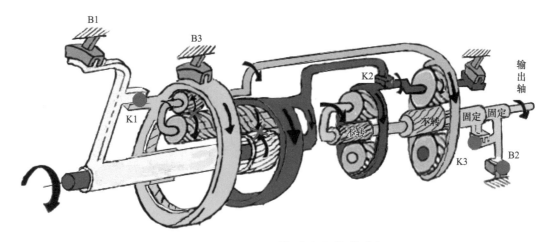

图 3-1-9　D 位 3 档时动力传递路径

4）D 位 4 档时动力传递路径如图 3-1-10 所示。

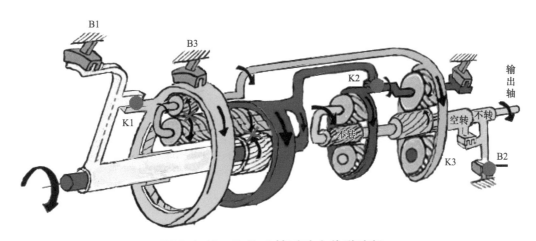

图 3-1-10　D 位 4 档时动力传递路径

5）D 位 5 档时动力传递路径如图 3-1-11 所示。

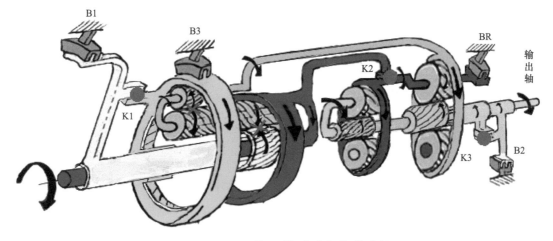

图 3-1-11　D 位 5 档时动力传递路径

6）D 位 6 档时动力传递路径如图 3-1-12 所示。

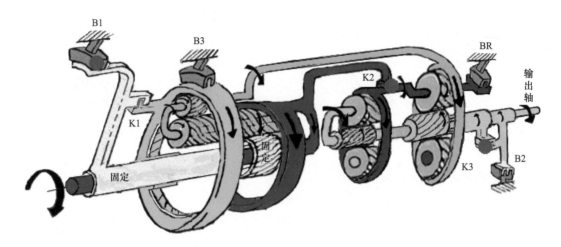

图 3-1-12　D 位 6 档时动力传递路径

7）D 位 7 档时动力传递路径如图 3-1-13 所示。

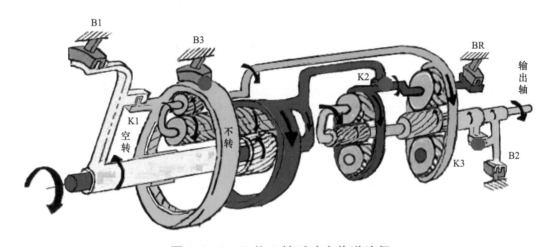

图 3-1-13　D 位 7 档时动力传递路径

此变速器的动力传动机构中没有单向离合器，所以在各档时，减小节气门开度，车辆的惯性都能反拖发动机，发动机起到制动作用。

第二节　奔驰 722.9 7 档自动变速器液压油路

一、电子液压控制机构

（一）电子液压控制机构组成

电子液压控制机构组成如图 3-2-1 所示。

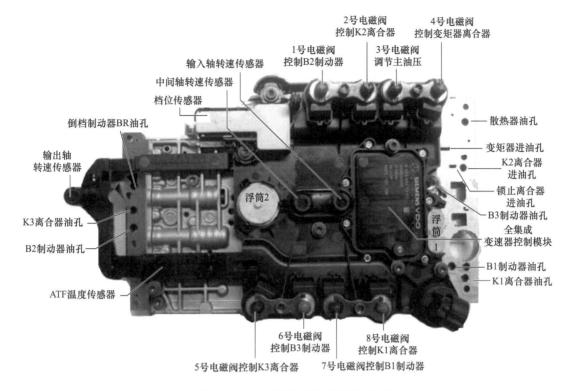

图 3-2-1　电子液压控制机构组成

（二）电子液压控制机构分解图

电子液压控制机构分解图如图 3-2-2 所示。

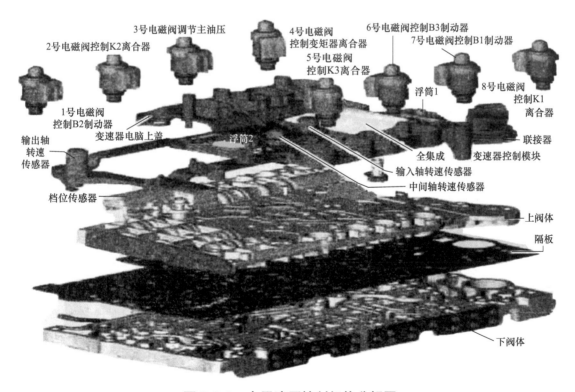

图 3-2-2　电子液压控制机构分解图

（三）阀体结构图

1）上阀体外侧图如图 3-2-3 所示。

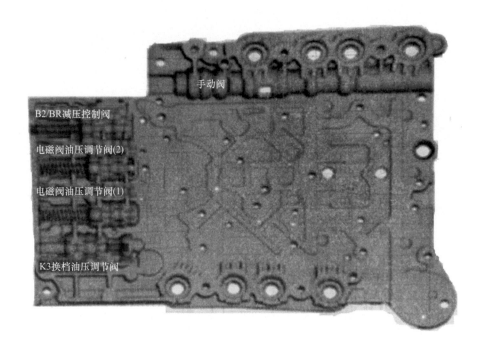

图 3-2-3　上阀体外侧图

2）上阀体内侧图如图 3-2-4 所示。

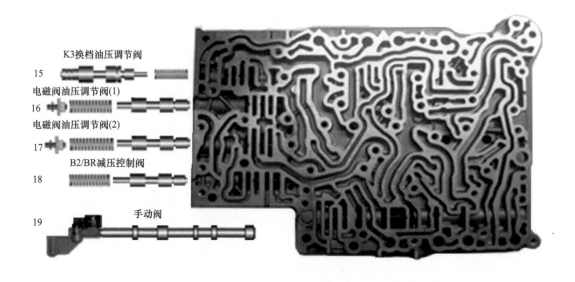

图 3-2-4　上阀体内侧图

3）下阀体内侧图如图3-2-5所示。

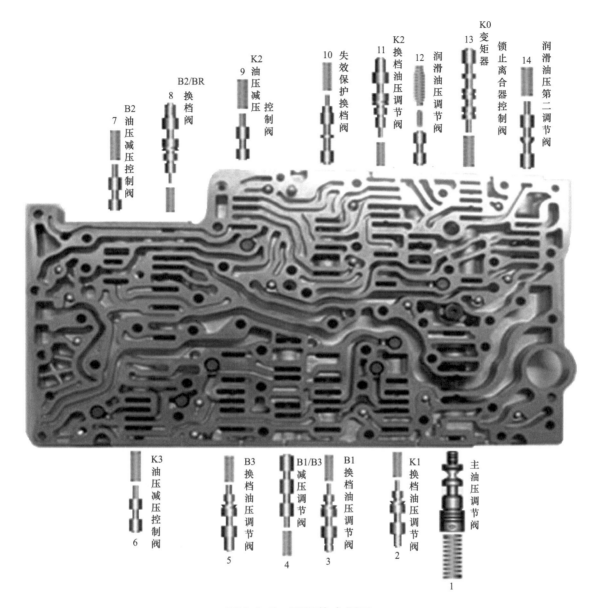

图 3-2-5　下阀体内侧图

（四）压力调节电磁阀

1. 常开渐闭型压力调节电磁阀（简称常开型压力调节电磁阀）

常开渐闭型压力调节电磁阀的外形和内部结构与 ZF 6HP 26 A61 自动变速器的有所不同，但其基本结构和工作原理是相同的，都如图 3-2-6a 所示。在固定铁心上绕有一个电磁线圈，再加一个活动铁心和弹簧，电流为 0 时，弹簧使活动铁心处于底位，泄油口全开。由于设定空间与稳定的液压源之间设有一个节流孔，电流增加，活动铁心上移，泄油口随之减小，设定空间的油压随之增加。电流最大时，如图 3-2-6b，设定空间的油压与液压源的油压相同。设定空间的油压与电磁阀电流的对应关系如图 3-2-6c 所示。1号、4号、6号、8号电磁阀都是此型号的电磁阀。

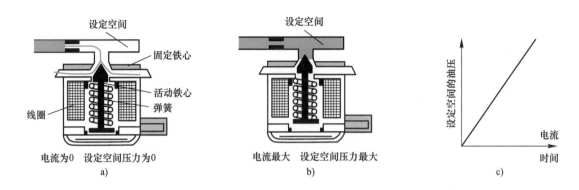

图 3-2-6　常开渐闭型压力调节电磁阀的基本原理图

2. 常闭渐开型压力调节电磁阀（简称常闭型压力调节电磁阀）

常闭渐开型压力调节电磁阀的外形和内部结构与 ZF 6HP 26 A61 自动变速器的有所不同，但其基本结构和工作原理是相同的，都是如图 3-2-7a 所示：在固定铁心上绕有一个电磁线圈，再加一个活动铁心和弹簧，电流为 0 时，弹簧使活动铁心处于顶位，泄油口全闭，设定空间的油压与液压源的油压相同。由于设定空间与稳定的液压源之间设有一个节流孔，电流增加，活动铁心下移，泄油口随之增大，设定空间的油压随之减小。电流最大时，设定空间的油压为 0，如图 3-2-7b。设定空间的油压与电磁阀电流的对应关系如图 3-2-7c 所示。2 号、3 号、5 号、7 号电磁阀都是此型号的电磁阀。

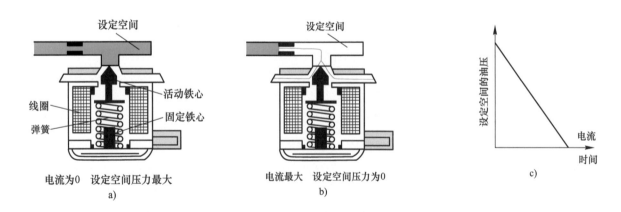

图 3-2-7　常闭渐开型压力调节电磁阀的基本原理图

（五）全集成自动变速器控制模块原理电路图

全集成自动变速器控制模块与发动机控制模块、底盘控制模块等构成控制器局域网（CAN），全集成自动变速器控制模块原理电路图如图 3-2-8 所示。CAN 电位分配器电气连

144

接器将几个控制模块互联成一个网络，信息互联互通。

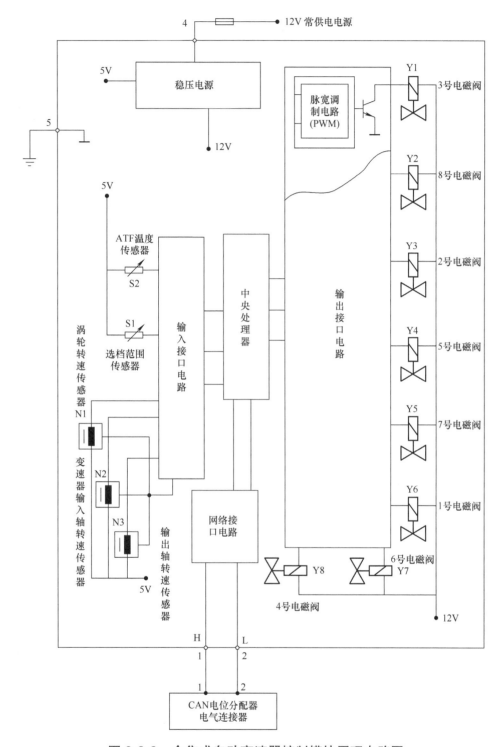

图 3-2-8　全集成自动变速器控制模块原理电路图

二、奔驰722.9 7档自动变速器液压油路原理图

奔驰 722.9 7档自动变速器液压油路原理图如图 3-2-9 所示。

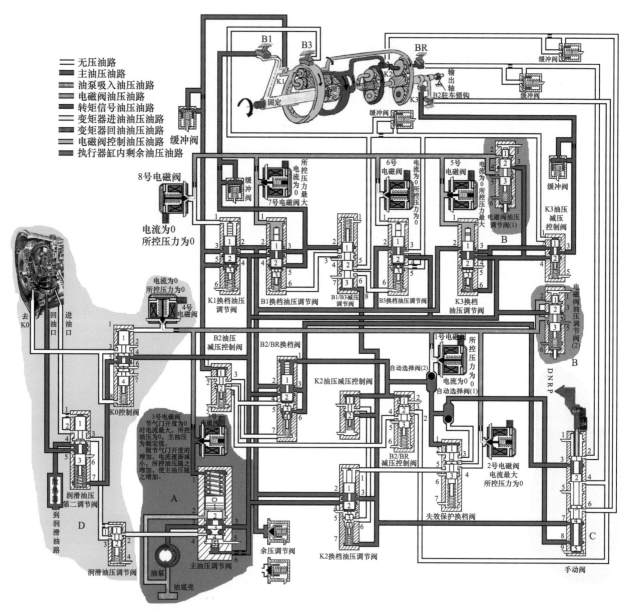

图 3-2-9　奔驰 722.9　7 档自动变速器液压油路原理图

（一）液压源

液压源局部油路如图 3-2-9 中 A 部分所示。

1. 油泵

油泵为内啮合式齿轮泵，其结构和工作原理本文从略。

2. 主油压调节阀结构和工作原理

主油压调节阀属于泄流式调节阀，其结构如图 3-2-10 中的 A 部分所示。柱塞、弹簧和阀的进油口或出油口（简称阀口）1、2、3、4、5、6 构成自动调节阀。阀口 1 引入人工控制的节气门信号油压，从而由人工来控制主油压的数值。

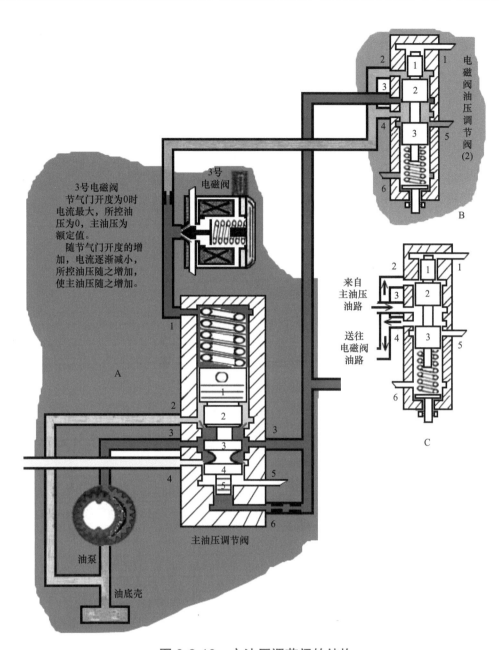

图 3-2-10　主油压调节阀的结构

当发动机转速小于怠速转速某一设定转速时，主油压调节阀则进入自动调节状态，主油压保持额定值。其工作原理参阅本书第二章 ZF 6HP 26 A61 变速器的相关部分，本文不再赘述。

当踩下加速踏板时，各相关的传感器信号经网络、运算机构等变换成电信号给 3 号电磁阀。其工作原理请参阅本书第二章 ZF 6HP 26 A61 变速器的相关内容。

3. 电磁阀油压调节阀的结构和工作原理

将节气门位置的电信号（转矩电信号）变换成转矩油压信号时，所供油压必须是一个稳定的油压，因而设置了一个专供各电磁阀使用的油压调节阀，简称电磁阀油压调节阀，其结构如图 3-2-10 中 B 部分里的电磁阀油压调节阀所示。柱塞上有阀塞 1、阀塞 2、阀塞 3，弹簧和调节螺钉。阀塞1与底部调节螺钉配合以确保调节后的数值稳定。阀塞1和阀塞2两个阀塞的直径相同，不工作时，柱塞停于顶部，见图3-2-10中的C部分。发动机转动后，主油路油液由阀口3入，阀口4出，并反馈到阀口2，因阀口4之后的油路是密闭的，油压逐渐上升，此油压作用于阀塞2顶部，使柱塞压缩弹簧而下移，当阀塞2将阀口5堵塞时，截断主油路的油液；同时，阀塞3的上沿打开阀口5而泄油，使阀口4后的油压下降，柱塞上移，阀塞3关闭阀口5，阀塞2打开阀口3，主油压向阀口3内供油，阀口4的油压又上升。这样，柱塞不停地上下移动，阀口4后的油路保持一个设定的油压。

（二）变矩器油路

变矩器部分的局部油路如图3-2-11所示。图3-2-11a为变矩器离合器TCC（Torque Converter Clutch，K0）脱开状态下的油路，图3-2-11b为K0锁止状态下的油路。变矩器这部分油路是开放的，从主油压调节阀阀口4供油，经由润滑油压调节阀阀口3流向变矩器。

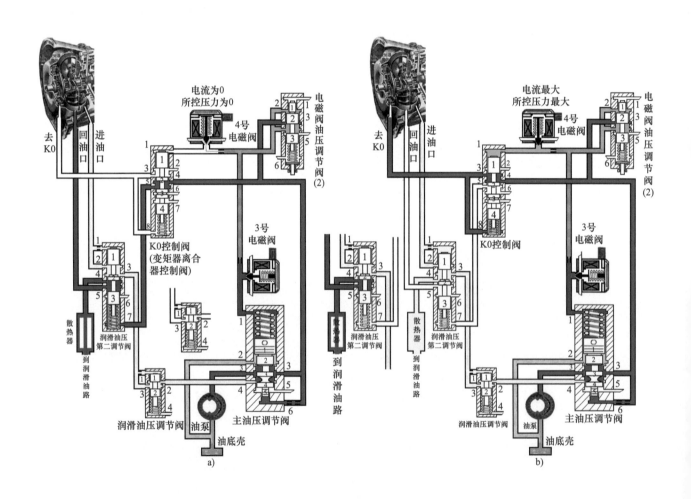

图3-2-11　变矩器部分的局部油路

1. 变矩器离合器（K0）控制阀

K0控制阀如图3-2-11a所示，4号电磁阀电流为0，泄油口全开，所控空间阀口1油压为 0。柱塞上移到顶，K0 经阀口 2 泄压而脱开。当 4 号电磁阀电流最大时，如图 3-2-11b 所示，泄油口全闭，阀口 1 油压最大，K0 锁止。阀口 8 与阀口 3 相通，使 K0 平稳接合。

2. 润滑油压调节阀

润滑油压调节阀的工作状态如图 3-2-11a 所示，在未工作状态，弹簧将柱塞推到顶部，输入油压使油液由阀口 2 进，阀口 3 出，由阀口 1 反馈给阀塞 1 加压，使柱塞下移，直到阀塞 1 将阀口 2 阻塞，阀口 3、阀口 1 油压下降，柱塞又上移，阀口 2 打开，阀口 3、阀口 1 油压上升，柱塞又下移。柱塞不停地上下移动，使阀口 3 后的油路油压保持在设定数值（此数值由弹簧、阀塞的截面等确定）。

3. 润滑油压第二调节阀

润滑油压第二调节阀的工作状态如图 3-2-11a 所示，此时，阀口 7 引入主油压，润滑油油压经阀口 1 加在阀塞 1 的作用力始终小于主油压作用于阀塞 3 的力，柱塞总是停于顶部。油液由润滑油压调节阀阀口 3 →润滑油压第二调节阀阀口 3、阀口 2 →变矩器进油口→回油口→润滑油压第二调节阀阀口 4、阀口 5 →散热器→润滑油路。

当 K0 锁止时，润滑油压第二调节阀的工作状态如图 3-2-11b 所示，阀口 7 变成泄气口，润滑油油压经阀口 1 作用于阀塞 1，使柱塞下降，先是阀口 2 阻塞，再是阀口 4 与阀口 3 相通，油液经阀口 4 到散热器至润滑油路，直至阀塞 3 上沿打开阀口 6，回油口经阀口 6 泄油，阀口 1 泄压，柱塞回升到顶。阀口 2 又引入油液，油压上升，再使柱塞下降。这样反复移动，保持这条润滑油路的畅通。

（三）执行器控制部件

以 D 位 1 档升 2 档 B1 制动器的控制油路为例，参阅图 3-2-12。

D 位 1 档时，7 号电磁阀电流最大，所控压力为 0，B1 换档油压调节阀的柱塞停于顶部，B1 制动器活塞室与余压调节阀相通而留有余压。

当符合 1 档升 2 档条件时，全集成自动变速器控制模块使 7 号电磁阀的电流由最大变小为 0，B1 换档油压调节阀的柱塞处于 D 位 2 档（图 3-2-12b）的位置，B1 制动器加压，B1 平稳接合。

K1 换档油压调节阀、B1 换档油压调节阀、B2/BR 换档阀、K2 换档油压调节阀等的阀口 2 都与余压调节阀相接，在换档过程中使与其相连接油路的油压都处于设定的余压值。

三、人工设置的初始状态

"自动变速器"这个名称所表述的核心是车辆在行驶中可以自动变换传动比，即通称的自动换档，而它的初始状态都是人工设置的。

手动阀结构如图 3-2-13 所示，用于手动控制倒档制动器 BR、制动器 B2 和离合器 K2。

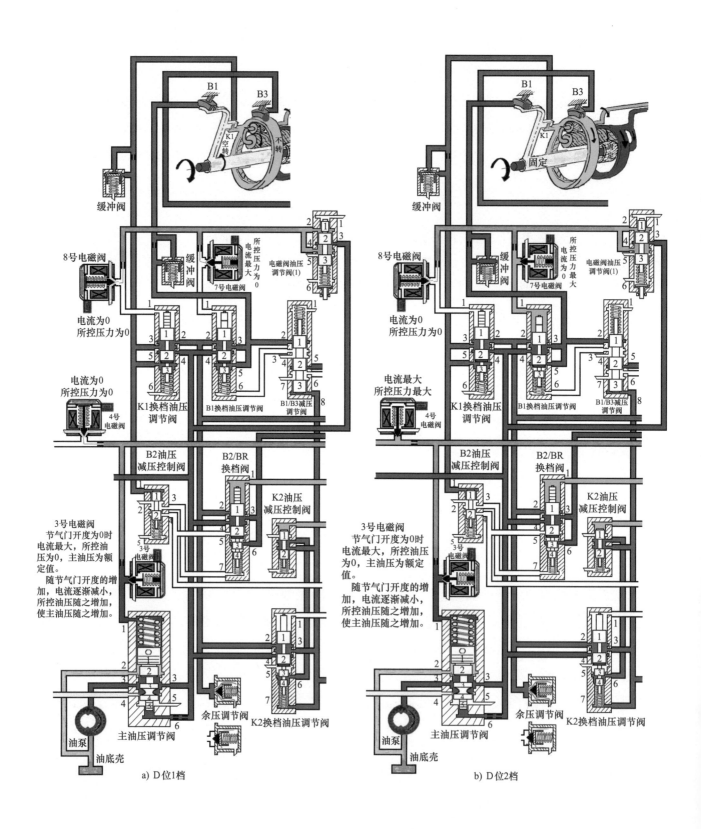

图 3-2-12　1 档升 2 档 B1 制动器的控制油路

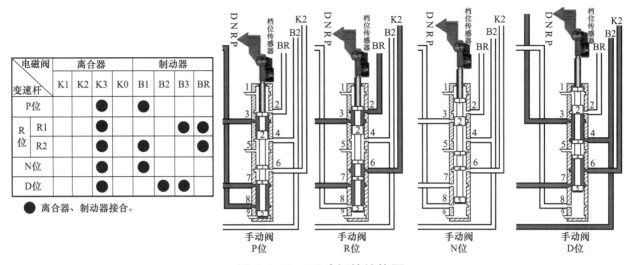

电磁阀		离合器				制动器			
变速杆		K1	K2	K3	K0	B1	B2	B3	BR
P位				●		●			
R位	R1			●				●	●
	R2			●		●		●	
N位				●		●			
D位				●			●	●	

● 离合器、制动器接合。

图 3-2-13　手动阀的结构图

它的一端是档位传感器的活动部分，可以为全集成自动变速器控制模块提供档位信息。

手动移动变速杆的位置，使其处于 P、R、N、D 位置，档位传感器给全集成自动变速器控制模块（以下简称全集成化控制模块）提供档位信息，其中央处理器（CPU）综合运算后，按设定的程序和数据实施控制，使变速器油路处于相应的设定状态。

（一）P 位的初始设置

踩下制动踏板、变速杆置于 P 位、起动发动机。网络系统就会起动发动机并使其处于怠速状态下运行。相关的传感器和指示器产生相应的信号和显示，P 位指示灯亮。全集成化控制模块使：

1 号（B2/BR 制动器）电磁阀电流为 0，所控压力为 0；4 号（K0 制动器）电磁阀电流为 0，所控压力为 0；6 号（B3 制动器）电磁阀电流为 0，所控压力为 0；8 号（K1 制动器）电磁阀电流为 0，所控压力为 0。

2 号（K2 离合器）电磁阀电流最大，所控压力为 0；5 号（K3 离合器）电磁阀电流为 0，所控压力最大；7 号（B1 制动器）电磁阀电流为 0，所控压力最大。

K3 离合器、B1 制动器接合。

以上状态简化为图 3-2-14 中的表格。此时，整个油路的状态如图 3-2-14 所示。

（二）N 位的初始设置

发动机起动后处于怠速状态。变速杆处于 N 位，N 位指示灯亮。全集成化控制模块使：

1 号（B2/BR 制动器）电磁阀电流为 0，所控压力为 0；4 号（K0 制动器）电磁阀电流为 0，所控压力为 0；6 号（B3 制动器）电磁阀电流为 0，所控压力为 0；8 号（K1 制动器）电磁阀电流为 0，所控压力为 0。

2 号（K2 离合器）电磁阀电流最大，所控压力为 0；5 号（K3 离合器）电磁阀电流为 0，所控压力最大；7 号（B1 制动器）电磁阀电流为 0，所控压力最大。

电磁阀	压力调节电磁阀(由脉宽调制器控制其电流)								离合器				制动器			
	常开型:所控压力随电流增大而增大(浅绿色)				常闭型:所控压力随电流增大而减小(黑色)				K1	K2	K3	K0	B1	B2	B3	BR
变速杆	1号(B2/BR制动器)	4号(K0离合器)	6号(B3制动器)	8号(K1离合器)	2号(K2离合器)	3号(主油压)	5号(K3离合器)	7号(B1制动器)								
P位	电流为0 所控压力为0	电流为0 所控压力为0	电流为0 所控压力为0	电流为0 所控压力为0	电流最大 所控压力为0	节气门开度为0时油压最大,所控油压为0,主油压为额定值 随节气门开度的增加,电流逐渐减小,所控油压随之增加	电流为0 所控压力最大	电流为0 所控压力最大			●	●	●			
R位 R1	电流最大● 所控压力最大	电流为0 所控压力为0	电流最大● 所控压力最大	电流为0 所控压力为0	电流最大 所控压力为0		电流为0 所控压力最大	电流最大● 所控压力最大			●			●	●	●
R位 R2	电流最大● 所控压力最大	电流为0 所控压力为0	电流为0 所控压力为0	电流最大● 所控压力最大	电流最大 所控压力为0		电流为0 所控压力最大	电流最大● 所控压力最大			●			●		●
N位	电流为0 所控压力为0	电流为0 所控压力为0	电流为0 所控压力为0	电流为0 所控压力为0	电流最大 所控压力为0	随之增加●	电流为0 所控压力最大	电流为0 所控压力最大			●					
D位	电流最大● 所控压力最大	电流为0 所控压力为0	电流最大● 所控压力最大	电流为0 所控压力为0	电流最大 所控压力为0		电流为0 所控压力最大	电流最大● 所控压力最大			●			●	●	

←看此项

● 离合器、制动器接合。◐ 电磁阀通电。R1传动比为3.416:1。R2传动比为2.231:1。

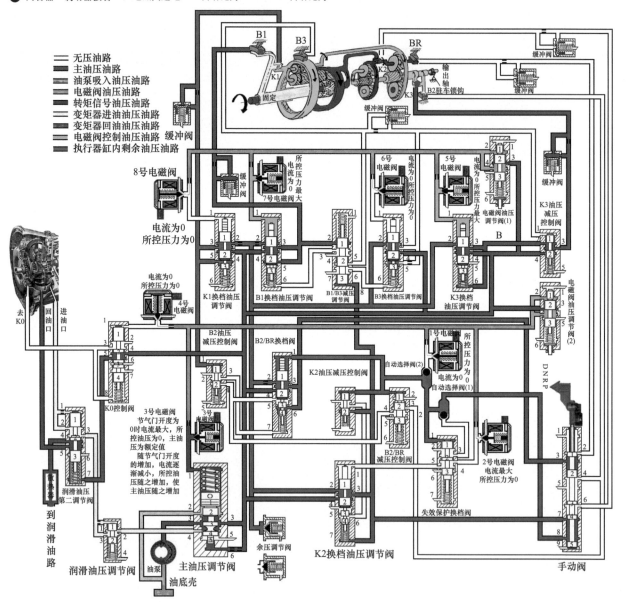

图 3-2-14　P 位时的油路图

K3 离合器、B1 制动器接合。

以上状态简化为图 3-2-15 中的表格。此时,整个油路的状态如图 3-2-15 所示。

(三)R 位的初始设置

在 N 位状态,发动机处于怠速。使变速杆处于 R 位,R 位指示灯亮。

电磁阀　　变速杆	压力调节电磁阀(由脉宽调制器控制其电流)								离合器				制动器			
	常开型: 所控压力随电流增大而增大(浅绿色)				常闭型: 所控压力随电流增大而减小(黑色)				K1	K2	K3	K0	B1	B2	B3	BR
	1号(B2/BR制动器)	4号(K0离合器)	6号(B3制动器)	8号(K1离合器)	2号(K2离合器)	3号(主油压)	5号(K3离合器)	7号(B1制动器)								
P位	电流为0 所控压力为0	电流为0 所控压力为0	电流为0 所控压力为0	电流为0 所控压力为0	电流最大 所控压力为0	节气门开度为0时电流最大,所控油压为0,主油压为额定值	电流为0 所控压力最大	电流为0 所控压力最大				●		●		
R位 R1	电流最大 所控压力最大	电流为0 所控压力为0	电流最大 所控压力最大	电流为0 所控压力为0	电流最大 所控压力为0	随节气门开度的增加,电流逐渐减小,所控油压随之增加,使主油压随之增加	电流为0 所控压力最大	电流为0 所控压力为0				●			●	●
R位 R2	电流最大 所控压力最大	电流为0 所控压力为0	电流最大 所控压力为0	电流为0 所控压力为0	电流最大 所控压力为0		电流为0 所控压力最大	电流为0 所控压力最大				●		●		
N位	电流最大 所控压力最大	电流为0 所控压力为0	电流最大 所控压力为0	电流为0 所控压力为0	电流最大 所控压力为0	随节气门开度的增加,电流逐渐减小,所控油压随之增加,使主油压随之增加	电流为0 所控压力最大	电流为0 所控压力为0				●				
D位	电流最大 所控压力最大	电流为0 所控压力为0	电流最大 所控压力为0	电流为0 所控压力为0	电流最大 所控压力为0		电流为0 所控压力最大	电流为0 所控压力为0				●		●	●	

←看此项

● 离合器、制动器接合。● 电磁阀通电。R1传动比为3.416:1。R2传动比为2.231:1。

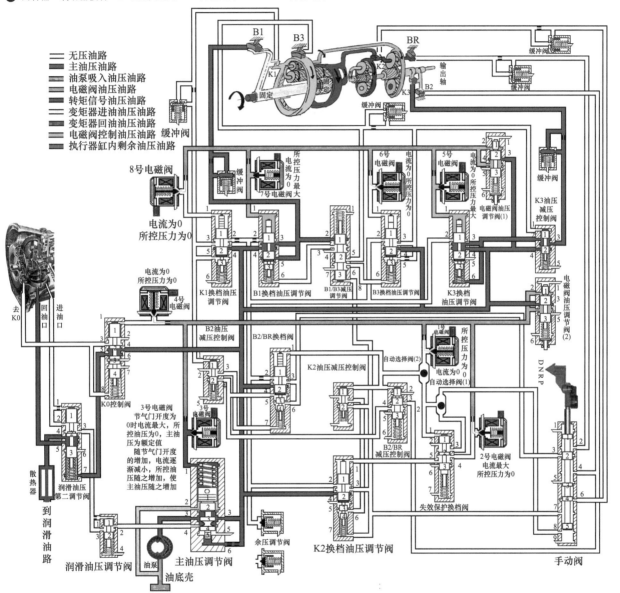

图例：
- 无压油路
- 主油压油路
- 油泵吸入油压油路
- 电磁阀油压油路
- 转矩信号油压油路
- 变矩器进油油压油路
- 变矩器回油油压油路
- 电磁阀控制油压油路
- 执行器缸内剩余油压油路

图 3-2-15　N位时的油路图

全集成化控制模块使：

1号（B2/BR 制动器）电磁阀电流最大，所控压力最大；4号（K0 制动器）电磁阀电流为0，所控压力为0；6号（B3 制动器）电磁阀电流最大，所控压力为0；8号（K1 制动器）电磁阀电流为0，所控压力为0。

2号（K2离合器）电磁阀电流最大，所控压力为0;5号（K3离合器）电磁阀电流为0，所控压力最大;7号（B1制动器）电磁阀电流最大，所控压力为0。

K3离合器、B3制动器、BR制动器接合。

此时为R位R1档。

以上状态简化为图3-2-16中的表格。此时，整个油路的状态如图3-2-16所示。

电磁阀	压力调节电磁阀(由脉宽调制器控制其电流)								离合器				制动器			
变速杆	常开型：所控压力随电流增大而增大(浅绿色)				常闭型：所控压力随电流增大而减小（黑色）				K1	K2	K3	K0	B1	B2	B3	BR
	1号B2/BR制动器	4号(K0离合器)	6号(B3制动器)	8号(K1离合器)	2号(K2离合器)	3号(主油压)	5号(K3离合器)	7号(B1制动器)								
P位	电流为0 所控压力为0	电流为0 所控压力为0	电流为0 所控压力为0	电流为0 所控压力为0	电流最大 所控压力为0	节气门开度为0时电流最大，所控油压为0，主油压为额定值	电流为0 所控压力最大	电流为0 所控压力最大			●		●			
R位 R1	电流最大● 所控压力最大●	电流为0 所控压力为0	电流为0 所控压力最大●	电流为0 所控压力为0	电流最大 所控压力为0	随节气门开度的增加，电流逐渐减小，所控油压随之增加，使主油压随之增加	电流为0 所控压力最大	电流最大● 所控压力为0			●				●	●
R2	电流最大● 所控压力最大●	电流为0 所控压力为0	电流为0 所控压力为0	电流为0 所控压力为0	电流最大 所控压力为0		电流为0 所控压力最大	电流最大● 所控压力为0			●			●	●	
N位	电流为0 所控压力为0	电流为0 所控压力为0	电流为0 所控压力为0	电流为0 所控压力为0	电流最大 所控压力为0		电流为0 所控压力最大	电流为0 所控压力最大			●		●			
D位	电流最大● 所控压力最大●	电流为0 所控压力为0	电流最大● 所控压力为0	电流为0 所控压力为0	电流最大 所控压力为0		电流为0 所控压力最大	电流最大● 所控压力为0		●				●	●	

● 离合器、制动器接合。● 电磁阀通电。R1传动比为3.416:1。R2传动比为2.231:1。

← 看此项

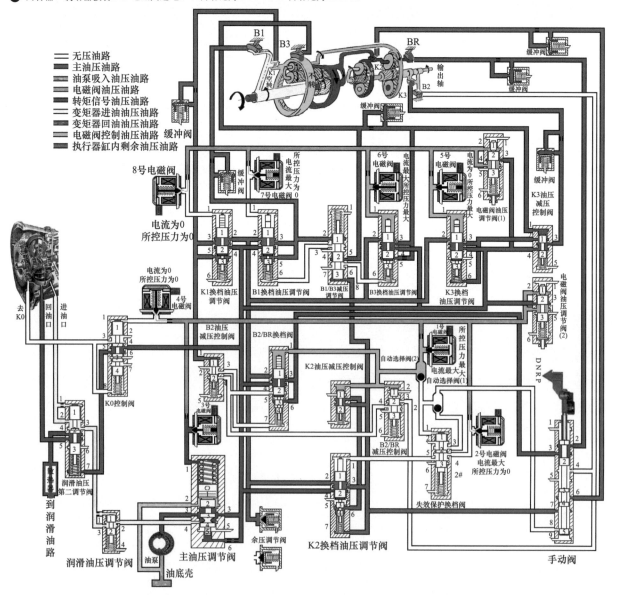

图3-2-16 R位R1档时的油路图

处于 R 位 R2 档状态时：

1 号（B2/BR 制动器）电磁阀电流最大，所控压力最大；4 号（K0 离合器）电磁阀电流为 0，所控压力为 0；6 号（B3 制动器）电磁阀电流为 0，所控压力为 0；8 号（K1 制动器）电磁阀电流为 0，所控压力为 0。

2 号（K2 离合器）电磁阀电流最大，所控压力为 0；5 号（K3 离合器）电磁阀电流为 0，所控压力最大；7 号（B1 制动器）电磁阀电流为 0，所控压力最大。

K3 离合器、B1 制动器、BR 制动器接合。

以上状态简化为图 3-2-17 中的表格。此时，整个油路的状态如图 3-2-17 所示。

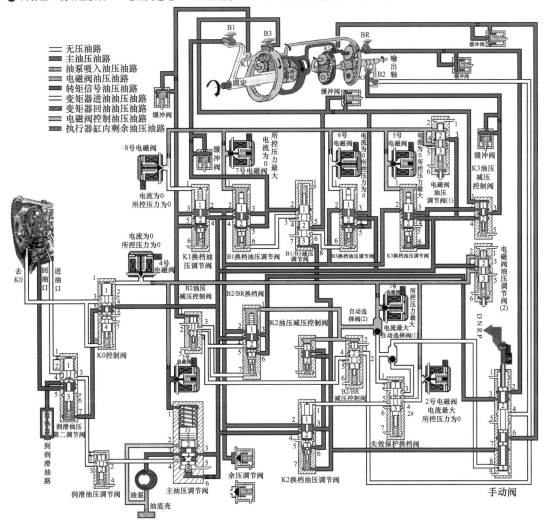

电磁阀	压力调节电磁阀(由脉宽调制器控制其电流)							离合器				制动器			
	常开型：所控压力随电流增大而增大(浅绿色)				常闭型：所控压力随电流增大而减小（黑色）			K1	K2	K3	K0	B1	B2	B3	BR
变速杆	1号(B2/BR制动器)	4号(K0离合器)	6号(B3制动器)	8号(K1离合器)	2号(K2离合器)	3号(主油压)	5号(K3离合器)	7号(B1制动器)							
P位	电流为0 所控压力为0	电流为0 所控压力为0	电流为0 所控压力为0	电流为0 所控压力为0	电流为0 ● 所控压力为0	节气门开度为0时电流最大，所控压力为额定值	电流为0 所控压力最大	电流为0 所控压力最大	●		●					
R位 R1	电流最大 ● 所控压力最大	电流为0 所控压力为0	电流最大 ● 所控压力最大	电流为0 所控压力为0	电流最大 ● 所控压力为0	随节气门开度的增加，电流逐渐减小，所控油压随之增加，使主油压随之增加	电流为0 所控压力最大	电流最大 ● 所控压力最大							●	●
R位 R2	电流最大 ● 所控压力最大	电流为0 所控压力为0	电流为0 所控压力为0	电流为0 所控压力为0	电流最大 ● 所控压力为0		电流为0 所控压力最大	电流为0 所控压力最大			●		●			●
N位	电流为0 所控压力为0	电流为0 所控压力为0	电流为0 所控压力为0	电流为0 所控压力为0	电流为0 ● 所控压力为0		电流为0 所控压力最大	电流为0 所控压力最大	●		●					
D位	电流为0 ● 所控压力为0	电流为0 所控压力为0	电流最大 ● 所控压力最大	电流为0 所控压力为0	电流最大 ● 所控压力为0		电流为0 所控压力最大	电流最大 ● 所控压力最大			●			●	●	

←看此项

● 离合器、制动器接合。● 电磁阀通电。R1传动比为3.416∶1。R2传动比为2.231∶1。

图 3-2-17　R 位 R2 档时的油路图

（四）D 位的初始设置

在 N 位状态，发动机处于怠速。使变速杆处于 D 位，D 位指示灯亮。全集成化控制模块使：

1 号（B2/BR 制动器）电磁阀电流最大，所控压力最大；4 号（K0 制动器）电磁阀电流为 0，所控压力为 0；6 号（B3 制动器）电磁阀电流最大，所控压力最大；8 号（K1 制动器）电磁阀电流为 0，所控压力为 0。

2 号（K2 离合器）电磁阀电流最大，所控压力为 0；5 号（K3 离合器）电磁阀电流为 0，所控压力最大；7 号（B1 制动器）电磁阀电流最大，所控压力为 0。

K3 离合器、B2 制动器、B3 制动器接合。

以上状态简化为图 3-2-18 中的表格。此时，整个油路的状态如图 3-2-18 所示。

电磁阀	压力调节电磁阀(由脉宽调制器控制其电流)							离合器				制动器			
	常开型：所控压力随电流增大而增大(浅绿色)				常闭型：所控压力随电流增大而减小（黑色）			K1	K2	K3	K0	B1	B2	B3	BR
变速杆	1号(B2/BR制动器)	4号(K0离合器)	6号(B3制动器)	8号(K1离合器)	2号(K2离合器)	3号(主油压)	5号(K3离合器)	7号(B1制动器)								
P位	电流最大 所控压力为0	电流为0 所控压力为0	电流最大 所控压力为0	电流为0 所控压力为0	电流最大 所控压力为0	节气门开度为0时电流最大,所控油压为额定值	电流为0 所控压力最大	电流最大 所控压力最大			●	●				
R位 R1	电流最大 所控压力最大	电流为0 所控压力为0	电流最大 所控压力为0	电流为0 所控压力为0	电流最大 所控压力为0	随节气门开度的增加,电流逐渐减小,所控油压随之增加	电流为0 所控压力最大	电流最大 所控压力最大			●				●	●
R位 R2	电流最大 所控压力最大	电流为0 所控压力为0	电流最大 所控压力为0	电流为0 所控压力为0	电流最大 所控压力为0		电流为0 所控压力最大	电流最大 所控压力最大			●				●	●
N位	电流为0 所控压力为0	电流最大 所控压力为0	电流最大 所控压力为0	电流为0 所控压力为0	电流最大 所控压力为0	随节气门开度的增加,电流随之增加,使主油压随之增加	电流为0 所控压力最大	电流最大 所控压力最大			●					
D位	电流最大 所控压力最大	电流为0 所控压力为0	电流最大 所控压力为0	电流为0 所控压力为0	电流最大 所控压力为0		电流为0 所控压力最大	电流最大 所控压力为0			●			●	●	

← 看此项

● 离合器、制动器接合。● 电磁阀通电。R1传动比为3.416:1。R2传动比为2.231:1。

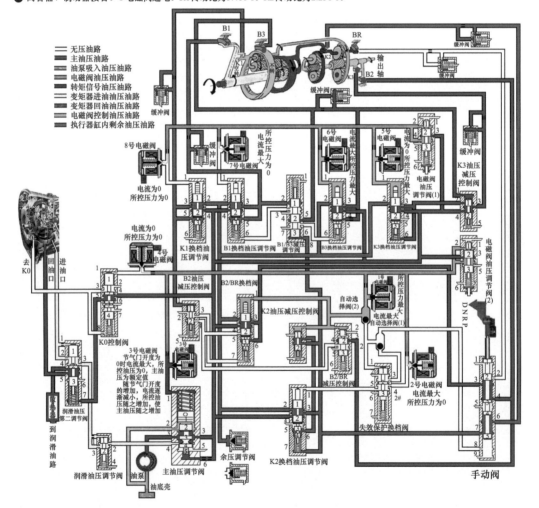

图 3-2-18　D 位时的油路图

四、D 位时自动换档后各档的油路图

（一）D 位 1 档时的油路图

在 D 位的初始设置，变速器处于 1 档状态，如图 3-2-19 所示。

电磁阀 ＼ D位	压力调节电磁阀(由脉宽调制器控制其电流)								离合器				制动器			
	常开型：所控压力随电流增大而增大(浅绿色)				常闭型：所控压力随电流增大而减小（黑色）				K1	K2	K3	K0	B1	B2	B3	BR
	1号 B2/BR制动器	4号(K0离合器)	6号(B3制动器)	8号(K1离合器)	2号(K2离合器)	3号(主油压)	5号(K3离合器)	7号(B1制动器)								
D1	电流最大● 所控压力最大	电流为0 所控压力为0	电流最大● 所控压力最大	电流为0 所控压力为0	电流最大● 所控压力为0	节气门开度为0时电流为0，所控油压为0，主油压为额定值	电流为0 所控压力为0	电流最大● 所控压力最大					●	●	●	
D2	电流最大● 所控压力最大	电流最大● 所控压力最大	电流为0 所控压力为0	电流为0 所控压力为0	电流最大● 所控压力为0	油压为0，主油压为额定值	电流为0 所控压力最大	电流为0 所控压力最大					●	●		
D3	电流最大● 所控压力最大	电流最大● 所控压力最大	电流最大● 所控压力最大	电流最大● 所控压力最大	电流最大● 所控压力为0	随节气门开度的增加，电流逐渐减小，所控油压随之增加，使主油压随之增加	电流最大● 所控压力最大	电流为0 所控压力最大	●					●		
D4	电流最大● 所控压力最大	电流最大● 所控压力最大	电流为0 所控压力最大	电流最大● 所控压力最大	电流为0 所控压力最大		电流最大● 所控压力最大	电流为0 所控压力最大	●	●				●		
D5	电流为0 所控压力最大	电流最大● 所控压力最大	电流最大● 所控压力最大	电流最大● 所控压力最大	电流为0 所控压力最大		电流为0 所控压力最大	电流最大● 所控压力最大	●	●	●					
D6	电流为0 所控压力最大	电流最大● 所控压力最大	电流为0 所控压力最大	电流为0 所控压力最大	电流为0 所控压力最大		电流最大● 所控压力最大	电流为0 所控压力最大		●	●		●			
D7	电流为0 所控压力最大	电流最大● 所控压力最大	电流最大● 所控压力最大	电流最大● 所控压力最大	电流最大● 所控压力最大		电流最大● 所控压力最大	电流为0 所控压力最大	●	●					●	

← 看此项

● 离合器、制动器接合。 ● 电磁阀通电。

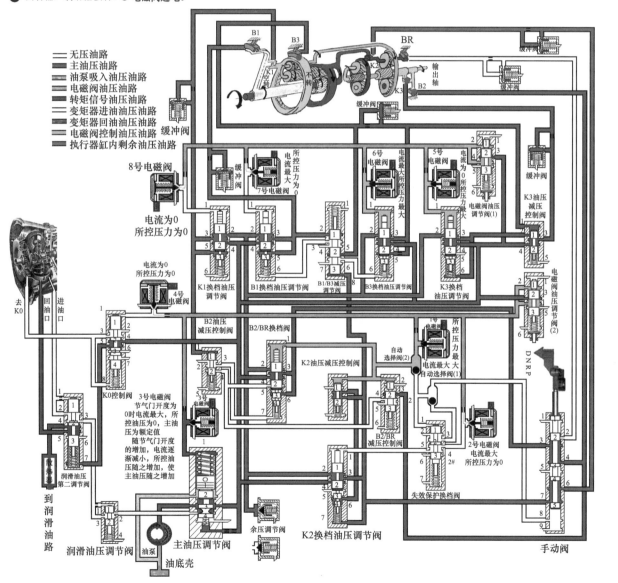

图 3-2-19　D 位 1 档时的油路图

（二）D 位 2 档时的油路图

车辆起步后，车速传感器和节气门位置传感器实时为全集成化控制模块提供车速信号和节气门位置信号，车速信号和节气门位置信号数值符合 1 档升 2 档的条件时，全集成化控制模块使变速器由 1 档升入 2 档。D 位 2 档时的油路图如图 3-2-20 所示。

电磁阀	压力调节电磁阀（由脉宽调制器控制其电流）								离合器				制动器			
	常开型：所控压力随电流增大而增大（浅绿色）				常闭型：所控压力随电流增大而减小（黑色）				K1	K2	K3	K0	B1	B2	B3	BR
D位	1号(B2/BR制动器)	4号(K0离合器)	6号(B3制动器)	8号(K1离合器)	2号(K2离合器)	3号(主油压)	5号(K3离合器)	7号(B1制动器)								
D1	电流最大●所控压力最大	电流为0所控压力为0	电流最大●所控压力最大	电流为0所控压力为0	电流最大●所控压力最大	节气门开度为0时电流最大，所控油压为0，主油压为额定值 随节气门开度的增加，电流逐渐减小，所控油压随之增加●	电流为0所控压力最大	电流最大●所控压力为0			●		●●	●	
D2	电流最大●所控压力最大	电流最大●所控压力最大	电流为0所控压力为0	电流最大●所控压力最大			电流最大●所控压力最大	电流为0所控压力最大			●			●●		← 看此项
D3	电流最大●所控压力最大	电流为0所控压力为0	电流为0所控压力为0	电流最大●所控压力最大			电流为0所控压力为0	电流最大●所控压力为0	●		●			●●	
D4	电流最大●所控压力最大	电流为0所控压力为0	电流最大●所控压力最大	电流为0所控压力为0			电流最大●所控压力为0	电流最大●所控压力为0	●●		●			●	
D5	电流为0所控压力为0	电流最大●所控压力最大	电流最大●所控压力最大	电流为0所控压力为0			电流为0所控压力为0	电流最大●所控压力为0	●●		●			●	
D6	电流为0所控压力为0	电流最大●所控压力最大	电流为0所控压力为0	电流最大●所控压力最大			电流为0所控压力最大	电流为0所控压力最大	●			●			
D7	电流为0所控压力为0	电流最大●所控压力最大	电流最大●所控压力最大	电流为0所控压力为0			电流最大●所控压力最大	电流为0所控压力最大		●					●

● 离合器、制动器接合。 ● 电磁阀通电。

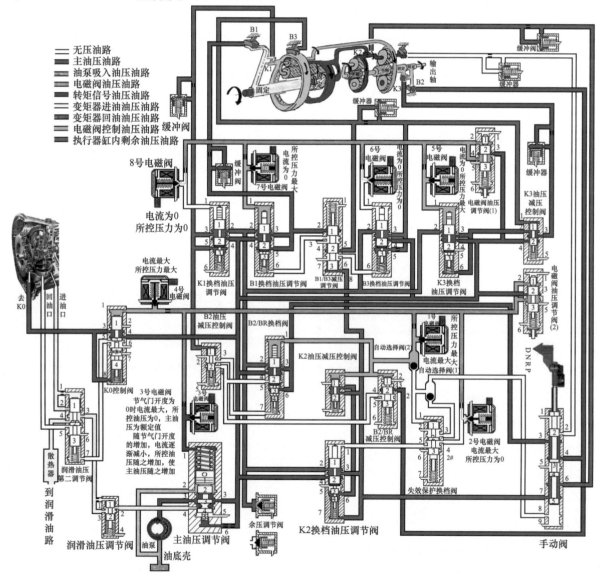

图 3-2-20 D 位 2 档时的油路图

（三）D位3档时的油路图

车速信号和节气门位置信号数值符合2档升3档的条件时，全集成化控制模块使变速器由2档升入3档。D位3档时的油路图如图3-2-21所示。

电磁阀	压力调节电磁阀（由脉宽调制器控制其电流）								离合器				制动器			
	常开型：所控压力随电流增大而增大（浅绿色）				常闭型：所控压力随电流增大而减小（黑色）				K1	K2	K3	K0	B1	B2	B3	BR
D位	1号(B2/BR制动器)	4号(K0离合器)	6号(B3制动器)	8号(K1离合器)	2号(K2离合器)	3号(主油压)	5号(K3离合器)	7号(B1制动器)	K1	K2	K3	K0	B1	B2	B3	BR
D1	电流为0 所控压力为0	电流为0 所控压力为0	电流最大● 所控压力最大	电流最大● 所控压力最大	电流最大● 所控压力为0	节气门开度为0时电流最大，所控油压为0，主油压为额定值。随节气门开度的增加，电流逐渐减小，所控油压随之增加，使主油压随之增加	电流最大● 所控压力为0	电流为0 所控压力最大	●				●		●	
D2	电流最大● 所控压力最大	电流最大● 所控压力最大	电流为0 所控压力为0	电流最大● 所控压力最大	电流最大● 所控压力为0		电流最大● 所控压力为0	电流为0 所控压力最大	●				●	●		
D3	电流最大● 所控压力最大	电流最大● 所控压力最大	电流最大● 所控压力最大	电流最大● 所控压力最大	电流最大● 所控压力为0		电流最大● 所控压力为0	电流最大● 所控压力为0	●					●	●	
D4	电流最大● 所控压力最大	电流最大● 所控压力最大	电流为0 所控压力为0	电流最大● 所控压力最大	电流为0 所控压力最大		电流最大● 所控压力为0	电流最大● 所控压力为0	●	●				●		
D5	电流为0 所控压力为0	电流最大● 所控压力最大	电流为0 所控压力为0	电流最大● 所控压力最大	电流为0 所控压力最大		电流为0 所控压力最大	电流最大● 所控压力为0	●	●	●					
D6	电流为0 所控压力为0	电流最大● 所控压力最大	电流为0 所控压力为0	电流为0 所控压力为0	电流为0 所控压力最大		电流为0 所控压力最大	电流最大● 所控压力为0		●	●			●		
D7	电流为0 所控压力为0	电流最大● 所控压力最大	电流最大● 所控压力最大	电流为0 所控压力为0	电流最大● 所控压力为0		电流为0 所控压力最大	电流为0 所控压力最大			●					●

← 看此项

● 离合器、制动器接合。● 电磁阀通电。

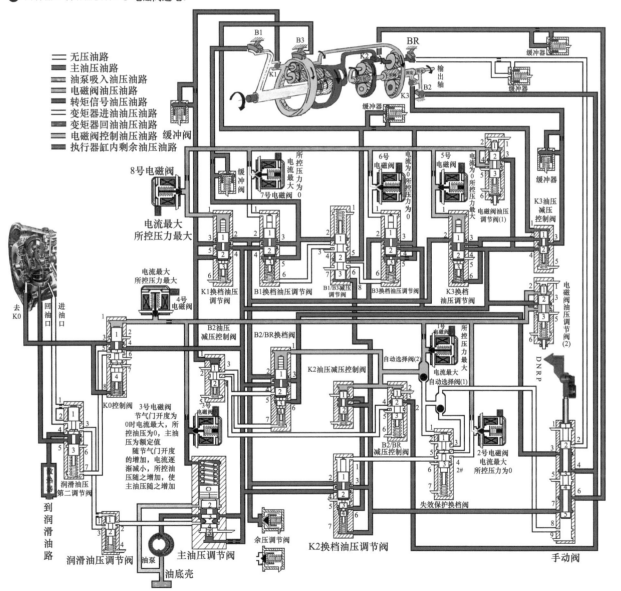

图3-2-21 D位3档时的油路图

（四）D 位 4 档时的油路图

车速信号和节气门位置信号数值符合 3 档升 4 档的条件时，全集成化控制模块使变速器由 3 档升入 4 档。D 位 4 档时的油路图如图 3-2-22 所示。

电磁阀压力调节电磁阀（由脉宽调制器控制其电流）									离合器				制动器			
常开型：所控压力随电流增大而增大（浅绿色）				常闭型：所控压力随电流增大而减小（黑色）					K1	K2	K3	K0	B1	B2	B3	BR
D位	1号(B3制动器)	4号(K0离合器)	6号(B3制动器)	8号(K1合合器)	2号(K2离合器)	3号(主油压)	5号(K3离合器)	7号(B1制动器)								
D1	电流最大 所控压力最大	电流为0 所控压力为0	电流最大 所控压力最大	电流为0 所控压力为0	电流最大 所控压力为0	节气门开度为0时电流最大，所控油压为0，主油压额定值随节气门开度的增加，电流逐渐减小，所控油压随之增加，使主油压随之增加	电流为0 所控压力最大	电流最大 所控压力为0			●			●	●	
D2	电流最大 所控压力最大	电流最大 所控压力最大	电流为0 所控压力为0	电流最大 所控压力为0	电流最大 所控压力为0		电流为0 所控压力最大	电流为0 所控压力最大					●		●	
D3	电流最大 所控压力最大	电流最大 所控压力最大	电流为0 所控压力最大	电流最大 所控压力为0	电流为0 所控压力最大		电流为0 所控压力最大	电流为0 所控压力最大	●					●		
D4	电流最大 所控压力最大	电流最大 所控压力最大	电流为0 所控压力最大	电流最大 所控压力为0	电流最大 所控压力为0		电流最大 所控压力最大	电流为0 所控压力最大	●	●				●		
D5	电流为0 所控压力为0	电流最大 所控压力最大	电流为0 所控压力为0	电流最大 所控压力为0	电流最大 所控压力最大		电流最大 所控压力最大	电流为0 所控压力最大		●				●		
D6	电流为0 所控压力为0	电流最大 所控压力最大	电流为0 所控压力为0	电流为0 所控压力最大	电流为0 所控压力最大		电流为0 所控压力最大	电流为0 所控压力最大	●					●		
D7	电流为0 所控压力为0	电流最大 所控压力最大	电流为0 所控压力最大	电流为0 所控压力为0	电流为0 所控压力最大		电流为0 所控压力最大	电流最大 所控压力最大	●	●						●

←看此项

●离合器、制动器接合。●电磁阀通电。

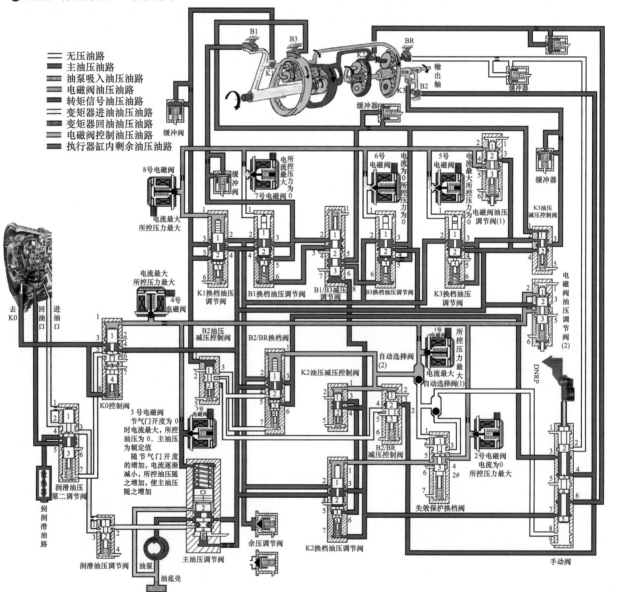

图 3-2-22 D 位 4 档时的油路图

（五）D位5档时的油路图

车速信号和节气门位置信号数值符合4档升5档的条件时，全集成化控制模块使变速器由4档升入5档。D位5档时的油路图如图3-2-23所示。

电磁阀压力调节电磁阀（由脉宽调制器控制其电流）									离合器				制动器			
常开型：所控压力随电流增大而增大（浅绿色）				常闭型：所控压力随电流增大而减小（黑色）					K1	K2	K3	K0	B1	B2	B3	BR
D位	1号(B3制动器)	4号(K0离合器)	6号(B3制动器)	8号(K1离合器)	2号(K2离合器)	3号(主油压)	5号(K3离合器)	7号(B1制动器)								
D1	电流最大● 所控压力最大	电流为0 所控压力为0	电流为0 所控压力为0	电流为0 所控压力为0	电流最大● 所控压力最大	节气门开度为0时电流最大，所控油压为0，主油压为额定值	电流为0 所控压力为0	电流最大● 所控压力最大						●	●	
D2	电流最大● 所控压力最大	电流最大● 所控压力最大	电流为0 所控压力为0	电流为0 所控压力为0	电流最大● 所控压力最大	主油压为额定值	电流为0 所控压力为0	电流最大● 所控压力最大					●	●	●	
D3	电流最大● 所控压力最大	电流最大● 所控压力最大	电流为0 所控压力为0	电流最大● 所控压力最大	电流为0 所控压力为0	随节气门开度的增加，电流逐渐减小，所控油压随之增加，使主油压随之增加●	电流为0 所控压力为0	电流最大● 所控压力最大	●				●	●		
D4	电流最大● 所控压力最大	电流最大● 所控压力最大	电流为0 所控压力为0	电流最大● 所控压力最大	电流为0 所控压力为0		电流最大● 所控压力最大	电流最大● 所控压力最大	●	●			●			
D5	电流为0 所控压力为0	电流最大● 所控压力最大	电流为0 所控压力为0	电流最大● 所控压力最大	电流为0 所控压力为0		电流为0 所控压力为0	电流最大● 所控压力最大	●		●		●			
D6	电流为0 所控压力为0	电流最大● 所控压力最大	电流最大● 所控压力最大	电流为0 所控压力为0	电流最大● 所控压力最大		电流为0 所控压力为0	电流最大● 所控压力最大						●		
D7	电流为0 所控压力为0	电流最大● 所控压力最大	电流最大● 所控压力最大	电流为0 所控压力为0	电流为0 所控压力为0		电流最大● 所控压力最大	电流最大● 所控压力最大		●	●				●	

←看此项

● 离合器、制动器接合。● 电磁阀通电。

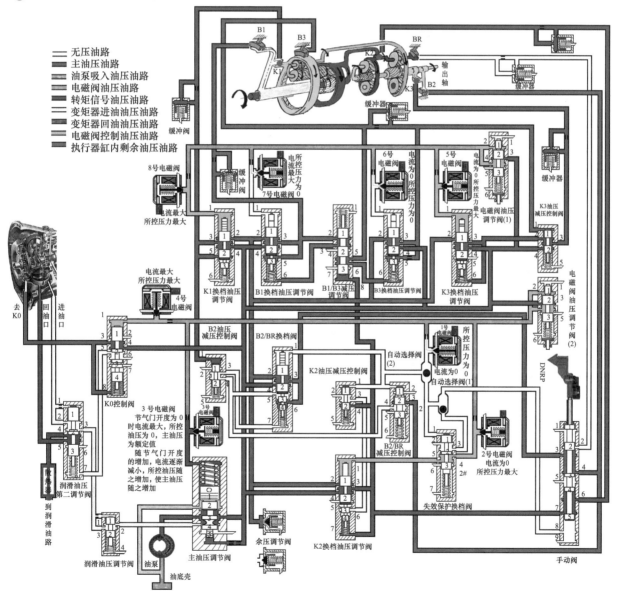

图3-2-23 D位5档时的油路图

161

（六）D位6档时的油路图

车速信号和节气门位置信号数值符合5档升6档的条件时，全集成化控制模块使变速器由5档升入6档。D位6档时的油路图如图3-2-24所示。

电磁阀压力调节电磁阀（由脉宽调制器控制其电流）								离合器				制动器			
常开型：所控压力随电流增大而增大（浅绿色）				常闭型：所控压力随电流增大而减小（黑色）				K1	K2	K3	K0	B1	B2	B3	BR
D位 1号(B2制动器)	4号(K0离合器)	6号(B3制动器)	8号(K1离合器)	2号(K2离合器)	3号(主油压)	5号(K3离合器)	7号(B1制动器)								
D1 电流最大● 所控压力最大	电流为0 所控压力为0	电流最大● 所控压力最大	电流为0 所控压力为0	电流最大● 所控压力为0	节气门开度为0时电流最大,所控油压为0,主油压为额定值 随着节气门开度的增加,电流逐渐减小,所控油压随之增加,使主油压随之增加	电流为0 所控压力最大	电流为0 所控压力最大				●	●	●		
D2 电流最大● 所控压力最大	电流最大● 所控压力最大	电流为0 所控压力为0	电流为0 所控压力为0	电流最大● 所控压力为0		电流为0 所控压力最大	电流最大● 所控压力最大				●	●		●	
D3 电流最大● 所控压力最大	电流最大● 所控压力最大	电流为0 所控压力最大	电流最大● 所控压力最大	电流最大● 所控压力为0		电流最大● 所控压力最大	电流最大● 所控压力最大	●			●		●	●	
D4 电流最大● 所控压力最大	电流最大● 所控压力最大	电流最大● 所控压力最大	电流最大● 所控压力最大	电流为0 所控压力最大		电流最大● 所控压力最大	电流最大● 所控压力最大	●	●		●			●	
D5 电流为0 所控压力为0	电流最大● 所控压力最大	电流最大● 所控压力最大	电流最大● 所控压力最大	电流为0 所控压力最大		电流最大● 所控压力最大	电流最大● 所控压力最大	●	●	●	●				
D6 电流为0 所控压力为0	电流最大● 所控压力最大	电流为0 所控压力为0	电流为0 所控压力最大	电流为0 所控压力最大		电流为0 所控压力最大	电流为0 所控压力最大		●	●			●		
D7 电流为0 所控压力为0	电流最大● 所控压力最大	电流最大● 所控压力最大	电流为0 所控压力最大	电流为0 所控压力最大		电流最大● 所控压力最大	电流为0 所控压力为0			●					●

←看此项

● 离合器、制动器接合。● 电磁阀通电。

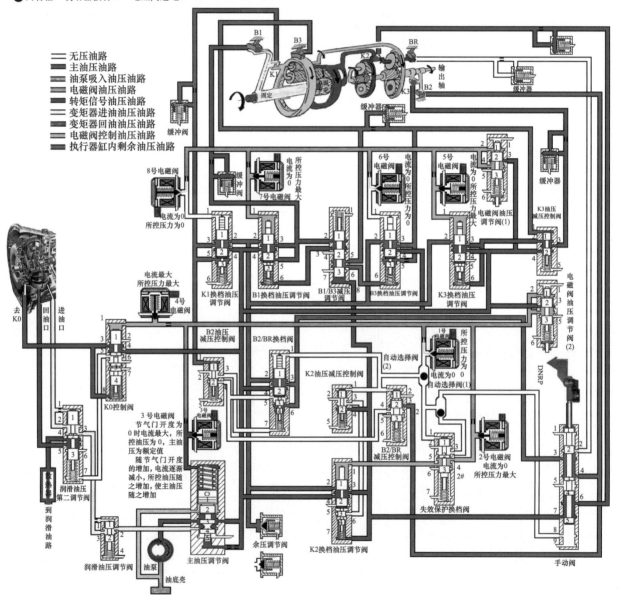

图3-2-24　D位6档时的油路图

（七）D 位 7 档时的油路图

车速信号和节气门位置信号数值符合 6 档升 7 档的条件时，全集成化控制模块使变速器由 6 档升入 7 档。D 位 7 档时的油路图如图 3-2-25 所示。

电磁阀 D位	压力调节电磁阀（由脉宽调制器控制其电流）								离合器				制动器			
	常开型：所控压力随电流增大而增大（浅绿色）				常闭型：所控压力随电流增大而减小（黑色）				K1	K2	K3	K0	B1	B2	B3	BR
	1号(B1制动器)	4号(K0离合器)	6号(B3制动器)	8号(K1离合器)	2号(K2离合器)	3号(主油压)	5号(K3离合器)	7号(B1制动器)								
D1	电流最大 所控压力最大	电流为0 所控压力最大	电流为0 所控压力最大	电流为0 所控压力为0	电流为0 所控压力最大	节气门开度为0时所控油压为0，主油压为额定值。随节气门开度的增加，电流逐渐减小，所控油压随之增加，使主油压随之增加。	电流为0 所控压力最大	电流最大 所控压力为0		●			●	●		
D2	电流最大 所控压力最大	电流为0 所控压力最大	电流为0 所控压力为0	电流为0 所控压力为0	电流为0 所控压力最大		电流为0 所控压力最大	电流为0 所控压力最大		●			●	●		
D3	电流最大 所控压力最大	电流为0 所控压力最大	电流为0 所控压力为0	电流最大 所控压力最大	电流最大 所控压力为0		电流为0 所控压力最大	电流最大 所控压力为0	●	●			●	●		
D4	电流最大 所控压力最大	电流最大 所控压力最大	电流为0 所控压力为0	电流为0 所控压力最大	电流最大 所控压力最大		电流最大 所控压力最大	电流最大 所控压力最大	●		●			●		
D5	电流为0 所控压力最大	电流最大 所控压力最大	电流为0 所控压力为0	电流为0 所控压力为0	电流为0 所控压力最大		电流最大 所控压力最大	电流为0 所控压力最大	●		●					
D6	电流为0 所控压力最大	电流最大 所控压力最大	电流为0 所控压力为0	电流为0 所控压力最大	电流为0 所控压力最大		电流为0 所控压力最大	电流最大 所控压力最大				●		●		
D7	电流为0 所控压力最大	电流最大 所控压力最大	电流最大 所控压力最大	电流为0 所控压力为0	电流为0 所控压力最大		电流为0 所控压力最大	电流为0 所控压力为0							●	

←看此项

● 离合器、制动器接合。● 电磁阀通电。

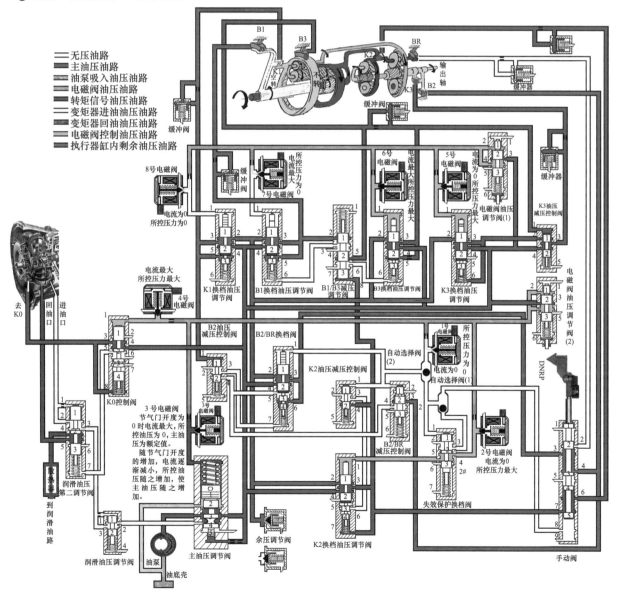

图 3-2-25　D 位 7 档时的油路图

（八）D位紧急状态时的油路图

变速器输出转速传感器 G195、制动灯开关、8 个电磁阀中任意一个，以上这三部分的部件内部或外部电路出现损坏时，全集成化控制模块会使 8 个电磁阀都处于断电状态。这种状态通称为紧急运行状态。D 位紧急状态时的油路图如图 3-2-26 所示。

电磁阀 D位	压力调节电磁阀（由脉宽调制器控制其电流）								离合器				制动器			
	常开型：所控压力随电流增大而增大（浅绿色）				常闭型：所控压力随电流增大而减小（黑色）				K1	K2	K3	K0	B1	B2	B3	BR
	1号（B1制动器）	4号（K0离合器）	6号（B3制动器）	8号（K1离合器）	2号（K2离合器）	3号（主油压）	5号（K3离合器）	7号（B1制动器）								
紧急状态	电流为0 所控压力为0	电流为0 所控压力为0	电流为0 所控压力为0	电流为0 所控压力为0	电流为0 所控压力最大	电流为0 所控压力最大	电流为0 所控压力最大	电流为0 所控压力最大		●	●		●				←看此项

● 离合器、制动器接合。

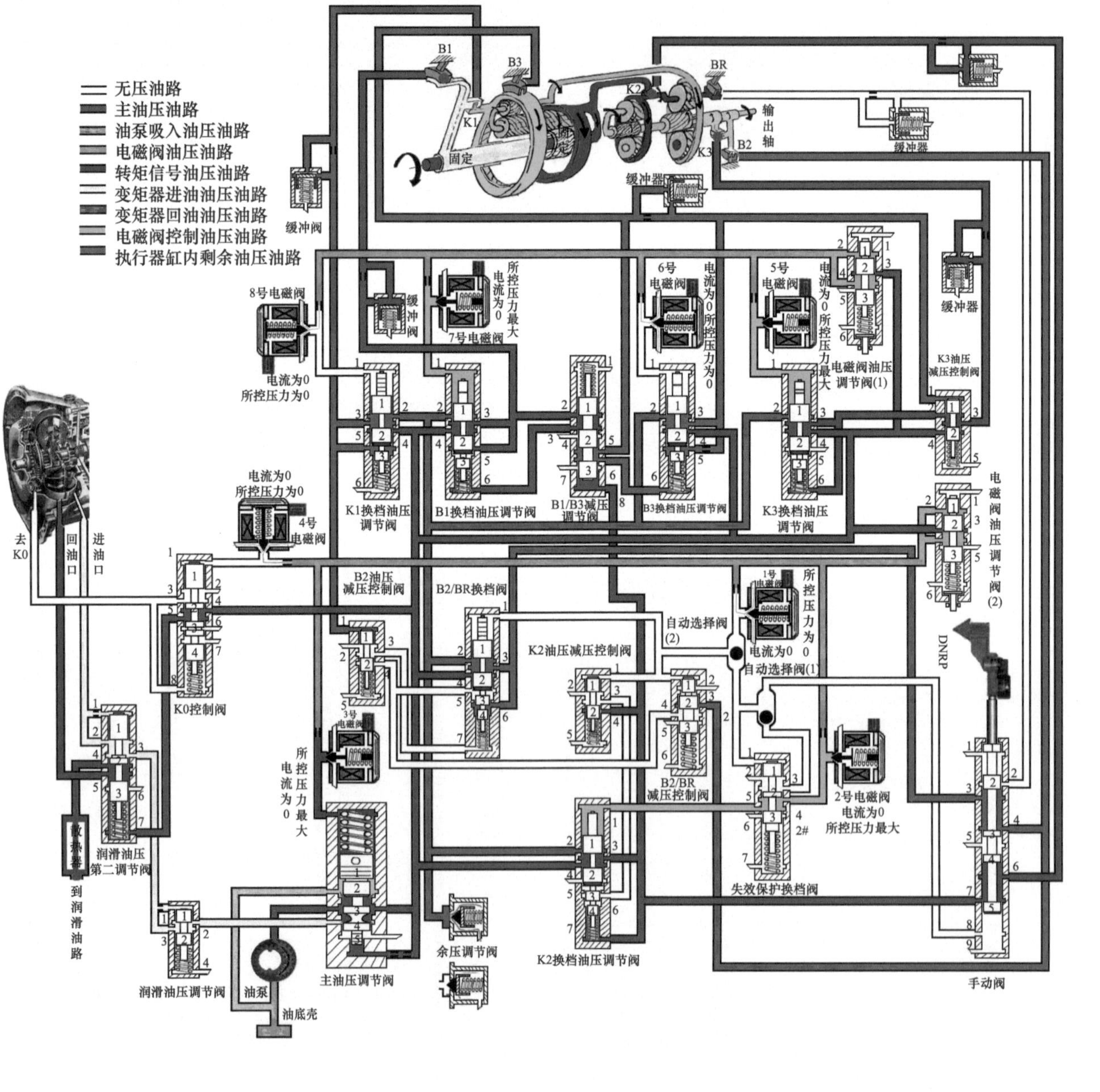

图 3-2-26　D 位紧急状态时的油路图

第一节　宝马 ZF 8HP PY 自动变速器动力传递

一、宝马 ZF 8HP PY 自动变速器剖视图

宝马 ZF 8HP PY 自动变速器剖视图如图 4-1-1 所示。

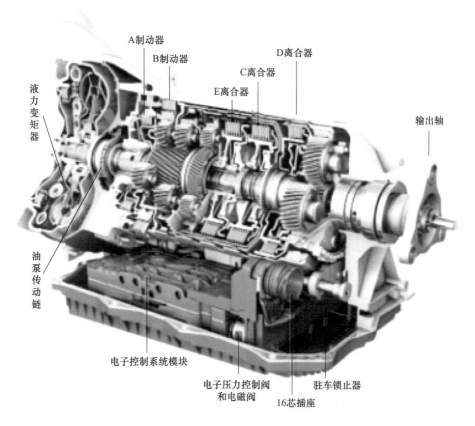

图 4-1-1　宝马 ZF 8HP PY 自动变速器剖视图

二、宝马 ZF 8HP PY 自动变速器行星齿轮变速机构示意图

宝马 ZF 8HP PY 自动变速器行星齿轮变速机构示意图如图 4-1-2 所示。

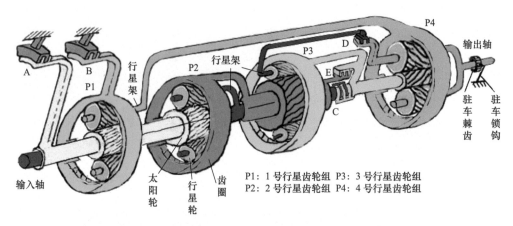

P1：1 号行星齿轮组 P3：3 号行星齿轮组
P2：2 号行星齿轮组 P4：4 号行星齿轮组

图 4-1-2　自动变速器行星齿轮变速机构示意图

三、宝马 ZF 8HP PY 自动变速器行星齿轮变速机构动力传递路径

各档位时参与工作的制动器、离合器见表 4-1-1。

表 4-1-1　制动器、离合器工作表

变速杆位置	档位	制动器		离合器		
		A	B	C	D	E
P	驻车档	●	○			
N	空档	●	○			
R	倒档	●	●		●	
D	1 档	●	●	●		
	2 档	●	●			●
	3 档		●	●		●
	4 档		●		●	●
	5 档		●	●	●	
	6 档			●	●	●
	7 档	●		●	●	
	8 档	●			●	●

（一）变速杆在 P/N 位时动力传递路径

变速杆在 P/N 位时动力传递路径如图 4-1-3 所示。

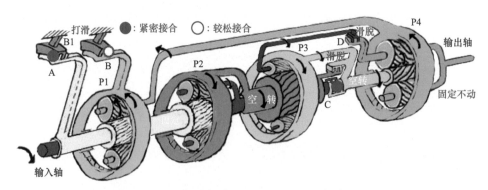

图 4-1-3　变速杆在 P/N 位时动力传递路径

（二）变速杆在 R 位时的动力传递路径

变速杆在 R 位时的动力传递路径如图 4-1-4 所示。

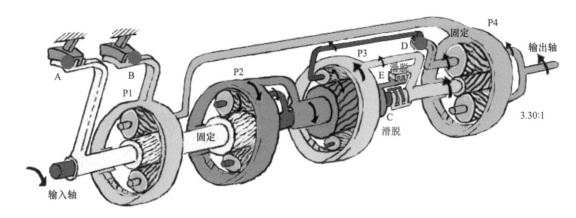

图 4-1-4　变速杆在 R 位时动力传递路径

（三）变速杆在 D 位时动力传递路径

1）D 位 1 档时动力传递路径如图 4-1-5 所示。

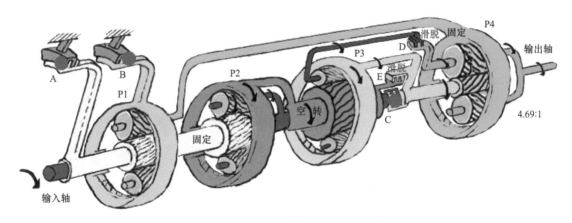

图 4-1-5　D 位 1 档时动力传递路径

2）D 位 2 档时动力传递路径如图 4-1-6 所示。

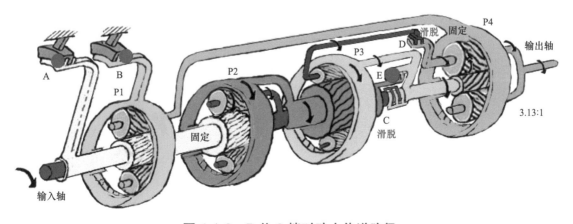

图 4-1-6　D 位 2 档时动力传递路径

3）D 位 3 档时动力传递路径如图 4-1-7 所示。

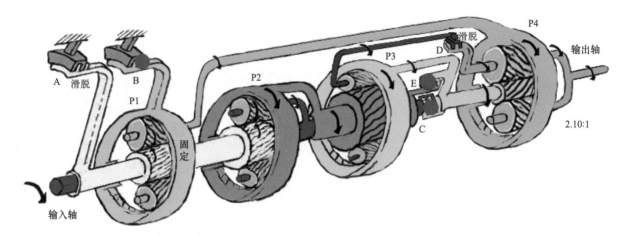

图 4-1-7　D 位 3 档时动力传递路径

4）D 位 4 档时动力传递路径如图 4-1-8 所示。

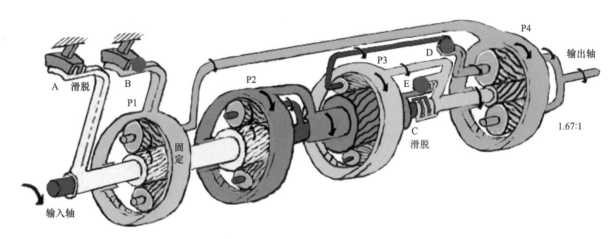

图 4-1-8　D 位 4 档时动力传递路径

5）D 位 5 档时动力传递路径如图 4-1-9 所示。

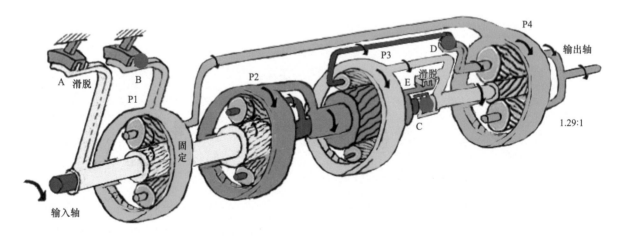

图 4-1-9　D 位 5 档时动力传递路径

6）D 位 6 档时动力传递路径如图 4-1-10 所示。

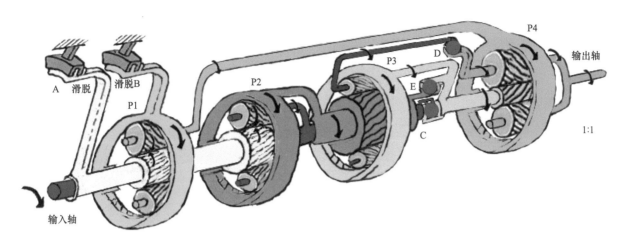

图 4-1-10　D 位 6 档时动力传递路径

7）D 位 7 档时动力传递路径如图 4-1-11 所示。

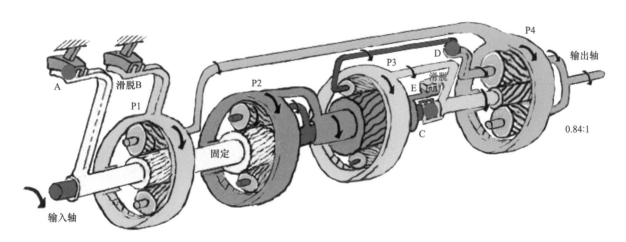

图 4-1-11　D 位 7 档时动力传递路径

8）D 位 8 档时动力传递路径如图 4-1-12 所示。

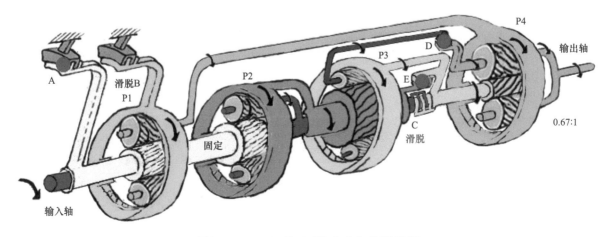

图 4-1-12　D 位 8 档时动力传递路径

此变速器的动力传动机构中没有单向离合器，所以在各档时，减小节气门开度，车辆的惯性都能反拖发动机，发动机起到制动作用。

第二节　宝马 ZF 8HP PY 自动变速器液压油路

一、电子液压控制机构

（一）电子液压控制机构组成

电子液压控制机构组成如图 4-2-1 所示。

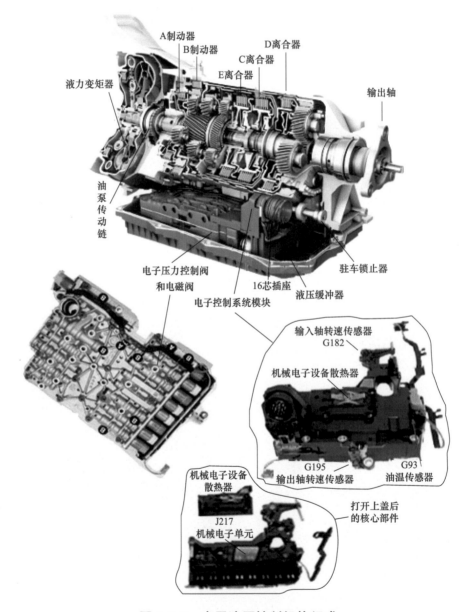

图 4-2-1　电子液压控制机构组成

（二）拆下油底后看到的电子液压控制机构

电子液压控制机构外形如图 4-2-2 所示。

图 4-2-2　从底部看到的电子液压控制机构

（三）电子液压控制机构各部件的连接关系

电子液压控制机构各部件的连接关系如图 4-2-3 所示。

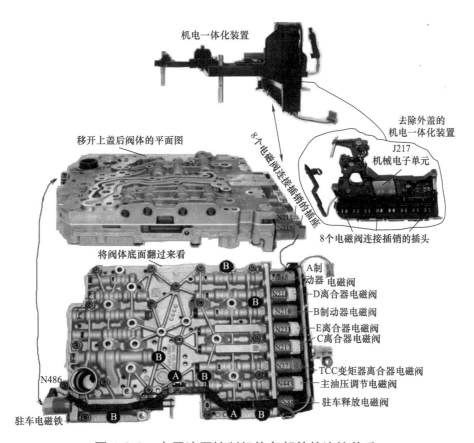

图 4-2-3　电子液压控制机构各部件的连接关系

（四）输入轴转速传感器和输出轴转速传感器

输入轴和输出轴转速传感器如图 4-2-4 所示。

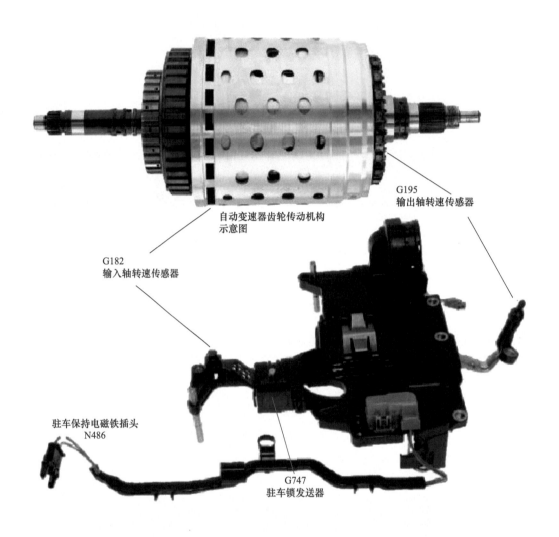

图 4-2-4　输入轴转速传感器和输出轴转速传感器

（五）压力调节电磁阀

1）常开渐闭型压力调节电磁阀：电流为 0 时，泄油口全开，泄油口随电流增加而减小，所控油压随电流增加而增大，如 N215、N216、N371，其构造如图 4-2-5 所示。

有关其详情请参阅 ZF 6HP 26 A61 6 档自动变速器液压油路的相关内容。

2）常闭渐开型压力调节电磁阀型：电流为 0 时，泄油口全闭，泄油口随电流增加而增大，所控油压随电流增加而减小，如 N217、N218、N233、N433，其构造如图 4-2-6 所示。

有关其详情请参阅本书第二章 ZF 6HP 26 A61 自动变速器液压油路的相关内容。

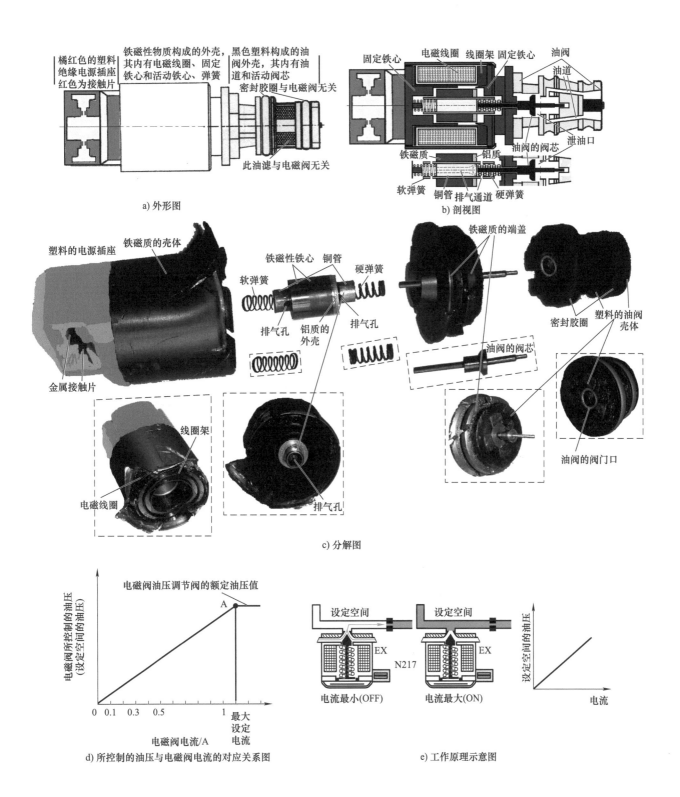

图 4-2-5　常开渐闭型压力调节电磁阀的构造图

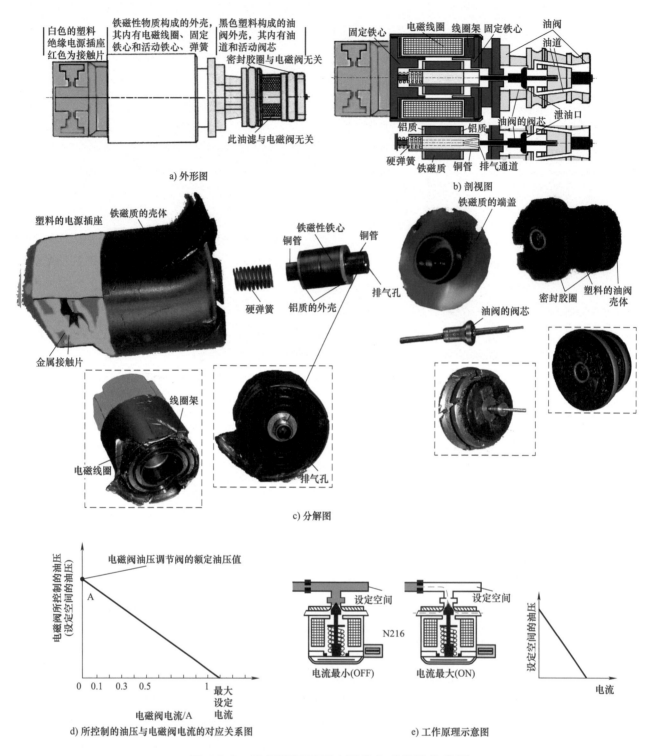

a) 外形图

b) 剖视图

c) 分解图

d) 所控制的油压与电磁阀电流的对应关系图

e) 工作原理示意图

图 4-2-6　常闭渐开型压力调节电磁阀的构造图

（六）常开型开关电磁阀

N88 电磁阀为常开型开关电磁阀，其结构如图 4-2-7 所示。控制电流为突变型，断电（OFF）时泄油口泄油，所控空间的油压为 0；通电（ON）时泄油口不泄油，所控空间的油压为最大。

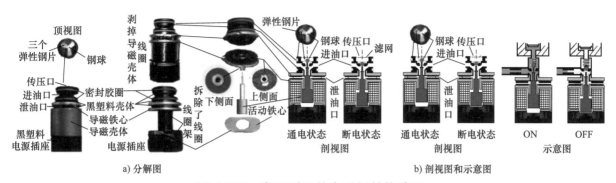

图 4-2-7　常开型开关电磁阀的构造图

有关其详情请参阅本书第二章 ZF 6HP 26 A61 自动变速器液压油路的相关内容。

（七）驻车保持电磁铁

驻车保持电磁铁的结构示意图如图 4-2-8 所示。

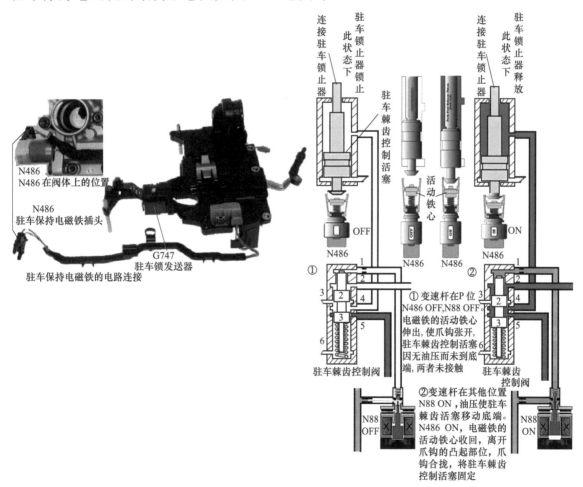

图 4-2-8　驻车保持电磁铁的结构示意图

（八）自动变速器电子控制系统原理电路图

自动变速器电子控制系统原理电路图如图 4-2-9 所示。

本车车载网络采用了 FlexRay 网络协议（标准），比 CAN（Controller Area Network，控制器局域网）、LIN（Local Interconnect Network，局域互联网）总线智能性更高，如图 4-2-9 所示。

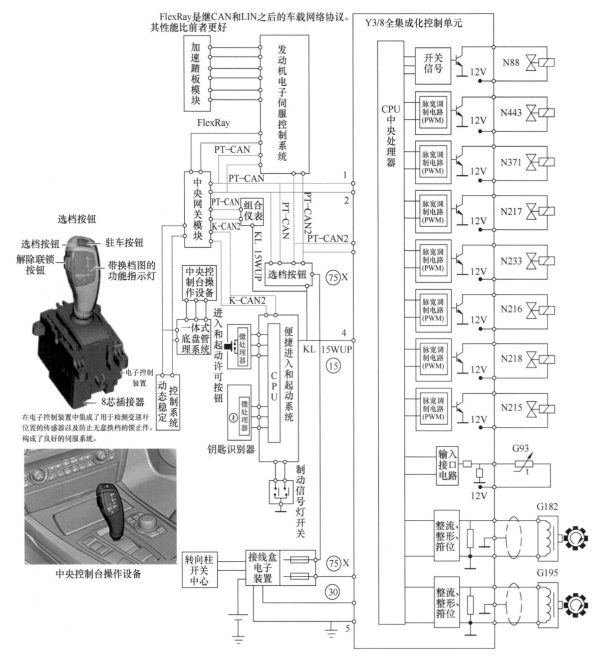

图 4-2-9　自动变速器电子控制系统原理电路图

二、宝马 ZF 8HP PY 自动变速器液压油路原理图

宝马 ZF 8HP PY 自动变速器液压油路原理图如图 4-2-10 所示。

（一）液压源

液压源局部油路如图 4-2-10 中 A 部分所示。

1. 油泵

油泵为双内啮合式齿轮泵，其结构和工作原理本文从略。

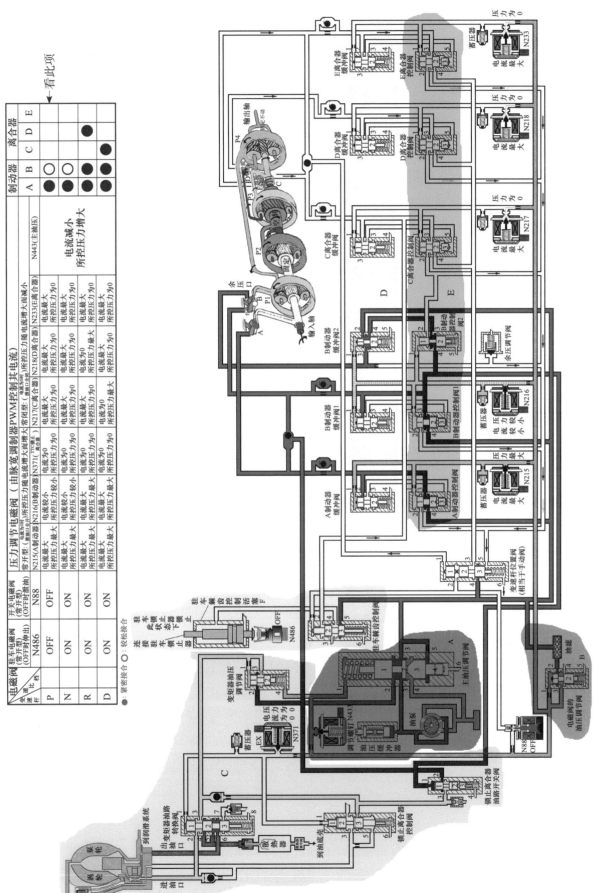

图 4-2-10　宝马 8 档自动变速器液压油路原理图

2. 主油压调节阀

主油压调节阀结构和工作原理

主油压调节阀属于泄流式调节阀，其结构如图 4-2-11 中的 A 部分所示。柱塞、弹簧和阀的进油口或出油口（简称阀口）1、2、3、4、5、6 构成自动调节阀。阀口 1 引入人工控制的油门信号油压，从而由人工来控制主油压的数值。

当发动机转速小于怠速转速某一设定转速时，主油压调节阀则进入自动调节状态，主油压保持额定值。其工作原理参阅本书第二章 ZF 6HP 26 A61 变速器的相关部分，本文不再赘述。

当踩下加速踏板，各相关的传感器信号经网络、运算机构等变换成电信号给 N433 电磁阀。其工作原理请参阅本书第二章 ZF 6HP 26 A61 变速器的相关内容。

3. 电磁阀的油压调节阀的结构和工作原理

将节气门位置的电信号（转矩电信号）变换成转矩油压信号时，所供油压必须是一个稳定的油

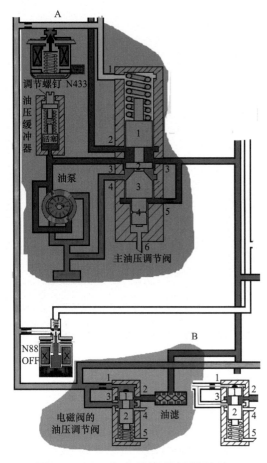

图 4-2-11　主油压调节阀的结构

压，因而设置了一个专供电磁阀使用的油压调节阀，简称电磁阀的油压调节阀，其结构如图 4-2-11 中 B 部分中电磁阀的油调节压阀所示。柱塞上有阀塞 1 和阀塞 2，两个阀塞的直径相同，不工作时，柱塞停于顶部，见图 4-2-11 中 B 部分。发动机转动后，主油路油压使油液由阀口 2 入，阀口 3 出，并反馈到阀口 1，因阀口 3 之后的油路是密闭的，油压逐渐上升，此油压作用于阀塞 1 顶部，使柱塞压缩弹簧而下移，当阀塞 1 将阀口 2 堵塞时，截断主油路的油压。同时，阀塞 2 的上沿打开阀口 4 而泄油，使阀口 3 后的油压下降，柱塞上移，阀塞 2 关闭阀口 4，阀塞 1 打开阀口 2，主油压向阀口 2 内供油，阀口 3 的油压又上升。这样，柱塞不停地上下移动，阀口 3 后的油路保持一个设定的油压。

4. 油压缓冲器

由于油泵为双内啮合式齿轮泵，转速变化时泵油量变化较大，油压缓冲器可以起到缓冲作用。

（二）变矩器油路

变矩器部分的局部油路如图 4-2-12 所示，图 4-2-12a 为变矩器离合器 TCC（Torque Converter Clutch）锁止状态下的油路，图 4-2-12b 为 TCC 脱开状态下的油路。

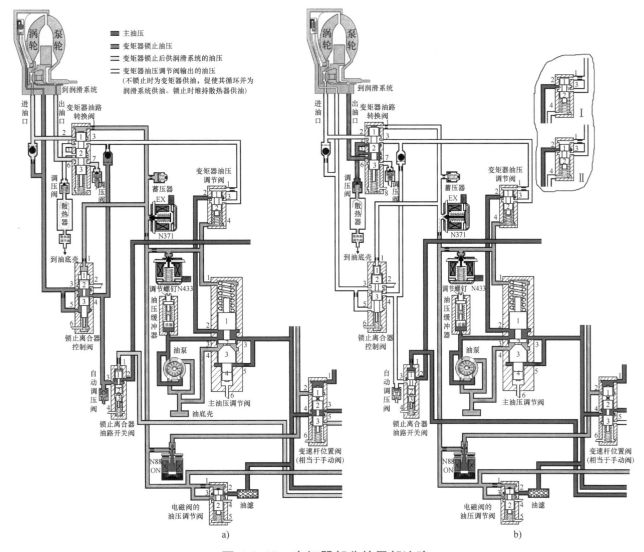

图 4-2-12　变矩器部分的局部油路

1. 变矩器油压调节阀

变矩器油压调节阀的工作状态如图 4-2-12b 中右上角Ⅰ、Ⅱ部分所示，工作初始，如图Ⅰ所示，油液由阀口 2 进，阀口 3 出，出口后的油压逐渐上升，到达某一数值后，柱塞压缩弹簧而下降，当阀塞 1 到达Ⅱ图位置时，阀口 2 被关闭，阀口 3 后的油压迅速下降，柱塞迅速上升，阀口 2 打开，阀口 3 后的油压又上升，柱塞就不停地上下移动，在怠速状态下，阀口 4 的油压为 0，阀口 3 后的油压就保持一个设定值。

当踩下加速踏板，转矩信号电磁阀 N433 控制的阀口 4 的油压随之上升，阀口 3 输出的变矩器油压就随之上升。

2. 锁止离合器油路开关阀

在变矩器离合器脱开状态下，如图 4-2-12b 所示，锁止离合器油路开关阀的阀口 1 有主油压引入，使柱塞下移，将阀口 2 阻塞，阀口 3 打开。

多数档位变矩器离合器处于脱开状态，如图 4-2-12b 所示，由于变矩器锁止控制电磁阀

N371 电流为 0，所控油压为 0，变矩器油路转换阀和锁止离合器控制阀的阀口 1 油压为 0，两者的柱塞停于顶部。由于油路是未封闭的油路，油液不停地从主油压调节阀的阀口 2→变矩器油压调节阀阀口 2→阀口 3→变矩器油路转换阀阀口 3→阀口 2→变矩器进油口→出油口→变矩器油路转换阀阀口 6→阀口 5→散热器→油底壳。还有一条经变矩器轴套上的油孔，进入变速器各摩擦副后汇集到变速器的油底壳。锁止离合器与泄油口相通。锁止离合器开关阀的阀口 1 在 5 档之前各个档位时，都与主油压相连接，使柱塞下移，阀塞 1 将阀口 2 堵塞，主油压送不到锁止离合器控制阀。

从 6 档进入 7 档时，变矩器进入锁止状态，如图 4-2-12a 所示。电控系统使变矩器锁止控制电磁阀 N371 电流最大，所控油压最大，变矩器油路转换阀和锁止离合器控制阀的阀口 1 加压，柱塞下移，如图 4-2-12a。锁止离合器油路开关阀的阀口 1 引入的是余压，余压的压力较小，柱塞上移，阀口 2 与阀口 3 相同。主油压经阀口 2、3→锁止离合器控制阀的阀口 4、3 送入变矩器锁止离合器，使离合器接合。自动调压阀将变矩器的油压保持在设定值。同时此油压经节流孔和变矩器油路转换阀阀口 7 的调压阀调制成另一个设定数值的油压给润滑系统供油。

（三）电信号转换成油压信号环节

图 4-2-10 中的 D、E 部分和下部的 5 个电磁阀构成电信号转换成油压信号环节。现以 A 制动器的电信号转换成油压信号环节为例来讲述其工作过程，参阅图 4-2-13。

电磁阀油压阀自动调节出一个稳定油压，此油压经节流孔与设定空间相接，而电磁阀 N215 的阀芯控制着设定空间的泄流口，电流为 0 时，泄流口最大，节流孔进入的油液全部由泄流口流出，设定空间的油压为 0。电流增加，电磁阀的阀芯将泄流口减小，泄油量小于进油量，设定空间的油压随之上升。电流值最大时，泄流口全闭，设定空间的油压最大。如图 4-2-13 中涂色区域中所示的坐标图，电信号转换成对应的油压信号。

控制阀的结构特点是没有弹簧，两端的阀塞面积一大一小，控制信号油压由阀口 1 引入，作用于阀塞 1，柱塞下移关闭阀口 2，断开余压油路。打开阀口 4 连通主油路，经阀口 3 进入 A 制动器活塞室，同时经缓冲阀的阀口 2、3 返送到开关阀的阀口 5，作用于阀塞 3 的底部，其方向是向上，上下合力为 0 时，柱塞则停于相应位置。合力不为 0，柱塞则停于相应的顶部或底部。在控制信号油压为 0 时，余压作用于底部，使柱塞停于顶部，如图 4-2-13a。在控制信号油压为最大值时，柱塞停于底部，如图 4-2-13b（这是按照控制信号油压最大值 P_{max1} 乘以阀塞 1 面积 $A1$ 之积，略大于 P_{max3} 乘以阀塞 3 面积 $A3$ 之积原理设计制造的原因）。以上是控制电流连续增加的结果。

如果电磁阀的电流止于中间某一数值，控制信号油压为中间值，如图 4-2-13c，控制阀的柱塞则不停地上下移动，从（1）状态到（3）状态不停地上下移动，综合等效于（2）状态。送到制动器活塞室的油压就是中间某一数值。

P 位和 N 位时 B 制动器的电磁阀就是小于最大值的一个电流，送到活塞室的油压使制动器的摩擦片处于滑动工作状态。

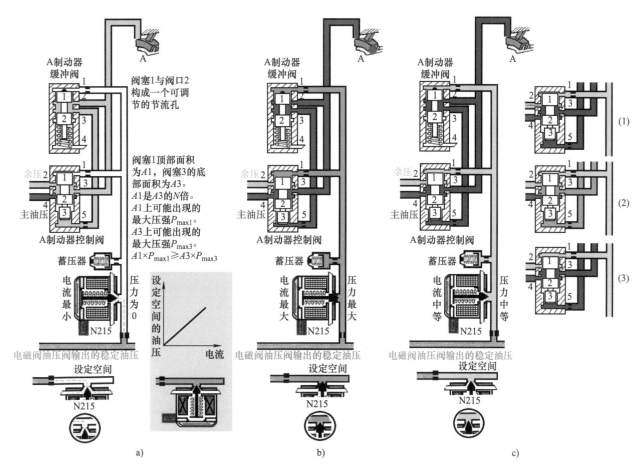

图 4-2-13　电信号转换成油压信号环节的工作原理图

C、D、E 离合器电信号转换成油压信号环节的工作原理与此相同，只是电磁阀属于常闭型的。电流为 0，设定空间的油压最大；电流最大，设定空间的油压为 0。在此不再赘述。

三、人工设置的初始状态

"自动变速器"这个名称所表述的核心是车辆在行驶中可以自动变换传动比，即通称的自动换档，而它的初始状态都是人工设置的，参见图 4-2-9。

人工移动变速杆（选档按钮）的位置，使其处于 P、R、N、D 位置，经电子控制装置处理后给中央处理器 CPU 发出相应的指令，CPU 则按设定的程序和数据实施控制，使变速器油路处于相应的设定状态。

（一）P 位的初始设置

踩下制动踏板，接通制动信号灯开关、按下 P 位按钮、按一下进入和起动许可按钮。网络系统就会起动发动机并处于怠速状态下运行。相关的传感器和指示器产生相应的信号和显示。驻车锁信号发送器 747 使驻车电磁铁断电（OFF）。全集成化控制单元使开关电磁阀 N88 断电（OFF），所控油路压力为 0，变速杆位置阀的柱塞停于顶位，阀口 5 打开，与阀口 6 相通，所有与阀口 5 相接的排气口经此排出。A 制动器电磁阀 N715 电流最大，所控压力最大，使 A 制动器紧紧接合。B 制动器电磁阀 N716 电流较小，所控压力较小，使 B 制动器轻微接合而滑动。C 离合器 N217 电磁阀、D 离合器 N218 电磁阀、E 离合器 N233 电磁阀、电流最大，所控压力为 0，三个离合器都脱开。以上状态简化为图 4-2-14 中的表格。此时，整个油路的状态如图 4-2-14 所示。

（二）N 位的初始设置

发动机起动后处于怠速状态。变速杆处于 N 位，N 位指示灯亮，相关的传感器和指示器产生相应的信号和显示。驻车锁信号发送器 747 使驻车电磁铁通电（ON）。全集成化控制单元使开关电磁阀 N88 通电（ON），所控油路压力为最大，变速杆位置阀的阀塞 1 与柱塞分离仍停于顶部，而柱塞受压而下移，阀口 5 关闭，所有与阀口 5 相接的排气口都加上了余压。使未加压离合器的活塞筒保留适当油压，称其为余压，换档时，注入的主油压立即使活塞移动。A 制动器电磁阀 N715 电流最大，所控压力最大，使 A 制动器紧紧接合。B 制动器电磁阀 N716 电流较小，所控压力较小，使 B 制动器轻微接合而滑动。C 离合器 N217 电磁阀、D 离合器 N218 电磁阀、E 离合器 N233 电磁阀、电流最大，所控压力为 0，三个离合器都脱开。以上状态简化为图 4-2-15 中的表格。此时，整个油路的状态如图 4-2-15 所示。

（三）R 位的初始设置

在 N 位状态，发动机处于怠速。使变速杆处于 R 位，R 位指示灯亮，相关的传感器和指示器产生相应的信号和显示。驻车锁信号发送器 747 使驻车电磁铁通电（ON）。全集成化控制单元使开关电磁阀 N88 通电（ON），所控油路压力为最大，变速杆位置阀的阀塞 1 与柱塞分离仍停于顶部，而柱塞受压而下移，阀口 5 关闭，所有与阀口 5 相接的排气口都加上了余压。A 制动器电磁阀 N715、B 制动器电磁阀 N716 电流最大，所控压力最大，A、B 两个制动器紧紧接合。C 离合器 N217 电磁阀、E 离合器 N233 电磁阀、电流最大，所控压力为 0，C、E 两个离合器都脱开。D 离合器 N218 电磁阀电流为 0，所控压力最大，D 离合器紧紧接合。以上状态简化为图 4-2-16 中的表格。此时，整个油路的状态如图 4-2-16 所示。

（四）D 位的初始设置

在 N 位状态，发动机处于怠速。使变速杆处于 D 位，D 位指示灯亮，相关的传感器和指示器产生相应的信号和显示。驻车锁信号发送器 747 使驻车电磁铁通电（ON）。全集成化控制单元使开关电磁阀 N88 通电（ON），所控油路压力为最大，变速杆位置阀的阀塞 1 与柱塞分离仍停于顶部，而柱塞受压而下移，阀口 5 关闭，所有与阀口 5 相接的排气口都加上了余压。A 制动器电磁阀 N715、B 制动器电磁阀 N716 电流最大，所控压力最大，A、B 两个制动器紧紧接合。C 离合器 N217 电磁阀电流为 0 所控压力最大，C 离合器紧紧接合。D 离合器 N218 电磁阀、E 离合器 N233 电磁阀电流最大所控压力为 0，C、E 两个离合器都脱开。以上状态简化为图 4-2-17 中的表格。此时，整个油路的状态如图 4-2-17 所示。

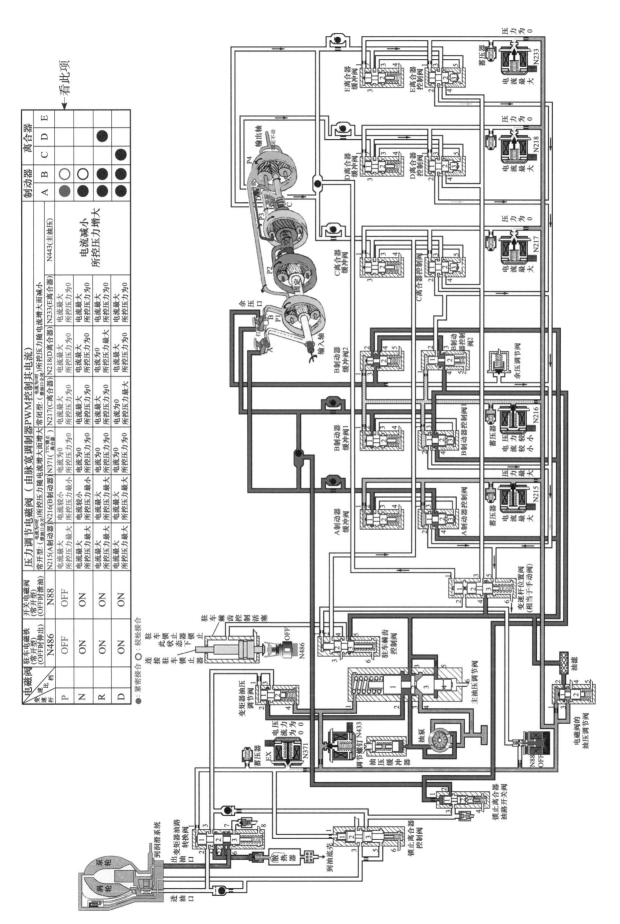

图 4-2-14　P 位时的油路图

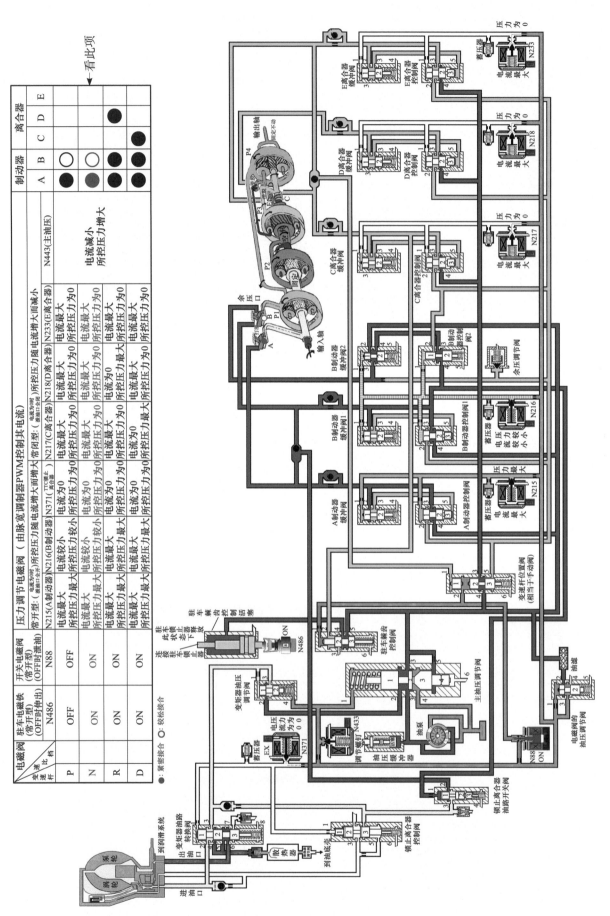

图 4-2-15　N 位时的油路图

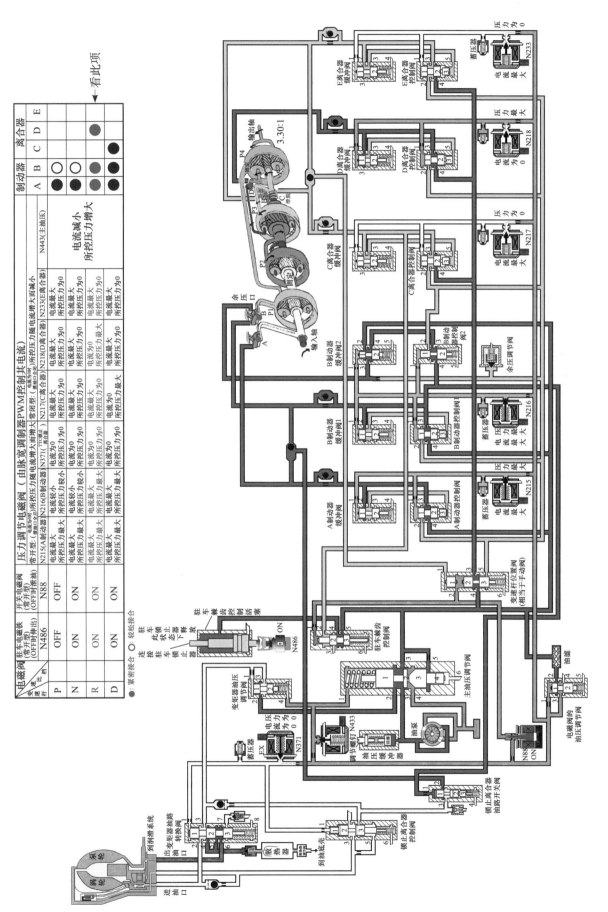

图 4-2-16　R位时的油路图

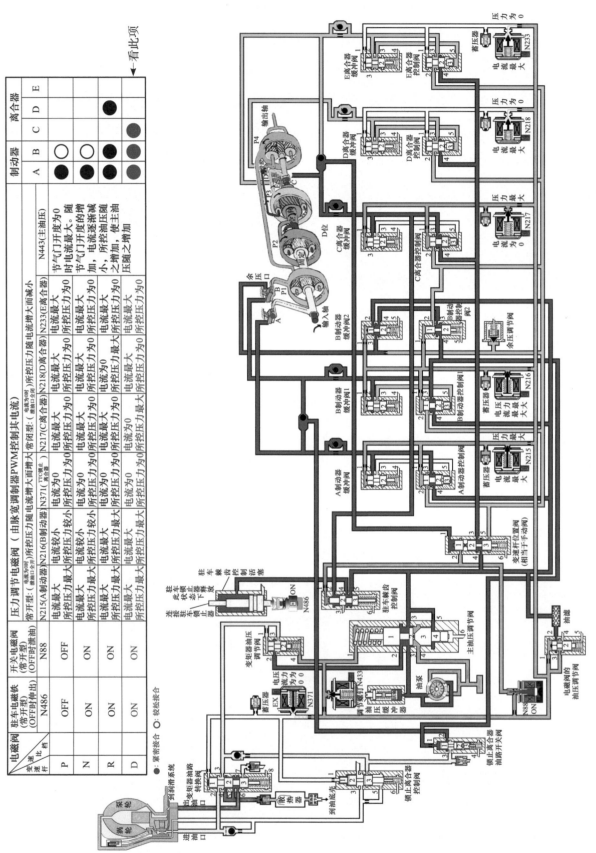

图 4-2-17 D位时的油路图

汽车自动变速器液控与电控系统解析彩色图解

186

四、D 位时自动换档后各档的油路图

（一）D 位 1 档时的油路图

D 位的初始设置，变速器则处于 1 档状态，如图 4-2-18 所示。

（二）D 位 2 档时的油路图

车辆起步后，车速传感器和节气门位置传感器实时为全集成化控制单元提供车速信号和节气门位置信号，车速信号和节气门位置信号数值符合 1 档升 2 档的条件时，全集成化控制单元使变速器由 1 档升入 2 档。D 位 2 档时的油路图如图 4-2-19 所示。

（三）D 位 3 档时的油路图

车速信号和节气门位置信号数值符合 2 档升 3 档的条件时，全集成化控制单元使变速器由 2 档升入 3 档。D 位 3 档时的油路图如图 4-2-20 所示。

（四）D 位 4 档时的油路图

车速信号和节气门位置信号数值符合 3 档升 4 档的条件时，全集成化控制单元使变速器由 3 档升入 4 档。D 位 4 档时的油路图如图 4-2-21 所示。

（五）D 位 5 档时的油路图

车速信号和节气门位置信号数值符合 4 档升 5 档的条件时，全集成化控制单元使变速器由 4 档升入 5 档。D 位 5 档时的油路图如图 4-2-22 所示。

（六）D 位 6 档时的油路图

车速信号和节气门位置信号数值符合 5 档升 6 档的条件时，全集成化控制单元使变速器由 5 档升入 6 档。D 位 6 档时的油路图如图 4-2-23 所示。

（七）D 位 7 档时的油路图

车速信号和节气门位置信号数值符合 6 档升 7 档的条件时，全集成化控制单元使变速器由 6 档升入 7 档。D 位 7 档时的油路图如图 4-2-24 所示。

（八）D 位 8 档时的油路图

车速信号和节气门位置信号数值符合 7 档升 8 档的条件时，全集成化控制单元使变速器由 7 档升入 8 档。D 位 8 档时的油路图如图 4-2-25 所示。

（九）D 位紧急状态时的油路图

变速器输出转速传感器 G195、制动灯开关、8 个电磁阀中任意一个，以上这三部分的部件内部或外部电路出现损坏时，全集成化控制单元会使 8 个电磁阀都处于断电状态。这种状态通称为紧急运行状态。D 位紧急状态时的油路图如图 4-2-26 所示。

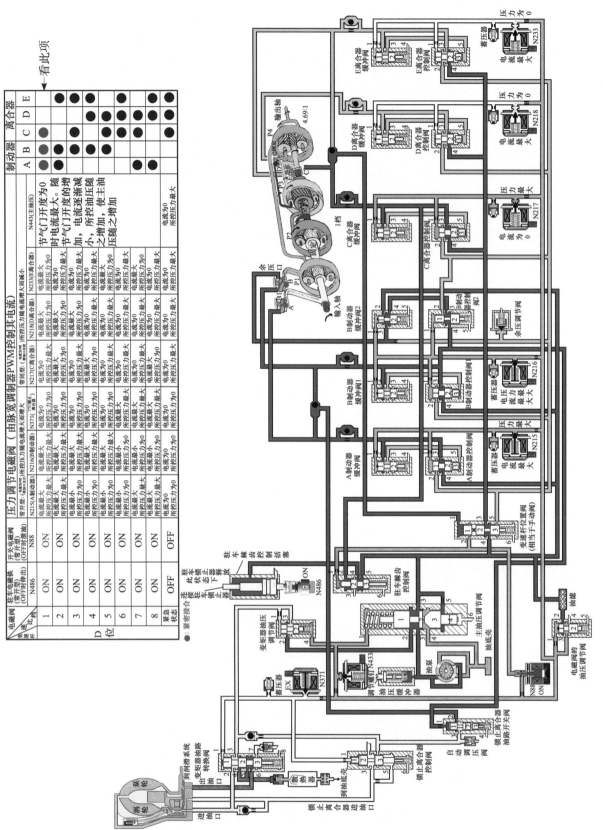

图 4-2-18　D 位 1 档时的油路图

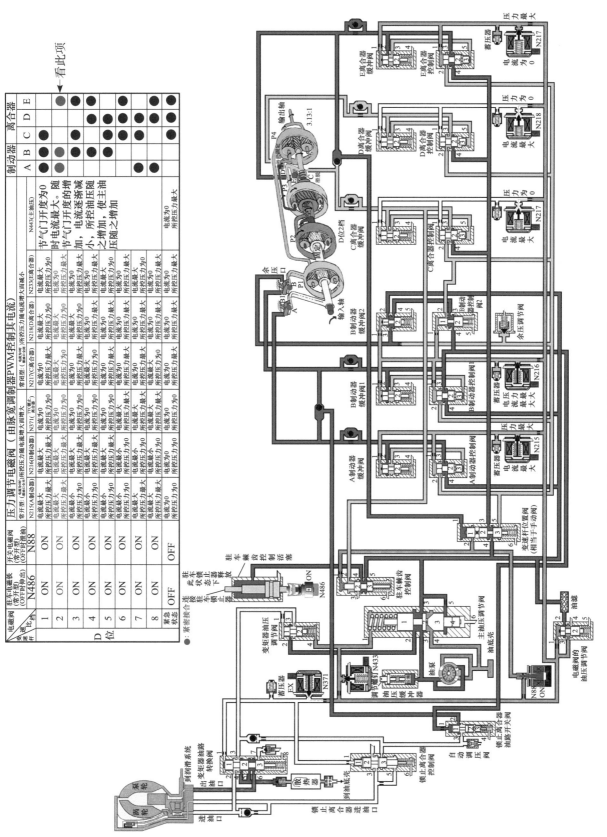

图 4-2-19　D 位 2 档时的油路图

汽车自动变速器液控与电控系统解析彩色图解

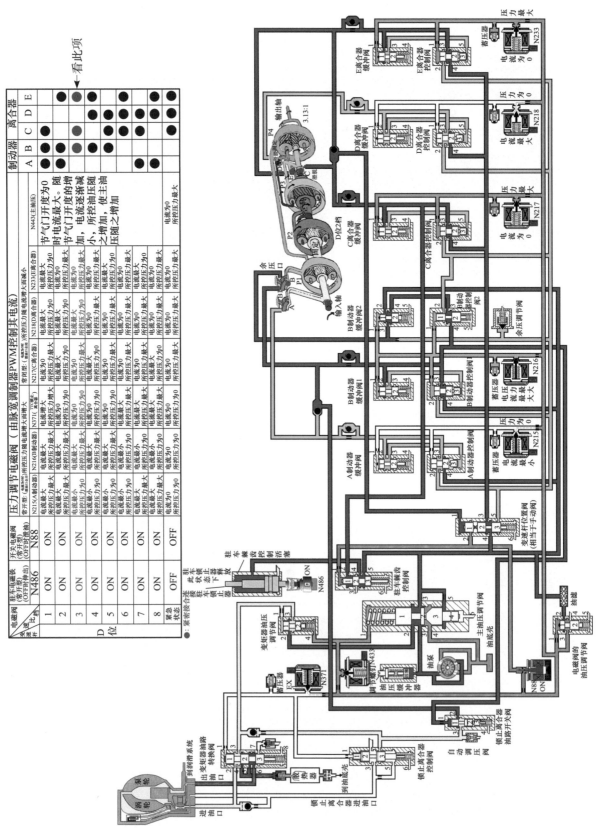

图 4-2-20 D 位 3 档时的油路图

190

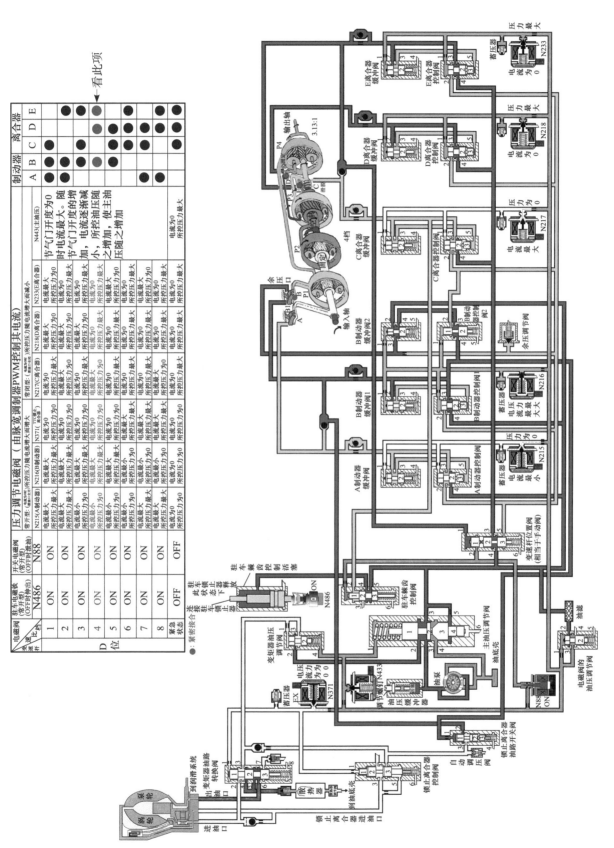

图 4-2-21 D 位 4 档时的油路

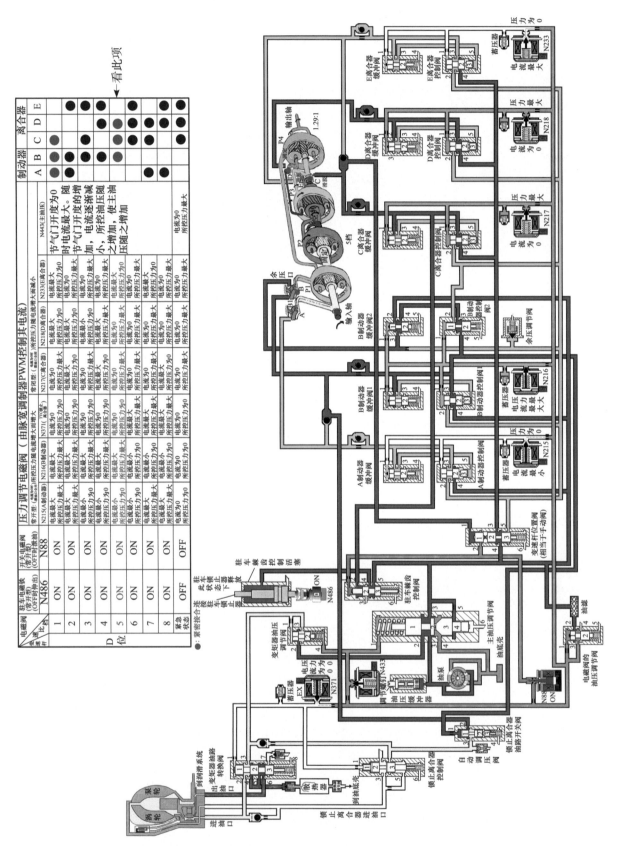
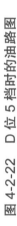

图 4-2-22　D位 5 档时的油路图

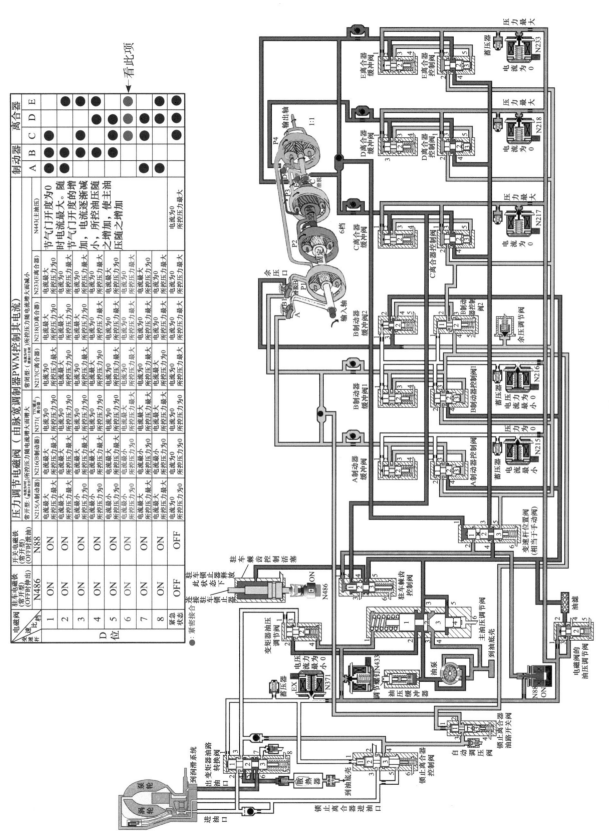

图 4-2-23　D 位 6 档时的油路图

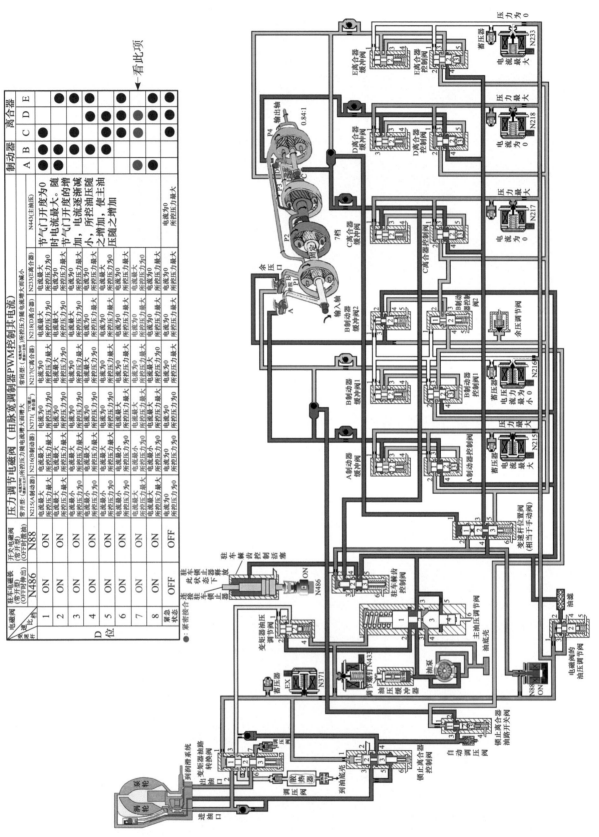

图 4-2-24　D 位 7 档时的油路图

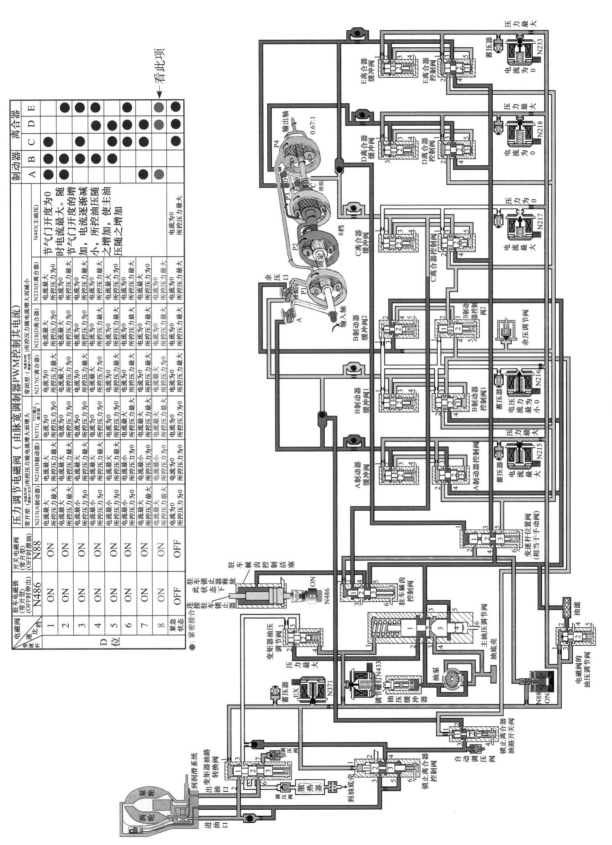

图 4-2-25　D 位 8 挡时的油路图

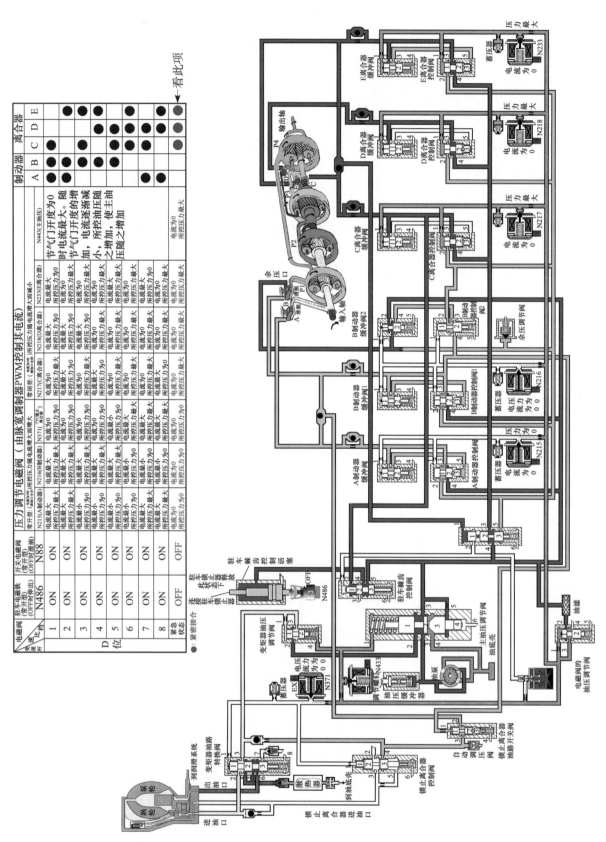

图 4-2-26　D 位紧急状态时的油路图

▼ 附　录

附录 A　宝马 ZF 5HP −24 自动变速器液压油路

一、宝马 ZF 5HP−24 P 位时的油路

电磁阀 档位	换挡电磁阀 (常开型OFF时泄油)			压力调节电磁阀(由脉宽调制器PWM 控制其电流)					离合器			制动器			单向离合器
				常开型:泄油口随电流增大而减小				常闭型:泄油口随电流减小而减小	K1	K2	K3	B1	B2	B3	F1
	MV1	MV2	MV3	EDS2	EDS3	EDS4	EDS5	EDS1 转矩信号							
P位	ON	OFF	ON	OFF	ON	OFF	OFF	ON	节气门开度为0时电流最大。随节气门开度增加,电流逐渐减小,设定空间的油压随之增加。作用于转矩信号油压阀的油压随之增加,转矩信号油压阀的输出油压增加,主油压增加。							
R位	ON	OFF	OFF	OFF	ON	OFF	OFF	ON				●		●	
N位	ON	OFF	ON	OFF	ON	OFF	OFF	ON							
D位	ON	OFF	OFF	OFF	ON	OFF	OFF	ON		●					●

← 看此项

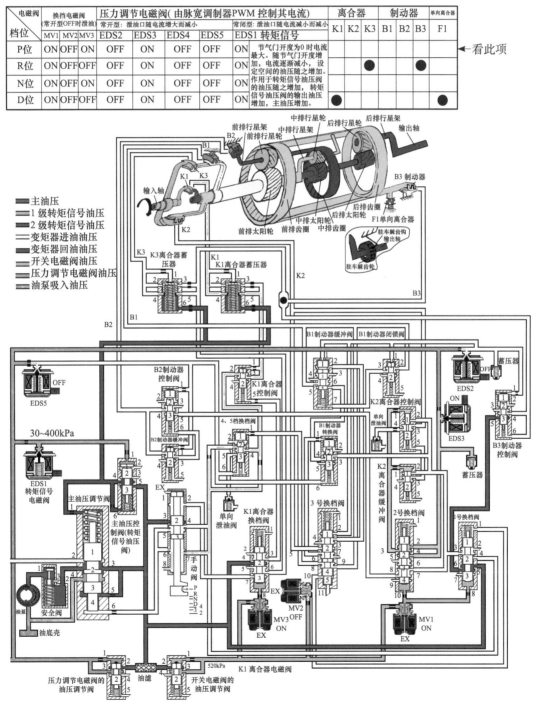

附图 1　宝马 ZF 5HP-24 P 位时的油路

二、宝马 ZF 5HP-24 R 位时的油路

电磁阀 档位	换档电磁阀 (常开型OFF时泄油)			压力调节电磁阀(由脉宽调制器PWM控制其电流)					离合器			制动器			单向离合器
				常开型:泄油口随电流增大而减小				常闭型:泄油口随电流减小而减小							
	MV1	MV2	MV3	EDS2	EDS3	EDS4	EDS5	EDS1 转矩信号	K1	K2	K3	B1	B2	B3	F1
P位	ON	OFF	ON	OFF	ON	OFF	OFF	ON							
R位	ON	OFF	OFF	OFF	ON	OFF	OFF	ON			●		●		
N位	ON	OFF	ON	OFF	ON	OFF	OFF	ON							
D位	ON	OFF	OFF	OFF	ON	OFF	OFF	ON	●						●

EDS1转矩信号说明: 节气门开度为0时电流最大。随节气门开度增加,电流逐渐减小,设定空间的油压随之增加。作用于转矩信号油压阀的油压随之增加,转矩信号油压阀的输出油压增加,主油压增加

←看此项

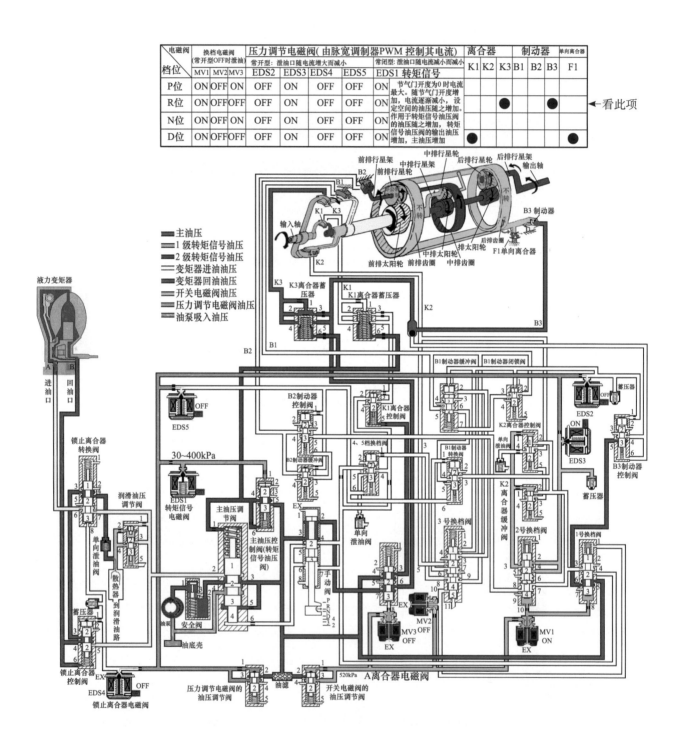

附图2　宝马 ZF 5HP-24 R 位时的油路

三、宝马 ZF 5HP-24 N 位时的油路

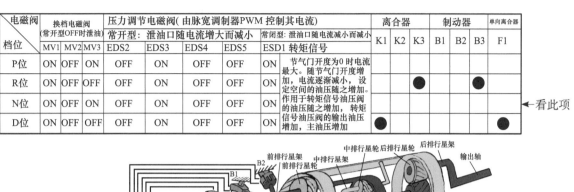

电磁阀\档位	换档电磁阀 (常开型OFF时泄油)			压力调节电磁阀(由脉宽调制器PWM 控制其电流)						离合器			制动器			单向离合器
				常开型：泄油口随电流增大而减小				常闭型: 泄油口随电流减小而减小								
	MV1	MV2	MV3	EDS2	EDS3	EDS4	EDS5	ESD1 转矩信号		K1	K2	K3	B1	B2	B3	F1
P位	ON	OFF	ON	OFF	ON	OFF	OFF	ON	节气门开度为0 时电流最大。随节气门开度增加，电流逐渐减小，设定空间的油随之增加。作用于转矩信号油压阀的油压随之增加，转矩信号油压阀的输出油压增加，主油压增加					●		
R位	ON	OFF	OFF	OFF	ON	OFF	OFF	ON					●		●	
N位	ON	OFF	ON	OFF	ON	OFF	OFF	ON								
D位	ON	OFF	OFF	OFF	ON	OFF	OFF	ON		●						●

←看此项

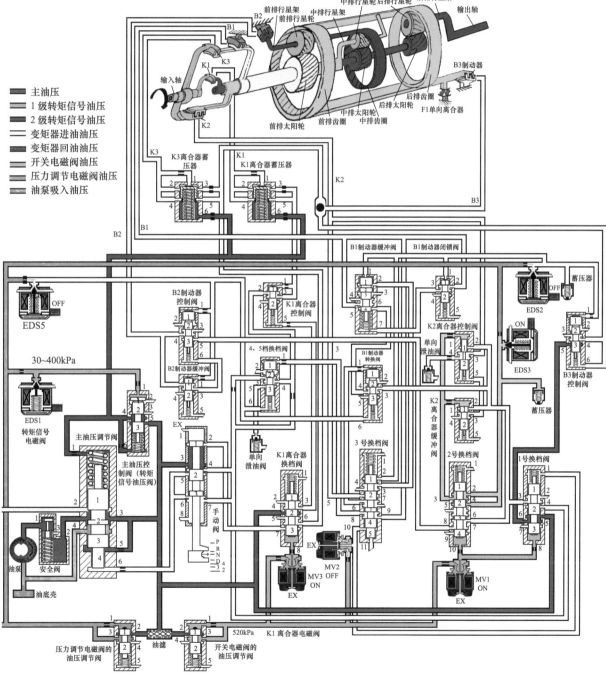

附图 3　宝马 ZF 5HP-24 N 位时的油路

四、宝马 ZF 5HP-24 D 位时的油路

电磁阀 档位	换档电磁阀 (常开型OFF时泄油)			压力调节电磁阀(由脉宽调制器PWM 控制其电流)					离合器			制动器			单向离合器
				常开型: 泄油口随电流增大而减小				常闭型: 泄油口随电流减小而减小							
	MV1	MV2	MV3	EDS2	EDS3	EDS4	EDS5	ESD1 转矩信号	K1	K2	K3	B1	B2	B3	F1
P位	ON	OFF	ON	OFF	ON	OFF	OFF	ON	节气门开度为0时电流最大。随节气门开度增加,电流逐渐减小,设定空间的油压随之增加。作用于转矩信号油压阀的油压随之增加,转矩信号油压阀的输出油压增加,主油压增加。						
R位	ON	OFF	OFF	OFF	ON	OFF	OFF	ON				●		●	
N位	ON	OFF	ON	OFF	ON	OFF	OFF	ON							
D位	ON	OFF	OFF	OFF	ON	OFF	OFF	ON	●						● ←看此项

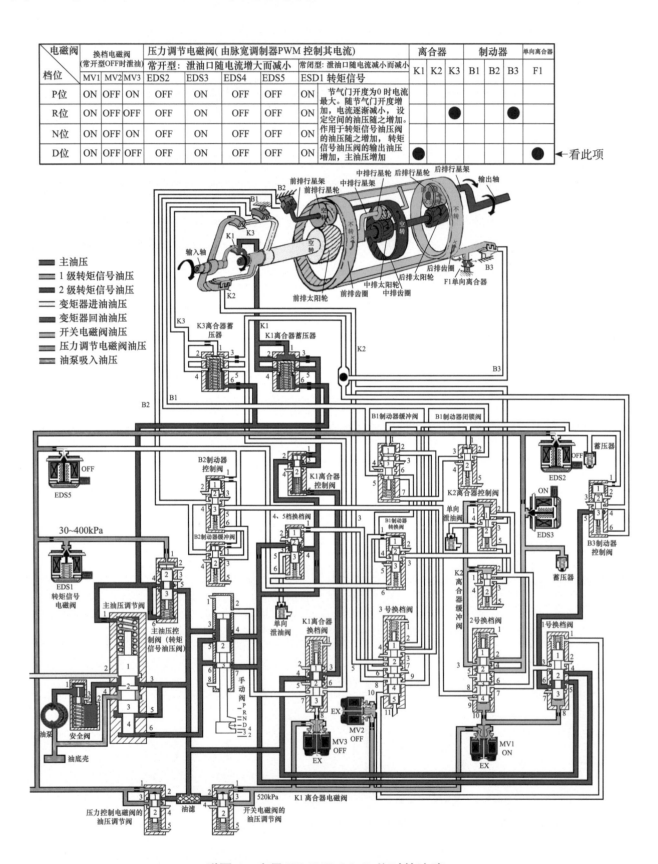

附图 4　宝马 ZF 5HP-24　D 位时的油路

五、宝马 ZF 5HP-24 D 位 1 档时的油路

电磁阀	换档电磁阀(常开型OFF时泄油)			压力调节电磁阀(由脉宽调制器PWM 控制其电流)							离合器			制动器			单向离合器
				常开型: 泄油口随电流增大而减小				常闭型: 泄油口随电流减小而减小									
档位	MV1	MV2	MV3	EDS2	EDS3	EDS4	EDS5	EDS1	转矩信号	K1	K2	K3	B1	B2	B3	F1
D位 1	ON	OFF	OFF	OFF	ON	OFF	OFF	ON	节气门开度为0时电流最大。随节气门开度增加，电流逐渐减小，设定空间的油压随之增加。作用于转矩信号油压阀的油压随之增加，转矩信号油压阀的输出油压增加，主油压增加	●						●
2	ON	ON	OFF	OFF	ON	OFF	ON	ON		●				●		
3	OFF	ON	OFF	ON	ON	OFF	OFF	ON		●				●		
4	OFF	ON	OFF	OFF	OFF	ON	OFF	ON			● ●					
5	OFF	OFF	ON	ON	OFF	ON	OFF	ON			●			●		
2位 (L1)	ON	OFF	OFF	ON	ON	OFF	OFF	ON		●					●	●

←看此项

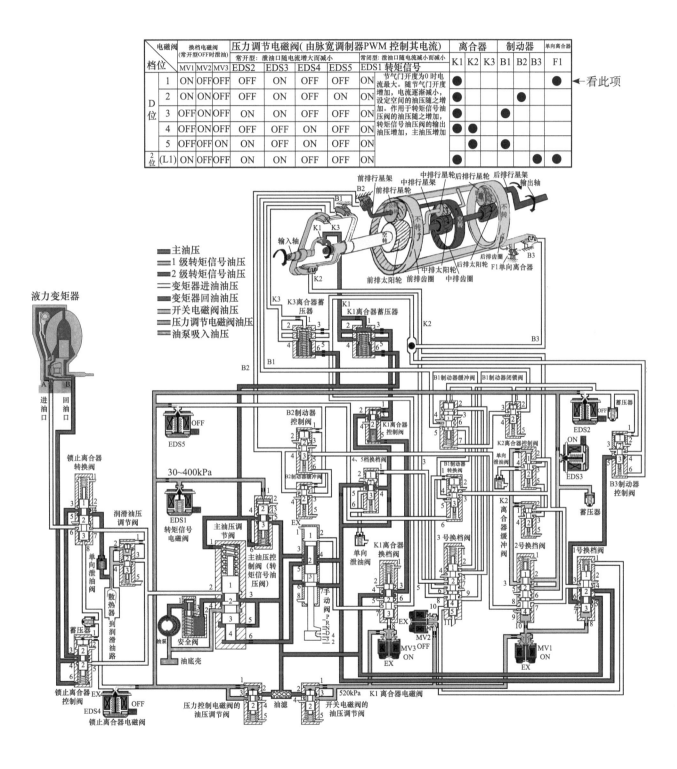

附图 5　宝马 ZF 5HP-24 D 位 1 档时的油路

六、宝马 ZF 5HP-24 D 位 2 档时的油路

电磁阀	换档电磁阀 (常开型OFF时泄油)			压力调节电磁阀(由脉宽调制器PWM 控制其电流)						离合器			制动器			单向离合器
				常开型: 泄油口随电流增大而面减小				常闭型: 泄油口电流减小而面减小		K1	K2	K3	B1	B2	B3	F1
档位	MV1	MV2	MV3	EDS2	EDS3	EDS4	EDS5	EDS1	转矩信号							
D 位 1	ON	OFF	OFF	OFF	ON	OFF	OFF	ON	节气门开度为0 时电流最大。随节气门开度增加,电流逐渐减小,设定空间的油压随之增加。作用于转矩信号油压阀的油压随之增加,转矩信号油压阀的输出油压增加,主油压增加	●						●
D 位 2	ON	ON	OFF	OFF	ON	OFF	ON	ON		●				●		
D 位 3	OFF	ON	OFF	ON	ON	OFF	OFF	ON		●		●				
D 位 4	OFF	ON	OFF	OFF	OFF	ON	OFF	ON		●	●					
D 位 5	OFF	OFF	ON	ON	OFF	OFF	OFF	ON			●		●			
2 位 (L1)	ON	OFF	OFF	ON	ON	OFF	OFF	ON		●				●	●	●

←看此项

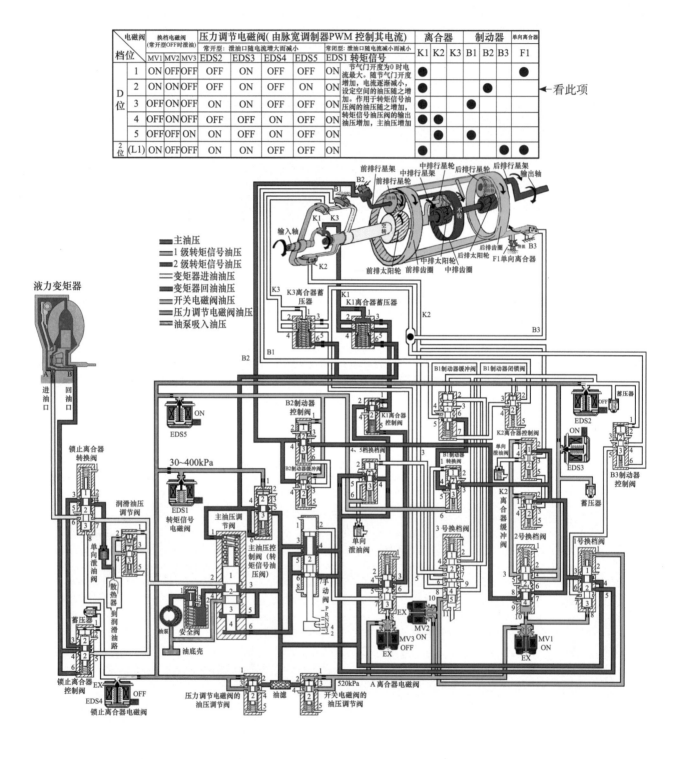

附图 6　宝马 ZF 5HP-24　D 位 2 档时的油路

七、宝马 ZF 5HP-24 D 位 3 档时的油路

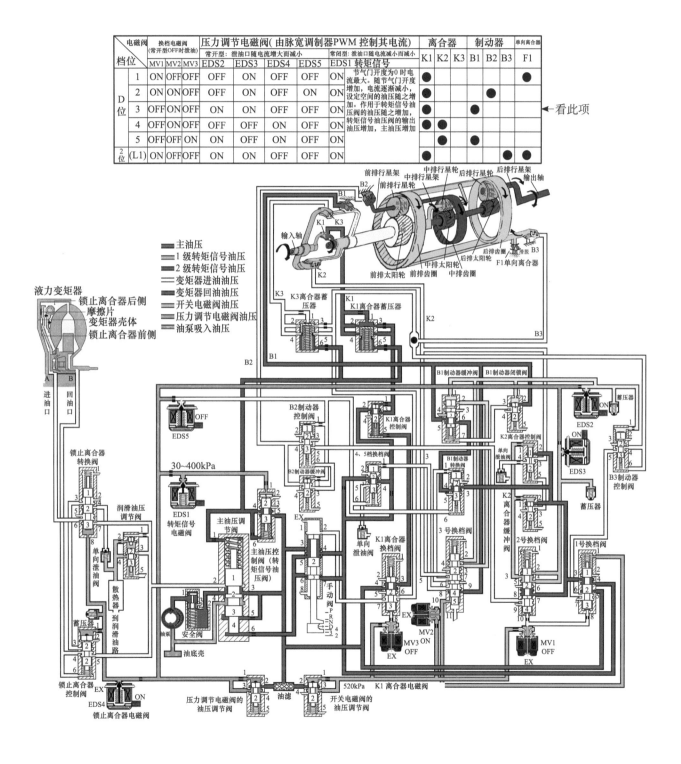

附图 7　宝马 ZF 5HP-24 D 位 3 档时的油路

八、宝马 ZF 5HP-24 D 位 4 档时的油路

电磁阀\档位		换档电磁阀(常开型OFF时泄油)			压力调节电磁阀(由脉宽调制器PWM 控制其电流)							离合器			制动器			单向离合器
					常开型:泄油口随电流增大而减小				常闭型:泄油口随电流减小而减小								
		MV1	MV2	MV3	EDS2	EDS3	EDS4	EDS5	EDS1	转矩信号	K1	K2	K3	B1	B2	B3	F1
D位	1	ON	OFF	OFF	OFF	ON	OFF	OFF	ON	节气门开度为0时电流最大。随节气门开度增加,电流逐渐减小,设定空间的油压随之增加。作用于转矩信号油压阀的油压随之增加,转矩信号油压阀的输出油压增加,主油压增加	●						●
	2	ON	ON	OFF	OFF	ON	OFF	ON			●				●		
	3	OFF	ON	OFF	ON	ON	ON	OFF			●			●			
	4	OFF	ON	OFF	OFF	OFF	OFF	OFF			●	●					
	5	OFF	OFF	ON	OFF	OFF	ON	OFF				●		●			
2位(L1)		ON	OFF	OFF	ON	ON	OFF	OFF	ON		●					●	●

←看此项

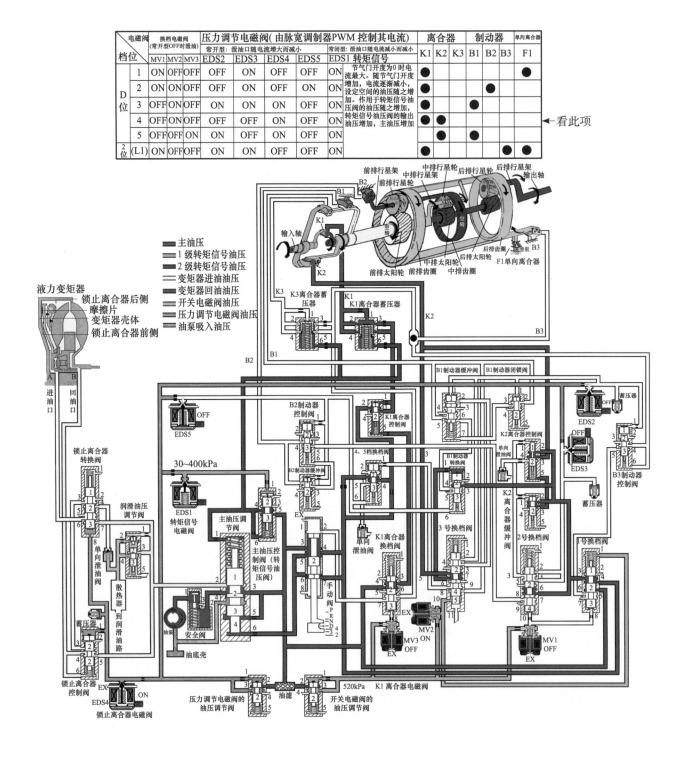

附图8 宝马 ZF 5HP-24 D 位 4 档时的油路

九、宝马 ZF 5HP-24 D 位 5 档时的油路

电磁阀	换档电磁阀（常开型OFF时泄油）			压力调节电磁阀（由脉宽调制器PWM控制其电流）					离合器			制动器			单向离合器
				常开型：泄油口随电流增大而减小				常闭型：泄油口随电流减小而减小							
档位	MV1	MV2	MV3	EDS2	EDS3	EDS4	EDS5	EDS1 转矩信号	K1	K2	K3	B1	B2	B3	F1
D位 1	ON	OFF	OFF	OFF	ON	OFF	OFF	ON	●						●
D位 2	ON	ON	OFF	OFF	ON	OFF	ON	ON	●				●		
D位 3	OFF	ON	OFF	ON	ON	OFF	OFF	ON	●		●				
D位 4	OFF	ON	OFF	OFF	OFF	ON	OFF	ON	●	●					
D位 5	OFF	OFF	ON	ON	OFF	ON	OFF	ON		●			●		
2位 (L1)	ON	OFF	OFF	ON	ON	OFF	OFF	ON	●					●	●

节气门开度为为0时电流最大。随节气门开度增加，电流逐渐减小，设定空间的油压随之增加。作用于转矩信号油压阀的油压随之增加，转矩信号油压阀的输出油压增加，主油压增加。

←看此项

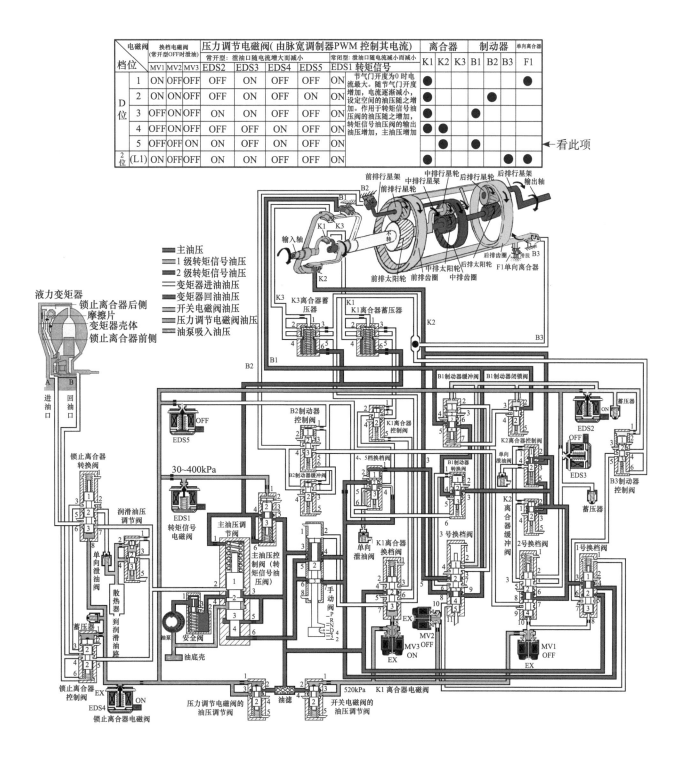

附图9　宝马 ZF 5HP-24 D 位 5 档时的油路

十、宝马 ZF 5HP-24 2位 L1 档时的油路

电磁阀	换档电磁阀 (常开型OFF时泄油)			压力调节电磁阀(由脉宽调制器PWM 控制其电流)						离合器			制动器			单向离合器
				常开型: 泄油口随电流增大而减小				常闭型: 泄油口随电流减小而减小								
档位	MV1	MV2	MV3	EDS2	EDS3	EDS4	EDS5	EDS1	转矩信号	K1	K2	K3	B1	B2	B3	F1
D位 1	ON	OFF	OFF	OFF	ON	OFF	OFF	ON	节气门开度为0时电流最大。随节气门开度增加,电流逐渐减小,设定空间的油压随之增加。作用于转矩信号油压阀的油压随之增加,转矩信号油压阀的输出油压增加,主油压增加	●						●
D位 2	ON	ON	OFF	OFF	ON	OFF	ON			●				●		
D位 3	OFF	ON	OFF	ON	ON	OFF	ON			●			●			
D位 4	OFF	ON	OFF	OFF	OFF	ON	OFF			●	●					
D位 5	OFF	OFF	ON	ON	OFF	ON	OFF				●			●		
2位(L1)	ON	OFF	OFF	ON	ON	OFF	OFF	ON		●					●	●

←看此项

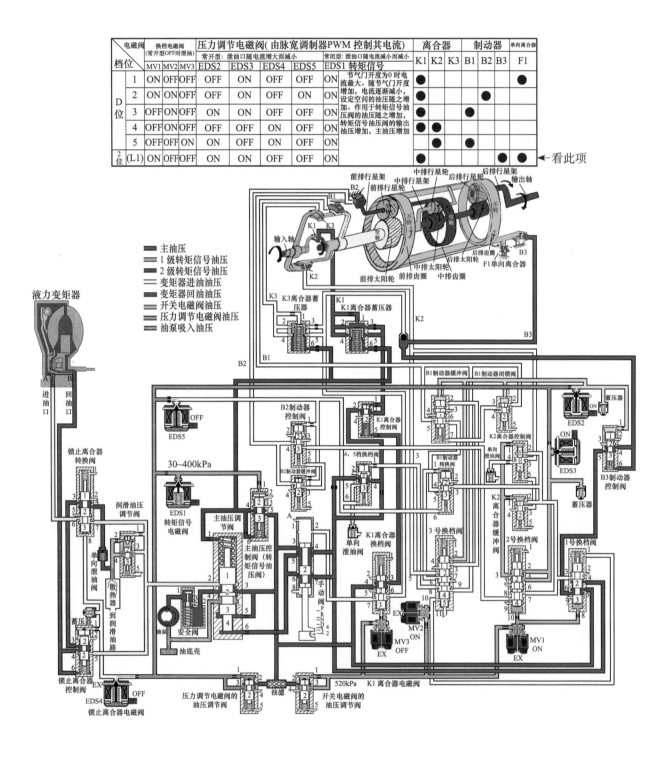

附图 10　宝马 ZF 5HP-24 2位 L1 档时的油路

附录 B　宝马 ZF 6HP –19E 自动变速器液压油路

一、宝马 ZF 6HP-19E　P 位时的油路

电磁阀＼变速杆	开关电磁阀（常开型）(OFF时泄油) MV1	压力调节电磁阀（ 由脉宽调制器PWM 控制其电流）						离合器			制动器	
		常开型：所控压力随电流增大而增大			常闭型：所控压力随电流减大而减小			K1	K2	K3	B1	B2
		ESD1(K1离合器)	ESD3(K3离合器)	EDS6(TTC锁止离合器)	EDS2(K2离合器)	EDS4 B2制动器 K3离合器	EDS5(主油压)					
P位	OFF	电流最小 所控压力最小	电流最小	OFF	电流最大 所控压力最小	电流最小 所控压力最大	节气门开度为0时电流最大。随节气门开度的增加，电流逐渐减小，所控油压随之增加，使主油压随之增加					●
R位	OFF	电流最小 所控压力最小	电流最小	OFF	电流最小 所控压力最大	电流最小 所控压力最大			●			●
N位	OFF	电流最小 所控压力最小	电流最小	ON	电流最大 所控压力最小	电流最小 所控压力最大						●

←看此项

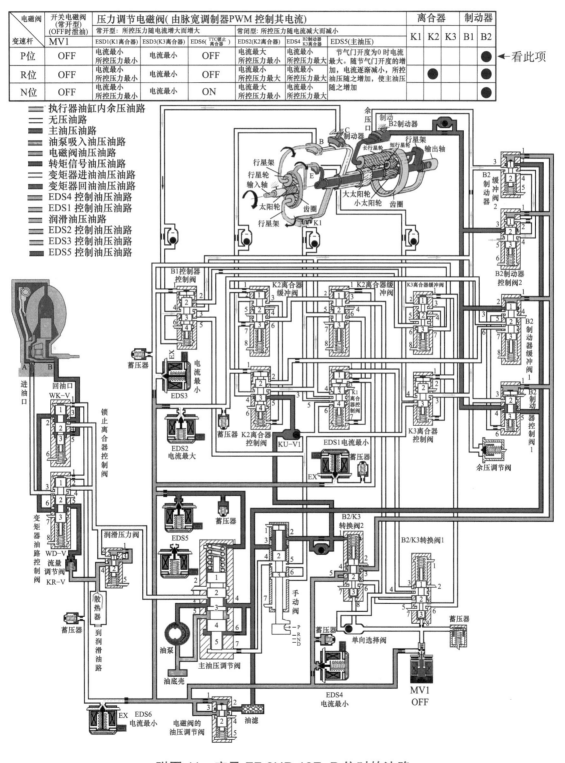

附图 11　宝马 ZF 6HP-19E　P 位时的油路

二、宝马 ZF 6HP-19E R 位时的油路

电磁阀 \ 变速杆	开关电磁阀(常开型)(OFF时泄油) MV1	压力调节电磁阀(由脉宽调制器PWM控制其电流) 常开型：所控压力随电流增大而增大 ESD1(K1离合器)	ESD3(K3离合器)	ESD6(TTC锁止离合器)	常闭型：所控压力随电流增大而减小 EDS2(K2离合器)	EDS4 B2制动器 K3离合器	EDS5(主油压)	离合器 K1	K2	K3	制动器 B1	B2
P位	OFF	电流最小 所控压力最小	电流最小	OFF	电流最小 所控压力最小	电流最大 所控压力最大	节气门开度为0时电流最大。随着气门开度的增加，电流逐渐减小，所控油压随之增大，使主油压随之增大					●
R位	OFF	电流最小 所控压力最小	电流最小	OFF	电流最小 所控压力最小	电流最大 所控压力最大		●				●
N位	OFF	电流最小 所控压力最小	电流最小	OFF	电流最大 所控压力最小	电流最大 所控压力最大						●

← 看此项

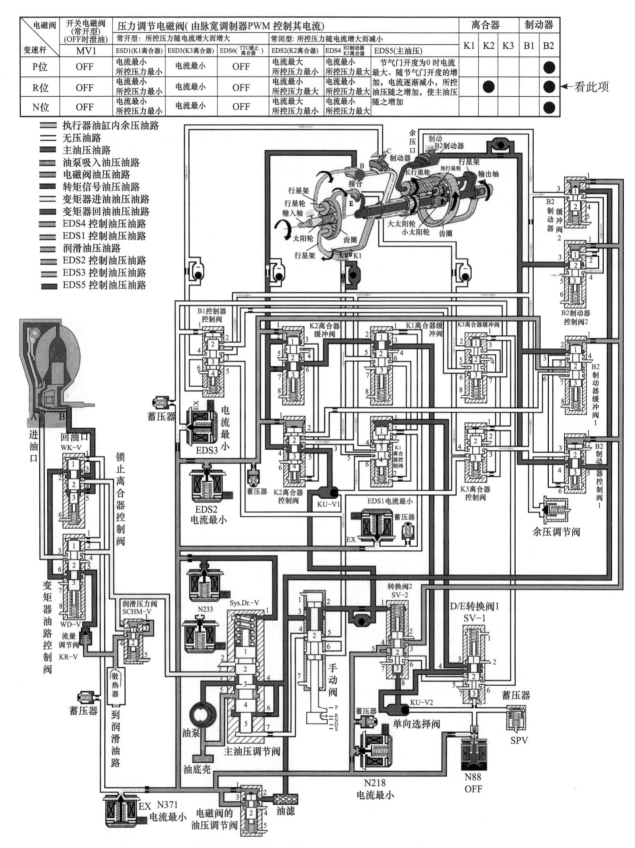

附图 12　宝马 ZF 6HP-19E R 位时的油路

三、宝马 ZF 6HP-19E N 位时的油路

电磁阀	开关电磁阀 (常开型) (OFF时泄油)	压力调节电磁阀(由脉宽调制器PWM 控制其电流)						离合器			制动器	
		常开型: 所控压力随电流增大而增大			常闭型: 所控压力随电流增大而减小			K1	K2	K3	B1	B2
变速杆	MV1	ESD1(K1离合器)	ESD3(K3离合器)	EDS6(TTC锁止离合器)	EDS2(K2离合器)	EDS4 B2制动器K3离合器	EDS5(主油压)					
P位	OFF	电流最小所控压力最小	电流最小	OFF	电流最大所控压力最小	电流最小所控压力最大	节气门开度为0时电流最大。随节气门开度的增加，电流逐渐减小，所控油压随之增加，使主油压随之增加					●
R位	OFF	电流最小所控压力最小	电流最小	OFF	电流最小所控压力最大	电流最小所控压力最大			●			●
N位	OFF	电流最小所控压力最小	电流最小	OFF	电流最大所控压力最小	电流最小所控压力最大						● |←看此项

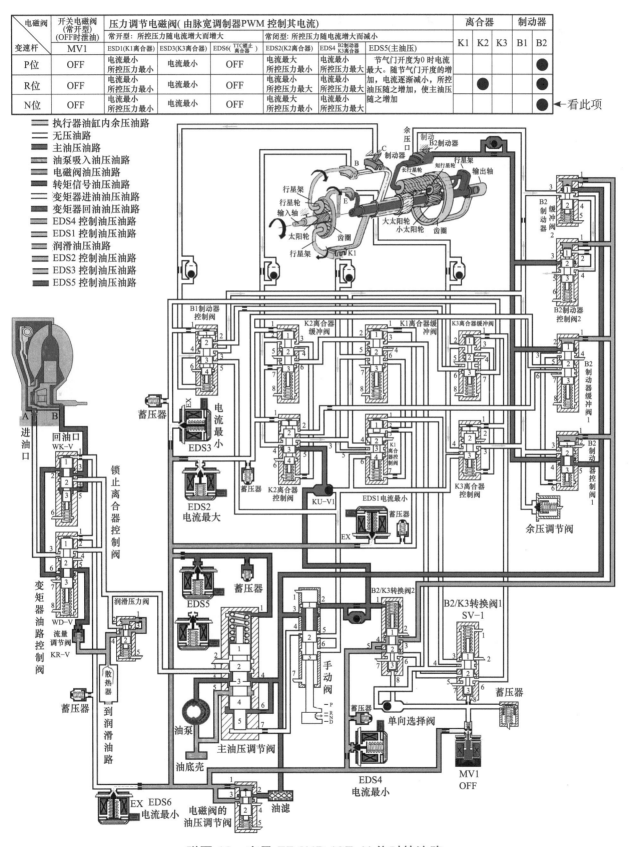

附图 13　宝马 ZF 6HP-19E N 位时的油路

四、宝马 ZF 6HP-19E D 位 1 档时的油路

电磁阀 变速杆 比档	开关电磁阀 (常开型) (OFF时泄油) MV1	压力调节电磁阀（由脉宽调制器PWM控制其电流）						离合器			制动器	
		常开型：所控压力随电流增大而增大			常闭型：所控压力随电流增大而减小			K1	K2	K3	B1	B2
		EDS1(K1离合器)	EDS3(K3离合器)	EDS6(TTC锁止离合器)	EDS2(K2离合器)	EDS4(B2制动器)	EDS5(主油压)					
D 位 1	OFF	电流最大 所控压力最大	电流最小 所控压力最小	OFF	电流最大 所控压力最小	电流最小 所控压力最大	节气门开度为0时电流最大。随节气门开度的增加，电流逐渐减小，所控油压随之增加，使主油压随之增高	●				● ←看此项
2	OFF	电流最大 所控压力最大	电流最小 所控压力最大	OFF	电流最大 所控压力最小	电流最小 所控压力最小		●			●	
3	OFF	电流最大 所控压力最小	电流最小 所控压力最小	ON	电流最小 所控压力最大	电流最小 所控压力最大		●	●			
4	ON	电流最大 所控压力最小	电流最小 所控压力最小	ON	电流最大 所控压力最小	电流最小 所控压力最大		●		●		
5	ON	电流最小 所控压力最小	电流最小 所控压力最小	ON	电流最小 所控压力最大	电流最小 所控压力最大				●	●	
6	ON	电流最小 所控压力最小	电流最小 所控压力最大	ON	电流最小 所控压力最小	电流最小 所控压力最大					●	●

上表所示状况为已进入所标示的档位。在变速杆由N位刚置入D位时，有一个暂短的换档过程，此过程通常以毫秒计算，在此过程中电磁阀EDS1的电流由小逐渐增大，泄流孔逐渐变小，设定空间的油压逐渐升高。

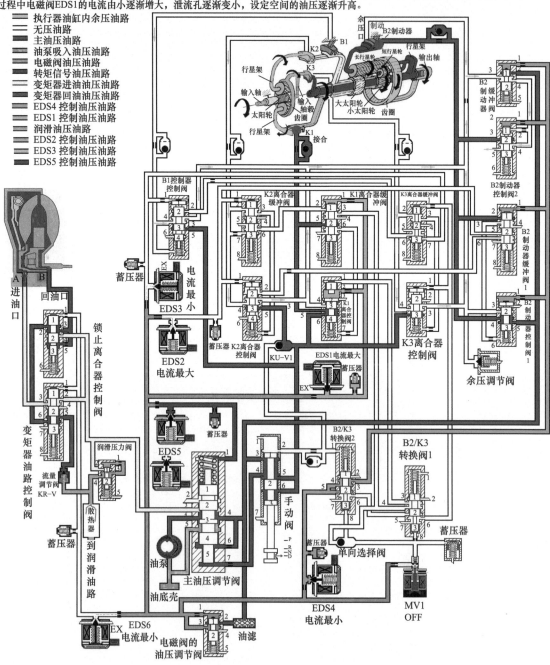

附图 14 宝马 ZF 6HP-19E D 位 1 档时的油路

五、宝马 ZF 6HP-19E D 位 2 档时的油路

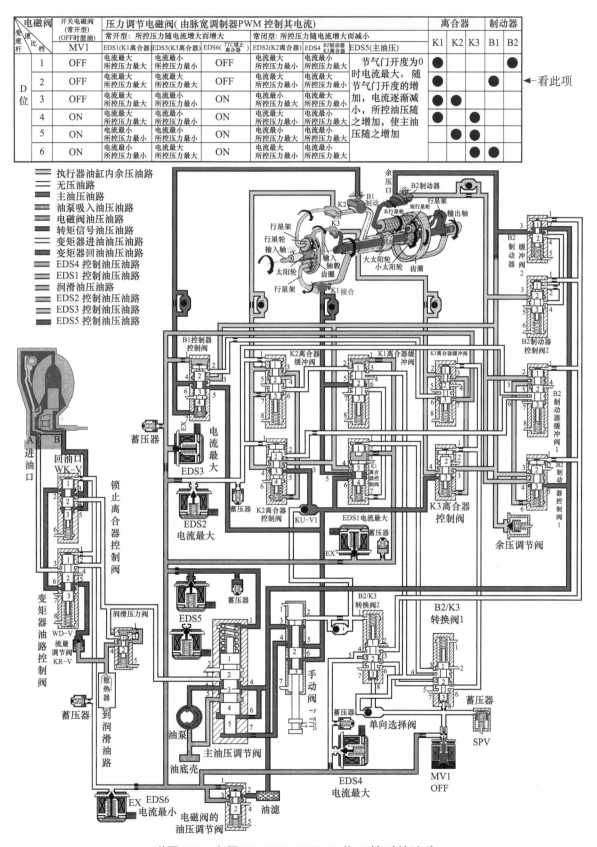

附图 15　宝马 ZF 6HP-19E D 位 2 档时的油路

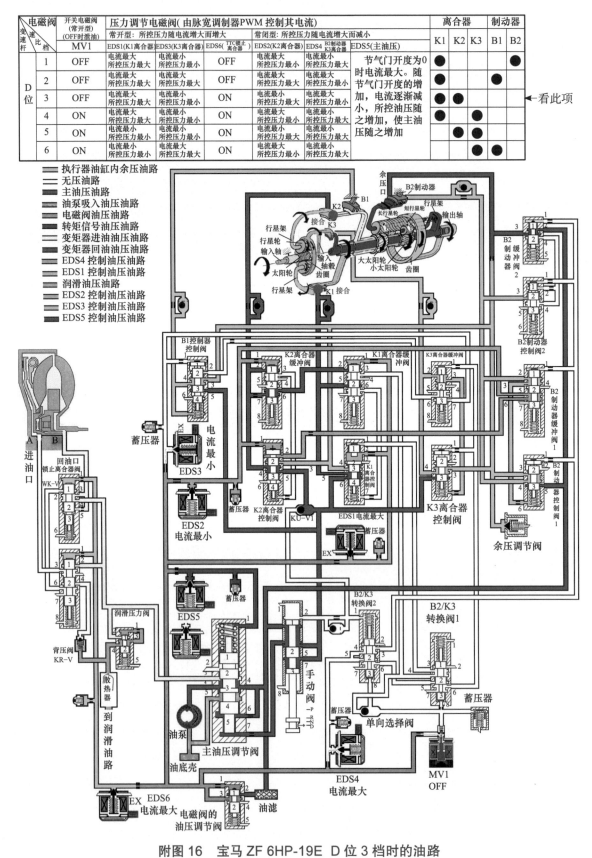

六、宝马 ZF 6HP-19E D位3档时的油路

电磁阀 变速杆 速比 档	开关电磁阀(常开型)(OFF时泄油) MV1	压力调节电磁阀(由脉宽调制器PWM控制其电流)						离合器			制动器	
		常开型: 所控压力随电流增大而增大			常闭型: 所控压力随电流增大而减小			K1	K2	K3	B1	B2
		EDS1(K1离合器)	EDS3(K3离合器)	EDS6(TTC锁止离合器)	EDS2(K2离合器)	EDS4(B2制动器 K3离合器)	EDS5(主油压)					
D位 1	OFF	电流最大 所控压力最大	电流最小 所控压力最小	OFF	电流最大 所控压力最小	电流最大 所控压力最大	节气门开度为0时电流最大。随节气门开度的增加，电流逐渐减小，所控油压随之增加，使主油压随之增加	●				●
D位 2	OFF	电流最大 所控压力最大	电流最小 所控压力最小	OFF	电流最大 所控压力最小	电流最大 所控压力最大		●			●	
D位 3	OFF	电流最大 所控压力最大	电流最小 所控压力最小	ON	电流最小 所控压力最大	电流最大 所控压力最大		●	●			
D位 4	ON	电流最大 所控压力最大	电流最小 所控压力最小	ON	电流最小 所控压力最大	电流最大 所控压力最大			●	●		
D位 5	ON	电流最小 所控压力最小	电流最大 所控压力最大	ON	电流最小 所控压力最大	电流最大 所控压力最大				●	●	
D位 6	ON	电流最小 所控压力最小	电流最大 所控压力最大	ON	电流最大 所控压力最小	电流最小 所控压力最大					●	●

← 看此项

附图16 宝马 ZF 6HP-19E D位3档时的油路

七、宝马 ZF 6HP-19E D 位 4 档时的油路

电磁阀	开关电磁阀(常开型)(OFF时泄油)	压力调节电磁阀(由脉宽调制器PWM控制其电流)						离合器			制动器	
受速杆比档	MV1	常开型:所控压力随电流增大而增大			常闭型:所控压力随电流增大而减小			K1	K2	K3	B1	B2
		EDS1(K1离合器)	EDS3(K3离合器)	EDS6(TTC锁止离合器)	EDS2(K2离合器)	EDS4(B2制动器K3离合器)	EDS5(主油压)					
D位 1	OFF	电流最大所控压力最大	电流最小所控压力最小	OFF	电流最大所控压力最小	电流最大所控压力最大	节气门开度为0时电流最大。随节气门开度的增加,电流逐渐减小,所控油随之增加,使主油压随之增加	●				●
2	OFF	电流最大所控压力最大	电流最大所控压力大	OFF	电流最大所控压力最小	电流最大所控压力大		●			●	
3	OFF	电流最大所控压力最大	电流最小所控压力最小	ON	电流最大所控压力最大	电流最大所控压力最小		●	●			
4	ON	电流最大所控压力最大	电流最大所控压力大	ON	电流最大所控压力最小	电流最大所控压力大		●		●		|←看此项
5	ON	电流最小所控压力最小	电流最大所控压力大	ON	电流最大所控压力最大	电流最大所控压力大			●	●		
6	ON	电流最小所控压力最小	电流最大所控压力大	ON	电流最大所控压力最小	电流最小所控压力最小			●	●		

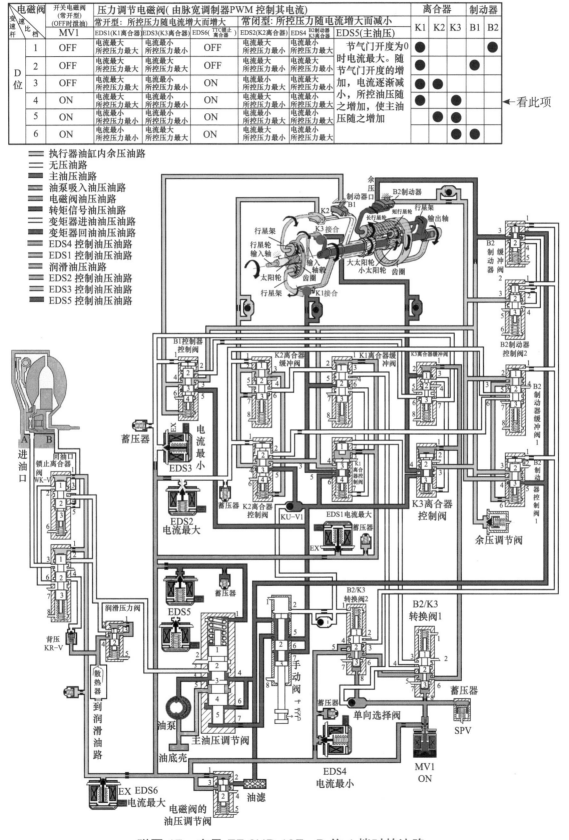

附图 17 宝马 ZF 6HP-19E D 位 4 档时的油路

汽车自动变速器液控与电控系统解析彩色图解

八、宝马 ZF 6HP-19E　D 位 5 档时的油路

电磁阀 变速杆 速比 档	开关电磁阀（常开型）（OFF时泄油）MV1	压力调节电磁阀（由脉宽调制器PWM 控制其电流）常开型：所控压力随电流增大而增大			常闭型：所控压力随电流增大而减小				离合器			制动器	
		EDS1(K1离合器)	EDS3(K3离合器)	EDS6(TTC锁止离合器)	EDS2(K2离合器)	EDS4(B2制动器K3离合器)	EDS5(主油压)		K1	K2	K3	B1	B2
D 位 1	OFF	电流最大 所控压力最大	电流最小 所控压力最小	OFF	电流最大 所控压力最小	电流最小 所控压力最大	节气门开度为0时电流最大。随节气门开度的增加，电流逐渐减小，所控油压随之增加，使主油压随之增加		●				●
2	OFF	电流最大 所控压力最大	电流最大 所控压力最小	OFF	电流最大 所控压力最小	电流最大 所控压力最小			●			●	
3	OFF	电流最大 所控压力最大	电流最小 所控压力最小	ON	电流最小 所控压力最大	电流最大 所控压力最小			●		●		
4	ON	电流最大 所控压力最大	电流最小 所控压力最小	ON	电流最小 所控压力最大	电流最大 所控压力最小			●			●	
5	ON	电流最小 所控压力最小	电流最小 所控压力最小	ON	电流最大 所控压力最大	电流最小 所控压力最小					●	●	
6	ON	电流最小 所控压力最小	电流最大 所控压力最大	ON	电流最大 所控压力最小	电流最大 所控压力最大					●		●

← 看此项

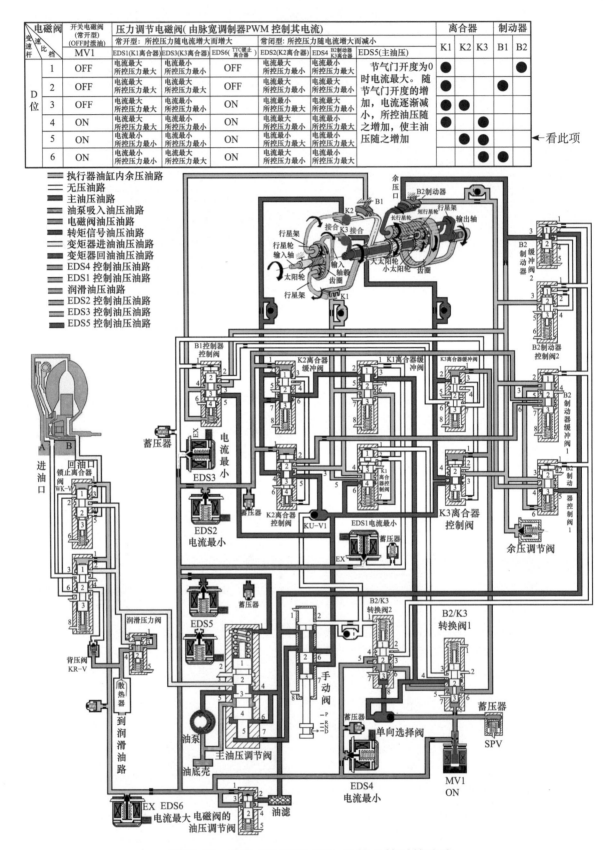

附图 18　宝马 ZF 6HP-19E　D 位 5 档时的油路

214

九、宝马 ZF 6HP-19E D 位 6 档时的油路

电磁阀 变速杆 速比档	开关电磁阀 (常开型) (OFF时泄油) MV1	压力调节电磁阀(由脉宽调制器PWM 控制其电流)						离合器			制动器	
		常开型：所控压力随电流增大而增大			常闭型：所控压力随电流增大而减小			K1	K2	K3	B1	B2
		EDS1(K1离合器	EDS3(K3离合器)	EDS6(TTC锁止离合器)	EDS2(K2离合器)	EDS4 B2制动器 K3离合器	EDS5(主油压)					
D 位	1	OFF	电流最大 所控压力最大	电流最小 所控压力最小	OFF	电流最大 所控压力最小	电流最大 所控压力最大	节气门开度为0时电流最大。随节气门开度的增加，电流逐渐减小，所控油压随之增加，使主油压随之增加	●				●
	2	OFF	电流最大 所控压力最大	电流最小 所控压力最小	OFF	电流最大 所控压力最小	电流最大 所控压力最大		●			●	
	3	OFF	电流最大 所控压力最大	电流最小 所控压力最小	ON	电流最小 所控压力最大	电流最大 所控压力最大		●	●			
	4	ON	电流最大 所控压力最大	电流最小 所控压力最小	ON	电流最大 所控压力最小	电流最大 所控压力最大		●		●		
	5	ON	电流最小 所控压力最小	电流最小 所控压力最小	ON	电流最小 所控压力最大	电流最大 所控压力最大			●	●		
	6	ON	电流最小 所控压力最小	电流最大 所控压力最大	ON	电流最大 所控压力最小	电流最小 所控压力最小	←看此项			●	●	

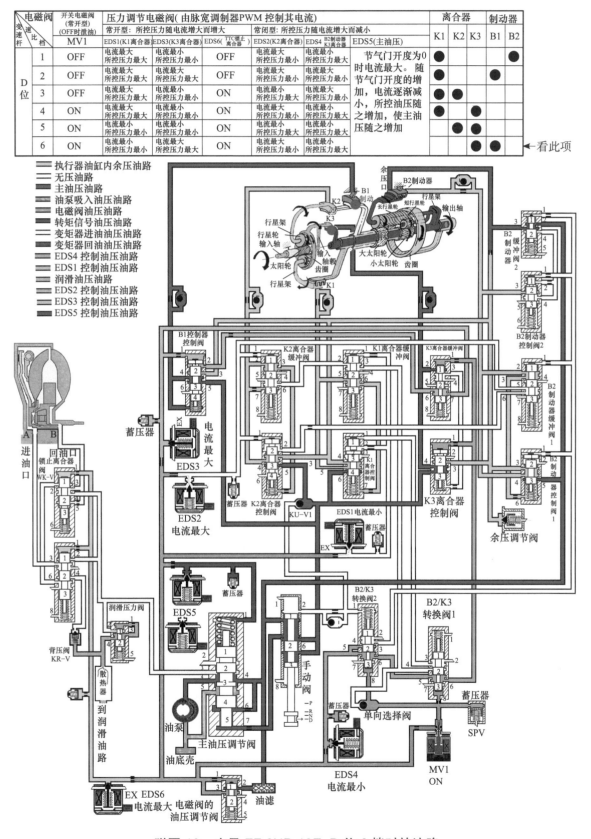

附图 19　宝马 ZF 6HP-19E D 位 6 档时的油路